珍藏本
纪念版

汉译世界学术名著丛书

保卫马克思

〔法〕路易·阿尔都塞 著

顾良 译

2017年·北京

L. Althusser
POUR MARX

本书根据法国 La Découverte 出版社 1996 年版译出

汉译世界学术名著丛书
（120 年纪念版·珍藏本）
出 版 说 明

2017 年 2 月 11 日，商务印书馆迎来 120 岁的生日。120 年前，商务印书馆前贤怀揣文化救国的理想，抱持“昌明教育，开启民智”的使命，立足本土，放眼寰宇，以出版为津梁，沟通中西，为中国、为世界提供最富智慧的思想文化成果。无论世事白云苍狗，潮流左右激荡，甚至战火硝烟弥漫，始终践行学术报国之志，无改初心。

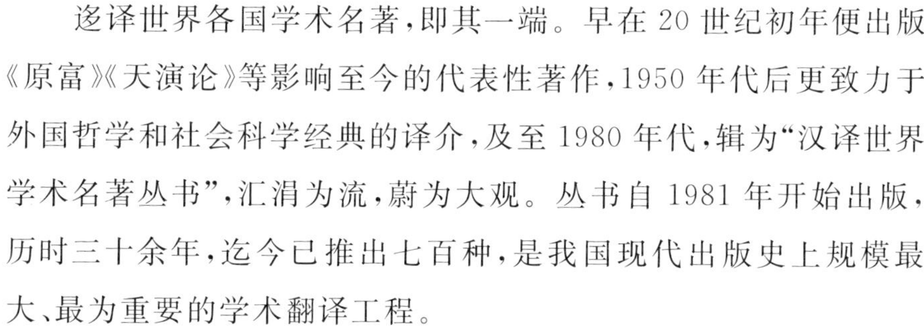

迻译世界各国学术名著，即其一端。早在 20 世纪初年便出版《原富》《天演论》等影响至今的代表性著作，1950 年代后更致力于外国哲学和社会科学经典的译介，及至 1980 年代，辑为“汉译世界学术名著丛书”，汇涓为流，蔚为大观。丛书自 1981 年开始出版，历时三十余年，迄今已推出七百种，是我国现代出版史上规模最大、最为重要的学术翻译工程。

丛书所选之书，立场观点不囿于一派，学科领域不限于一门，皆为文明开启以来，各时代、各国家、各民族的思想与文化精粹，代表着人类已经到达过的精神境界。丛书系统译介世界学术经典，引领时代思想，为本土原创学术的发展提供丰富的文化滋养，为推动中国现代学术和现代化进程做出了突出的贡献。

为纪念商务印书馆成立120周年，我们整体推出“汉译世界学术名著丛书”120年纪念版的珍藏本，寄望既利于文化积累，又便于研读查考，同时向长期支持丛书出版的译者、编者和读者致以敬意。

两甲子后的今天，商务印书馆又站在了一个新的历史时间节点上。我们不仅要铭记先辈的身影和足迹，更须让我们的步伐充满新的时代精神。这是商务人代代相传的事业，更是与国家和民族的命运始终紧密相连的事业。我们责无旁贷，必须做好我们这代人的传承与创造，让我们的努力和成果不仅凝聚成民族文化的记忆，还能成为后来人可以接续的事业。唯此，才能不负前贤，无愧来者。

商务印书馆编辑部

2017年10月

本书谨献给我已故的朋友雅克·马丁，他在最艰苦的考验中，独自找到了研究马克思哲学的途径，并对我进行了指导。

——路易·阿尔都塞

目　　录

1996 年重版前言

埃迪安·巴里巴尔

《保卫马克思》这一书名是一声呼喊，几乎是一个口号般的呼喊，今天它仍然在回响着，或者说它又一次回响起来，其声音还如同三十年前一样响亮。不过，这种回响有另外的原因，并且是处于完全不同的境况中的。阿尔都塞这部著作现在面对着新老的读者，而老读者们再次阅读阿尔都塞的著作之前，自身却已经有深刻的改变了，其接受作品的方式也有巨大的改变了。

当这部作品于 1965 年第一次出版时，它既是依某种方式、依这种方式的逻辑和准则解读马克思的一个宣言，也是保卫马克思主义，更确切地说保卫真正的马克思主义（这是与“党”以及运动不可分离的理论和哲学，并且被明确地要求着）的宣言。今天，也许除了那些试图在其中恢复往事，甚至是在想象中再次经历往事的怀旧的人之外，问题将是这样一个呼喊，在**马克思主义之外**，在**马克思主义之后**阅读、研究、讨论、运用，以及改变马克思，因为马克思主义不可逆地完成了。不过，这不是在对一个多世纪以来马克思主义之所是的忽视或蔑视中，在对把马克思主义和我们的思想及我们的历史联系在一起的复杂性的忽视或蔑视中进行。因为这样一种拒绝可能会如通常情况那样，只会产生幻觉和错误的重复，而这种幻觉和错误也许有着相反的外表。而是在以各种文本为依据，顽强地分析马克思本人和马克思主义之间深刻的矛盾关系的努力中进行。

确实，在本书中，有二十世纪最具原创性、最雄辩、最具说服力的尝试之一，这种尝试完成于赋予马克思主义一种理论的形态及形象。建立在对马克思的解释之上，它明确地说出了对马克思著作及其后继者的一些著作的某种认识和某种误解。然而，在本书中，某些东西也以马克思的思想方式，以马克思的“理论实践”——按照阿尔都塞的说法——的形式出现了，而这些东西并不能划归于任何一种“马克思主义”，因此，就以自己的方式显明了马克思主义的局限，至少我愈发觉得如此。由于这种显明通过追溯到马克思思想方式的基本命题和前提而在内部进行，因而就更加有力。

这就是为什么“想象的马克思主义”和“真正的马克思主义”之间的争论在今天不再有同样的意义了，今天所有的马克思主义都成为想象的了。而这一争论是由出版于 1965 年的《保卫马克思》（在几个星期之后，《阅读〈资本论〉》[①]也出版了）一下子点燃起来的，参与到其中的有著名的马克思主义者如亨利·列斐伏尔，也有马克思主义著名的对手如雷蒙·阿隆。然而，在各种马克思主义之中，有一些与其他马克思主义极其不同的马克思主义，而且实在地说，它们是数量非常少的一些马克思主义，或者说由极少一些文本所代表的马克思主义，它们仍然具有进行思考和行动，并进而产生真正效果的能力。我相信《保卫马克思》的“马克思主义”

① 1996 年重版于法国大学出版社的 Quadrige 丛书中。

就完全属于此——我将对此进行证实。

这也是为什么，当给一个作者自己写了序言的作品作序，把“今天”转变为“昨天”（借用阿尔都塞的说法）——如果不是今天的“过去”的话，以及浮光掠影地谈论作者生动的及永远在行动的文字之下，充满苦难和历史感的解释是一件荒唐，也许是失礼的事的时候，我还是接受了向阿尔都塞著作 1996 年版的读者进行“介绍”。[1]

不过，在给出一些必要的历史和生平[2]的情况之前，我希望防止一种“原先”的阅读，这种阅读在这些作品与其读者之间增加了一些解释的屏障、隔栅。

也许应该知道，收入到《保卫马克思》中的文章都发表并集结成册于 1961—1965 年间。因此，对于那些关注法国和世界历史的人来说，一方面是由揭露斯大林罪行的“赫鲁晓夫秘密报告”所标志的苏共第二十次代表大会（1956 年），布达佩斯暴动和向苏伊士派兵（也是 1956 年），古巴革命的胜利（1959 年），阿尔及利亚战争的最后几年以及阿尔及尔军事政变后戴高乐重新掌权（1958—1962 年），经济合作组织的成立（1960 年），柏林墙的修建（1961 年）。另一方面是美国对越南的干涉（1965 年），中国的文化大革命（开始于 1966 年），法国及其他地方（墨西哥、德国、美国、意大利、波兰等）1968 年的五月事件，“布拉格之春”和对捷克斯洛伐克

① 说实在的，这是第二次了，因为，《保卫马克思》已经于 1986 年在 La Découverte 出版社 Fondations 丛书中重版过了，那一版同 FranÇois Maspero 版完全相同。

② 人们可以在本书的最后看到一篇“生平传略”，在这篇文章中，我追溯了路易·阿尔都塞生活和著作的重要路程。

的入侵(也是 1968 年),社会党和共产党左派联盟公共纲领的签署(1972 年),七十年代“欧洲共产主义”的诞生,阿连德的倒台及其被谋杀(1973 年),葡萄牙的康乃馨革命(1974 年)……

为了把《保卫马克思》的诸论题不仅放到马克思和马克思主义争论的历史之中,而且也放到二十世纪哲学的历史之中(这些论题在其中留下了明显的踪迹),知道这部著作写于非同寻常的 1960 年之后不久也许是有用的,或许还是必要的。在这一年,人们看到有以下著作同时出版了:梅洛-庞蒂的《符号》(其中收有“从莫斯到克劳岱·列维-斯特劳斯”和“关于马基雅维利的笔记”),让-保罗-萨特的《辩证理性批判》(列维-斯特劳斯在 1962 年的《野性的思维》中对之进行了回应),吉尔-加斯通·格杭热尔重要的认识论作品,加斯通·巴什拉的《梦想的诗学》和《人类的科学和形式的思想》,亨利·埃围绕拉康在邦维尔医院召开的有关无意识的研讨会,最后,卢卡奇《历史和阶级意识》的法文译本(尽管遭到作者的反对)。亨利·列斐伏尔的《日常生活的批判》(1958 和 1961 年),米歇尔·福柯的《癫狂的历史》(发表于 1961 年),雅克·德里达的《〈胡塞尔几何学起源〉导论》,还有列维纳斯的《整体和无限》,海德格尔的《尼采》也都很快成为这一开端的同时代者。

当《保卫马克思》仍然以非计划的形式,仍然依据“介入”的情况在写作时,让-皮埃尔·韦尔南的《希腊思想和神话》(1965 年),德勒兹的《尼采和哲学》(1963 年),哈贝马斯的《公共空间》(1962 年),汉娜·阿伦特的《论革命》(1963 年),勒胡-古尔昂的《言语与姿势》(1964 年),列维-斯特劳斯的《神话学》第一卷

（1964 年），波普尔的《猜想与反驳》（1962 年），维尔曼的《数学哲学》（1962 年），科热夫的《牛顿研究》（1965 年）等出版了。

最后，它仅仅早于下列作品一点：赫尔伯特·马尔库塞的《单面的人》，皮埃尔·沙费尔的《论音乐的对象》，扬克列维奇的《论死亡》，巴尔特的《批评和真理》，本维尼斯特的《普通语言学的诸问题》，福柯的《词与物》，拉康的《作品集》，康吉汉姆的《概念和生活》等。[①] 这些作品都发表于 1966 年，这是又一个非同寻常的年份……

总之，知道《保卫马克思》是由一位居住在法国大学中心的职业哲学家、共产党"基层"积极分子所写，其写作和出版介入到了战后前途未卜的形势之中是有用的，此时在占领时期出生的儿童长大成人了，冷战转向了（或者说是延长为）"和平共处"，不可避免的非殖民化（其获得总要经过激烈的斗争）似乎转向了对资本主义的普遍反对，转向了社会主义，资本主义各"中心"社会的文化变迁和经济增长导致了财富和权力分配上的激烈对抗，在西欧，（仍然是）民族的国家和（多少有些）社会主义的国家准备向全球化方向转化，在东方，"真正"的、后斯大林的社会主义国家公开的和隐藏的危机似乎打开了"在革命中进行革命"（勒基·德布雷语）的各种可能性。

再者，这样一部著作出现在哲学争论的对象及方式与战后直接相关而改变了的时候，知道这一点是有用的。这不仅仅是由于各种"怀疑哲学"的断定，其重要的代表人物是尼采，其次是弗洛

---

① 1968 年重新收入到《科学哲学和科学史研究》中。

伊德，或者是各种“结构主义”，他们的雄心是最终赋予一些学科以内在的科学性，而这些学科的目标则是社会实践和意义。也不仅仅就像福柯以其天才的概括说法极其恰当地所说的那样，是由于“知识和权力”的问题很快长时间地占据了伦理学和心理学的位置（包括现象学的心理学）。而且也由于，也许尤其是由于，在这整个时期中，通过历史学、人类学、心理分析、政治学，哲学比以前更强烈地面对着其外部，面对着其无意识，面对着非哲学。今天，我们可以清楚地看到，哲学如此地在其中寻找的东西并没有自我消失，而是要找到其自我批评和重建的各种手段。撇开所有的信仰和从属来说，这确实是他与马克思激烈争论的理由之一。

确实，这些都是有用的和必要的，但是，我再重复一次，《保卫马克思》不是文献资料。这是一本书，有两种原因使其具有价值的一本书，我现在就尽可能简略地谈谈它们。

首先，从作品这一术语的最强意义上讲，《保卫马克思》是一部作品。它仍然是阿尔都塞哲学风格最显著的表现之一。由于他的许多未发表作品的出版（其中有一些是特别早熟，有一些则是特别滞后），我们今天知道，这种被长期寻找的哲学风格，存在于饱读了许多经典作品，迷恋于精神性和历史，对论战充满着渴望，后来变成了写作研究论文的杰出青年人的各种梦想和随笔当中。再后来，除了偶然的情况外，这种风格消失于各种理论-战斗的努力之中，而这些努力是为了在自身特有的场所之上，反对系统化“辩证唯物主义和历史唯物主义”，并消失于自传性的辩护-控告-招供之中，而这一辩护-控告-招供是为一个假想的法庭

（我承担我的责任）而写的。然而，在《保卫马克思》中，就像在杰出的《孟德斯鸠，政治和历史》[①]中已经的那样，以及在论《马基雅维利和我们》的“书”中（因为这确实是一本书，我们感到惊奇和激动地在他的抽屉里发现了这本书，它似乎只是为自己及“理论”丛书而写的）[②]也是的那样，这一风格达到了其顶峰，即强烈的震动了其最初的阅读者。

这是一种谈论严格和科学的风格，它通过其概念和修辞的简洁表现出来，不过，它也是充满激情的：这是一种其历经的所有激情（其来源是不可辨识的）是抽象的抒情诗中的激情的风格（就像阿尔都塞曾经谈到克罗莫尼尼说，他不是“抽象画家”，而是“抽象的画家”）[③]。这是一种属于（不论人们意愿如何）帕斯卡和卢梭、佩吉和萨特（是的）、马克思和尼采的风格，“结果的力量”在其中呈现着（“亚眠论文”）的风格，不过，它也是有着自己特有色调的一种风格，人们也许可以说这是既公众又个人的风格。而且，它就这样再一次向我们证明了，不存在不通过它所支持的概念，以及为了它所支持的概念而创造了风格的哲学——不论它是争论性的或是反思性的，是格言式的或是论证式的。

其次，《保卫马克思》并不表达任何特定的学说，相反，它是为一个特定的学说（或理论）服务，为马克思的学说服务。然而，这一学说却呈现出一种特别的性质，就是学说的不存在，至少就系统

① 法国大学出版社，1959 年（1992 年重版于 Quadrige 丛书中）。

② 路易·阿尔都塞：《政治和哲学论集》，第二卷，弗朗索瓦·马特龙编辑和介绍，Stock/IMEC 出版社，巴黎，1995 年，第 42—168 页。

③ 同上书，第 173 页以下。

表达的形式而言(因为“辩证唯物主义”的理论化明显只具有漫画性质)。因此,阿尔都塞这样解释说,应该在马克思学说的各种初现和应用中,在其“无前提的断定”,或者在对那些并不像“理论工作”及“马克思主义实践工作”中那样表达的问题的回答中**发现**它的同时,真正地**创造**它。

这就是说,应该命名、给出一些学说由之构成的概念,表达一些学说由之构成的主题(当然,实际上是一些假设),这是阿尔都塞在《保卫马克思》中不停地在做的工作,在这个过程中,阿尔都塞创造了一个著名的概念工具群体,并因而可能会使马克思说出许多他没有说过的东西(人们不停地就这一点对他进行了相当的攻击)。然而,这也开启了把来自于马克思的一些问题和概念带入到认识论、政治学及形而上学场所的可能。

在其前言(“今天”)中,阿尔都塞把他的马克思解读理论联系于两个重要的理论概念:“问题式”概念(他说这个概念借自于其于 1963 年去世的朋友雅克·马丹,《保卫马克思》就是献给他的)和“认识论断裂”概念(他说这个概念借自于其老师加斯通·巴什拉)。实际上,直到今天,这两个概念,以及它们所提出的各种解释问题,仍然是“阿尔都塞主义”的标志,或者,更确切地说,它们代表着阿尔都塞在认识论话语领域所留下的痕迹。对于《保卫马克思》来说,这两个概念是根本性的,不过,很明显,它们并没有穷尽它的理论内容。在我看来,尽管存在着现在这种介绍所具有的简单化的危险(介绍不是要进行讨论,而是要指出那些需要讨论的内容),我仍然建议去了解三个相互联结着的概念和问题的群体。

其中之一是围绕着“认识论断裂”而构成的。理论实践、科学性、问题式（它也许间接地来自于海德格尔的 *Problemstllung*，什么时候把它和德勒兹和福柯的 *problematisation* 比较一下将会很有意思的）等概念完全有权属于它，且它并不被认作各种观念或思想本身的系统统一体，而是被认作概念具体可能性的系统统一体。

正是这一点引起了极其激烈的争论。我们仅仅给出对于这一点的两个观察。即使在进行不同的自我批评（尤其是在“辩证唯物主义”或“理论实践的理论”是否应被认作是科学的或哲学的话语上）的时候，阿尔都塞也拒绝在这种观念上让步：马克思的理论（《资本论》中所呈现的理论）包含着严格科学性的核心，而科学性概念仍然没有成为固定不变的。[1] 或者，更确切地说，科学性的概念正处在演变的过程之中：正从“回归真实”的观念（超越意识形态的幻觉）走向更加斯宾诺莎化的“理论适应”的观念，而后者同时也就是科学性所反对的“意识形态科学”，以及它特有的幻觉力量。

因此，人们可以（无疑人们也应该）思考《保卫马克思》及随后的一些论文是否在马克思主义的争论当中“引入”了一种现存的科学性的模式（它可能会招致实证主义的指责），或者不如说，它们是否并不期望从这种独特的知识（既是引起争论的又是严格的）实践出发重构“科学”的概念，而是要从之出发建构历史唯物主义（无疑也有精神分析）。因此，这并不是告诉我们什么是断裂

① 人们可以寻问，它是否永远不会固定不变：参阅我的“阿尔都塞的目标”的研究，收在《阿尔都塞著作中的政治和哲学》中，西尔万·拉扎卢主编，法国大学出版社，巴黎，1993 年。

的“科学”，也不是激起我们重新思考科学应该是什么的马克思的断裂的特有明证（比如对休谟式的所有感觉论经验主义和直接性的批判，以及对黑格尔式的所有思辨论者的批判）。换句话说，而是要探究这种知识实践所包含的真理和知识之果，但是这种知识实践又不必然具有真理和知识的概念。

书中第二个概念群是围绕着结构概念而构成的，它同样追溯至系统统一体或“总体性”观念，不过，这种观念只以完全内在的方式，或者以一种不可区分的严格的“缺席因”的方式（尽管阿尔都塞后来把它比作为斯宾诺莎实体的内在和其样态的多样性）在其结果之种被给出。由于涉及的是马克思、因果性类型，以及他所认为的期望在历史中显现的马克思主义（依据他的形势分析、具体“境况”分析，就只有列宁），这里重要的是，问题中的多样性是一种实践的多样性。给各种实践的整体一个结构，就正是给予各种实践相互作用的方式以可理解性。阿尔都塞告诉我们，各种实践仅仅以必然的和不可还原的多元决定的方式相互作用，没有任何“复杂性的还原”可以在这种多元决定之外，发现线性决定论的简单性。相反，它们之中之一的“最终决定”越被肯定（马克思把其认作生产方式和剥削劳动的方式），相关的异质的“统治”或“支配”的必然性就越发显现，因此，阻碍“纯粹”经济倾向实现的多样性就越发明显，而这种障碍在另一种意义上，构成了阶级斗争的所有内容，这唯一真实的历史动力的所有内容。

有意地把围绕“结构主义”问题而积聚起来的学院的东西搁置在一边，我们注意到，这样一种结构概念，通过其双重的拒绝，通过对“个人主义”方法论，对“有机主义”或“整体主义”方法论的

拒绝，而否定性地自我显现着，而这些方法论割裂了人文科学认识论。因此，至少从形式上，这个概念是准备给这样一种社会理论一种哲学的表达，这种理论原初是联合跨个人的“关系”或“联系”的。自从在《关于费尔巴哈的提纲》中面对各种唯心主义和各种古典唯物主义，认识到这个概念的必然性后，马克思一直在运用它。[①] 而且，这一概念不同寻常地以对“意识”的人类学范畴的批判而开始，采用主观时间的距离或分离结构术语，在“皮科罗剧团，贝尔多拉西和布莱希特（关于唯物主义戏剧的札记）”中向我们提出了：它是整个作品真正的理论和几何的中心（不过，就没有人如此来阅读它的意义上，它在作品中同样也显现为“漂浮词语”，这也许是由于它涉及的是美学和戏剧这样一个不很光彩的原因）。

这样，困难再次出现了，这种困难内在于阿尔都塞使用“结构”概念的方式。而从根本上说，阿尔都塞使用结构概念不是为了思考历史或历史性，而只是为了思考历史中的偶然的必然性。这不仅仅涉及马克思理论的演变，以及它的“各种开端”，而且涉及普遍的情况。指出这种困难并不困难。它没有在最忠实于阿尔都塞模式的理论的应用中消失。一方面，多元决定概念被应用到了事件的可理解性（在此，同样也应用到阿尔都塞所说的列宁的“形势”、“现实时刻”上，这是就革命或反革命境况这样具有独特地位的例子而说的），以及事件所带有的不可预见性和不可逆转

① 这也是《阅读〈资本论〉》中，阿尔都塞在定义“结构因果性”时所表达的。这种定义是依据其对“机械因果性”和“表现因果性”的双重反对而定义的：自然，它们涉及的是同样的问题。

性反常的结合上面。另一方面,多元决定被应用到生产方式跨历史的比较,进而应用到了各种阶级斗争和社会阶层的历史趋向中,因而,问题在于消除各种意识形态中的进步,消除经济主义的进化论及末世论那里的"历史的终结"。我们一方面谈共产主义革命,另一方面谈社会党人的过渡……然而,如果人们要严格的话,这并不是一回事。当人们在此之后阅读或重读"矛盾和多元决定"及"论唯物辩证法"这两篇表现为似乎是相互续延的杰出论文时,人们也许会感觉到这样一种事实:前者是从思考事件的角度得到多元决定的,后者则是从趋向和周期性角度得到多元决定的,就像我相信能够建议的那样。问题的解决肯定不在于试图去选择一种角度而反对另一种角度,相反,更应该是认出在《保卫马克思》和其结构概念中,存在着历史性(作为张力的)问题特别紧密的联结——如果不是决定性的——或者存在着这两种角度的相互性本身。

最后,我们有围绕着意识形态问题和意识形态概念而形成的概念群。在对此讨论了三十年后(它同样构成了一个循环),有些人由于政治的和哲学的原因,不愿意放弃谈论"意识形态",另一些人则在其中看到了通向解释学和历史话语的谱系学的主要障碍。我们也许最终可以简单地谈一下"阿尔都塞的"意识形态概念。

首先,它构成了其哲学事业的中心,构成了其与作为话语和作为学科的哲学的关系的中心。因为,它允许(或假定它应该允许)哲学穿过其"自我意识"之镜(不论镜子是好还是不好),并且通过关联于自己可能性的各种特有的物质条件,把自己置于不是自身的地方，即社会实践中。然而，又不消失于，也不化简于“反思”。通过社会实践，意识形态概念构成了把阿尔都塞理论和其各种哲学样态联结起来的有效的谱系关联：斯宾诺莎，一定程度的弗洛伊德。这不是自主、自足的理论家，而是其哲学话语是异质的理论家。是“拓扑”的理论家，也就是说，其思想立场处于其所分析的充满纷争的场所的理论家，因此，真正的具有力量，不过是有限的力量。

其次，在一般意识形态的“定义”上，阿尔都塞本质上没有变化的：这个定义是一下子或者说几乎是一下子被构成的（参看有关人道主义的讨论），人们可以在 1968 年之后的一些论文中（“意识形态和国家意识形态机器”）发现它。意识形态不是历史存在的本质，不是反映（尽管是颠倒地反映）“存在的物质条件”，以及由“多多少少远离了真实”的（即抽象的、唯心的）话语所表现出来的“社会意识形式”。相反，意识形态是意识和无意识的（知识和无知识的）形式，在这种形式中，个体存在虚幻地和他们的存在条件相关联而生活。然而，历史存在至少是所有意识形态构造的基础层，尤其是历史意识形态在阶级斗争不断形成当中所担当的功能的基础（“封建”、“资本主义”的意识形态，以及“无产阶级”的意识形态）。

从此，就立刻引出一种毁灭性的论断：无法知道有没有“意识形态的终结”，也无法知道有没有历史的终结，因为历史的终结只是意识形态终结，或回归到透明的社会关系的另外一个名称而已。由此，我们应该承认，阿尔都塞不仅顽强地“反对自己的阵线”（他说过这是哲学的根本功能之一：这就是哲学家要有自己阵线的原

因),而且匆忙地走向了明显的形式矛盾。实际上,他不停地声称(从某种意义上说,《保卫马克思》就只是为此而写作的),意识形态的这种定义是唯一一个适合马克思主义的定义,总而言之,是唯一一个和马克思的“社会关系”理论相协调,唯一一个允许完成“社会关系”理论的定义。其力量也许不仅仅在于断定(再一次说,我愿意承担我的责任)它不是意识形态的定义,不仅仅在于断定这个定义和马克思(不用说恩格斯了)可能给出的定义(尤其是《德意志意识形态》中)刚好相反,而且在于断定这一定义的不断运用实际上会导致马克思主义理论,导致马克思主义理论期望完满的抱负的“解构”。这就是为什么阿尔都塞越坚持这样一种定义是“唯物主义的”(无疑他绝对有理由这样做),既是“唯物主义”,又是“马克思主义”的哲学的地平线就会离他越来越远。

在这一点上,谈论一下阿尔都塞的“自我批评”也许是合适的。不过,请允许我简单地谈谈,允许我直接把读者带回到最具有特点的文本中。

我们有好几个“自我批评”,有些以此命名,有些没有。它们都表现了这样一种矛盾倾向,即为了自我评价、自我改正、自我修正(甚至是自我毁灭),也许是自我理解,而回到自我那里,而这完全不是阿尔都塞(一些哲学家也同样)所特有的品质。然而,很明显,由于其思想的内在构成,以及周围环境的巨大压力,这种倾向在其不多的情况下,不可改变地表现着他的生存和他同理论关系的独特性。问题是,这些修正不断地重复着,而且在重复的过程中变化着。我们也有许多阿尔都塞自己给出的“向导”,但是它们建议的并不是相同的一些道路，其中也包括给《保卫马克思》的读者建议的道路。

在此我想给出的建议不是要人们忽视这些有时是非常有意思，或者说非常有启示意义的评论，而是不要把它们完全地投射到文本的文字上，就像我刚刚建议的那样，人们要在《保卫马克思》的时代和环境中阅读它，但又不要把它变成那个时代和环境的档案的一段碎片。

在这次重版中，编者非常有理由且认真地希望[①]以后记的形式收入“致读者”这样一篇提示文章。这篇文章是阿尔都塞于1967年为《保卫马克思》的几种外文译本所写的，他给出的评价和澄清对于法国读者来说具有同样的价值。

这篇文章中所持的反思立场（对“理论主义”的自我批评，与“结构主义”保持的距离，对于科学和哲学之不同的坚持，以及对哲学和政治，尤其是和革命政治之内在关联的坚持）同人们在下面一些作品中会看到的立场是一样的：《列宁和哲学》（1968年）、《自我批评材料》（1974年）所持的理论立场，《立场》（1976年）中的一些文本（尤其是“作为革命之武器的哲学”和为马尔塔·阿涅克的书写的序言“马克思主义和阶级斗争”）所持的更政治的立场。这些自我批评反映着来自两方面的巨大压力，一方面来自阿尔都塞所选择的战斗的同志们（法共中正统的共产主义者，马克

① 这借助于Institut Mémoires de l'édition contemporaine（IMEC）可贵的合作。IMEC位于巴黎市里尔路25号。“阿尔都塞中心”设于此处，它保存有阿尔都塞的一些手稿、一部分档案，以及他的合作者和通信者的一些资料。学生和研究人员可以去查询。

思列宁主义共产主义者青年联合会中的毛主义者），另一方面来自他的死敌们，不过这些人同样想提醒，为了这一理论之故，不要“忘记阶级斗争”。更加深刻地是，这些自我批评反映着阿尔都塞想通过其理论手段，把对68年五月事件及当代其他一些事件的解释引入到扩大了的马克思主义理论场中的期图，在此，剥削以及无产阶级斗争的各种条件是“最终的决定者”。更广泛地说，仍然存在着最终把理论当作“实践”的困难（不论它有多么重要）。从这种意义上说，我没有在这些自我批评中发现任何追溯性的真理，但是，我相信还是应该认真的对待它们。

我将指出另外两个关注别的东西的“自我批评”。它们产生于不同的时刻，有着不同的目的。一个是人们可以看到存在于从“亚眠答辩”（1975，重版于1976年版的《立场》中，社会出版社）到写于1980年悲剧事件前后的一些特别具有暗示性（比如“偶然唯物主义”设想之必然性的暗示，这种唯物主义出现在1984年同费尔南德·纳瓦罗的“谈话录”中，它更多地受到伊壁鸠鲁而非现代辩证论者的启发）和特别言简意赅的作品中的。这个词语在他以前的作品中至多出现了一次，但是在1975年提交给博士学位评审委员会的“亚眠答辩”中，在涉及矛盾和其自身的“不均衡性”时，阿尔都塞令人迷惑地宣称，如果没有同样也是根本性的**亚决定**（*sousdétermination*），**多元决定**就不能起作用：不是和同样结构中构成性的东西轮流在同样的因果决定中去起作用。[①] 在此，我们甚至应该阅读这样一个被评论和补述所掩盖着的自我批评吗？我倒

① 《立场》，同前，第146—147页。

愿意做这样的建议。对我来说,由于它比别的更为建构性,所以更有意义。不过,同样确定的是,它所给出的标志——在解释了偶然的必然性之"结构"之后,仍然还要表达这种偶然的偶然,表达共存于同一事件中心的各种可能性和趋势之"亚决定物"的多样性——更多的是一个哲学纲领而非一个论题或一个假设。

最后的自我批评是人们可以在阿尔都塞的自传《来日方长》中看到的。这一自传写作于 1985 年,1992 年他去世之后很快就出版了。[①]《保卫马克思》的理论内容、理论介入(或"纯粹"理论介入)模式本身再次成为了自我批评的主题。然而,这次不是为了在其中发现(理论家的)不自觉地走的"偏向"(就像 1967 年的批评那样),而是把它当作一个计谋,当作消除教条主义的深虑的和秘密的计划的工具,马基雅维利式地设定自己陷阱的计谋:"这就是为什么除了纯粹理论的形式之外,在党内并不客观地存在其他可能的政治介入形式,而且理论的介入还要借助于现存和流行的理论,反过来反对党对理论形式的应用。但由于流行的理论和马克思没有什么关系,而是和苏联一样,也就是说斯大林一样对辩证唯物主义说些危险的蠢话,因此,必须回到马克思那里去,回到这种无可争辩的被接受的政治思想中(因为它是神圣的),并且表明,斯大林的辩证唯物主义,及其各种哲学的、理论的、政治的和意识形态的后果是完全错误的。这是唯一可能的道路。这正是我发表于《思想》上的一些文章,以及高师我的一些学生在《阅读〈资本论〉》时试图做的。那些文章后来收到了《保卫马克思》中。而《阅

① 我引用 1994 年版的袖珍本。参考下面。

读〈资本论〉》，我记得是出版于1965年10月。从那之后，我一直在同一战线上战斗着，首先是理论斗争，然后是党内直接的政治斗争……”①

在此，我只能引用阿尔都塞以及回到他的文本上。不过，我也可以说，我不相信这个“解释”，至少不相信这种以背叛形式出现的解释。在我看来，它是在1985年的精神状态下，依据当时的各种倾向而事后臆构的。它不符合我所保留的记忆，不符合我对错综交织的各种理论倾向和政治期望的记忆。而这些在六十年代的形势中构成了我们（融合在一起的“老师”和“弟子”，以及我们的所有分支）的倾向和期望。我完全承认也许我的记忆也许是错误的。更糟糕的是，在被“摆布”之后，我可能一直轻视自己。然而，在让读者形成自己的观点之前，我想提出另外的原因。为写这个介绍，我刚刚重读了《保卫马克思》。我相信在每一步我都在其中看到了杰出的工作——不论它有什么样的局限，不论它是多么地由其特有的条件，由其“对象”和各种“客体”所多元地限制。在我看来，这一工作也是一种**经历**。这是一种建立在文本和自身之上的经历，它就像所有真正的经历一样，不能肯定自己的结果是什么，而它特有的张力就反映在其作品的性质中。如果只是要从语词和名称的陷阱中获取政治工具，我不认为这样一种经历会有可能。不论这些语词和名称有什么样的诱惑力，他也不相信它们的。对此我们知道得很清楚。是我们“相信过”它们。

阿尔都塞的作品仍然有着生命力。在被期望决定性地介入到

① 《来日方长》，同上，第221页。

所经历的形势之中，如介入到特有的时刻，介入到历史的警示和理论的要求所不可避免地相遇之后，在它意指的所有东西都改变了意义的时候，它仍然表明了马克思解释问题的持续存在。它就科学性、历史性以及想象的社会功能，向哲学家和哲学提出了一些重大的问题。而我们只是刚开始意识到科学性、历史性以及想象的社会功能的复杂性（在它们最初目空一切的说法消失后）。这不是阿尔都塞思想的全部整体（*le tout*），甚至不是他的思想的一个整体（*un tout*），因为通过巨大的努力形成自己的思想之后，作者应意识到了它的不完满、它所包含的前提，以及它的弱点（也许），不过，他也意识到了理论所包含的要求，永恒地重新开始的要求。今天仍然使我们感到震动，仍然引起我们关注的是，这样一种要求会有如此宽广的前景。

关群德 译

序言：今天

（一）

近四年来，我在不同的刊物上曾发表过几篇文章，这里把它们汇编成册，奉献给读者。我之所以这样做，主要的、也是十分实际的理由，是其中有些文章已不易找到了。其次，这些文章尽管还很不成熟，很不完善，但它们都包含着一个思想，把它们汇集起来，这个思想就会显得更加突出。最后，我把这些文章按其本来面目保留下来，作为反映某一段历史的文献资料。

这些文章几乎都是在某个特定场合下诞生的。有的是对一部著作的研究；有的是对批评或反对意见的答复；有的是对一部戏剧的分析，如此等等。它们都标有出版的日期，印着诞生时留下的胎记，即使有些不一致的地方，我也决定不去改动了。我删掉了一些过分涉及个人的论战性段落。少数语句、注释和章节过去为了免得刺激某些抱偏见者的感情，或者为了使论述不致过于冗长而不得不割爱，这次我都补了上去。此外，我还订正了一些引文出处。

这些文章虽然每篇都是在特定场合下诞生的，但它们又是同一个时代和同一段历史的产物。它们是一种特殊经历的特殊见证。与我同龄的、力图按马克思的思想而思想的哲学家都曾有过这种经历。历史把我们推到了理论的死胡同中去,而为了从中脱身,我们就必须去探索马克思的哲学思想。

从人民阵线和西班牙战争起,历史就把我们这些年轻人吸引住了,而在真正的世界大战期间,它又使我们受到了事实的严酷教育。历史打破了我们的平静生活,并把我们这些资产阶级或小资产阶级出身的学生改造成为一些懂得有阶级、阶级斗争和阶级斗争目标存在的成年人。我们从历史强加给我们的明显事实中得出了应有的结论,并加入了工人阶级的政治组织——共产党。

战争突然结束了,我们立即投入到党所领导的大规模的政治斗争和意识形态斗争中去。我们因此体验到了我们的选择的含义,并承受了由这一选择带来的后果。

我们今天回忆起这段时间,在政治方面那就是大罢工、群众示威、斯德哥尔摩宣言和和平运动。那时,抵抗运动唤起的巨大希望濒于破灭,千百万人开始了长期而艰苦的斗争,力求使冷战不致恶化成为战争的灾难。在哲学方面,那就是全副武装的知识分子如同围猎野兽一样地到处追逐错误,我们的哲学家不研究任何哲学,并把一切哲学都当作政治;对于艺术、文学、哲学或科学,总之对于整个世界,我们统统用无情的阶级划分这把刀来个一刀切。用一句挖苦的话来概括,那时只是漫无边际地挥舞"要么是资产阶级科学,要么是无产阶级科学"这面大旗。

这个极左公式本是波格丹诺夫和无产阶级文化派的口号,而我们的一些领导人,却为了使当时因李森科的"生物学"而陷入不妙处境的马克思主义免受资产阶级的狂暴攻击,又把它重新提了出来。口号提出了以后，就成了一切的主宰。我们当时所有的哲学家，在这条专横路线统治下，只能或者人云亦云，或者保持沉默，或者盲目信仰，或者被迫信仰，再不然就是尴尬地装聋作哑，绝没有其他选择的余地。这种狂热是在斯大林那套独断专横的统治制度和思想体系的影响下形成的。说来奇怪，它却偏偏要由斯大林的干预才从疯狂转向一点理智。斯大林在一本小册子里斥责了有些人力图把语言说成是上层建筑的狂热。我们开始看到，使用阶级标准绝不是毫无边际的。马克思的著作本身就是科学，而过去，人们却要我们把科学当作一般的意识形态。因此，我们必须退却，而在这样的混乱状态下，必须从复习基本知识开始。

我是以我自己的名义，以一个共产党员的名义，写这些话的；我研究过去，正是为了说明现在和认识将来。

我回顾这个历史阶段，既不是留恋过去，也不是有所抱怨，而是为了用一种超脱历史的观点去承认历史。那时，我们年少气盛，充满了信心，敌人又毫不宽厚，总是骂骂咧咧地进行挑衅。在一段时间里，有些领导人不但不阻止我们沿着“左”的理论斜坡滑下去，相反却使劲把我们朝这条路上推；另一些领导人则无动于衷，丝毫不去劝阻他们或者警告我们。这种复杂的情形使得我们在很长时间里处于糊涂的状态。于是，我们把大部分时间都花在宣传鼓动上，而本来，我们在从事斗争行动的同时，理应有了解情况和进行学习的权利和义务。总之，我们甚至没有把这段时间利用起来。对于波格丹诺夫和无产阶级文化派，对于列宁在政治上和理论上反对“左倾”机会主义的历史性斗争，我们一无所知。我们甚至没有读过马克思成熟时期的著作，因为我们太热衷于在马克思青年时期著作的意识形态火焰里重新发现自己炽烈的热情。我们上一辈的人，那些有责任为我们指引道路的人，他们怎么也同样过着无知的生活呢？经过无数战斗和考验而奠定的并由许多伟大著作所体现的长期理论传统，对他们怎么都成了不起任何作用的一堆废纸呢？

我们只能承认，在占统治地位的教条主义的保护下，另一种消极的法国传统压倒了理论传统，这是因为法国的工人运动在历史上一贯缺少真正的理论素养。这个根深蒂固的缺点，如果套用海涅关于"德意志贫困"的说法，可以叫作"法兰西贫困"。法国党之所以在"要么是资产阶级科学，要么是无产阶级科学"的道路上走得这么远，并赋予这种理论以激进宣言的形式，法国党之所以为此而经受了考验并表现了无可怀疑的政治勇气，也是因为法国工人运动的全部历史留给它的理论遗产十分微薄的缘故。确实，除了马克思十分喜欢提到的空想社会主义者圣西门和傅立叶以外，除了根本不懂马克思主义的蒲鲁东和对马克思主义懂得不多的饶勒斯以外，我们还有什么理论家呢？德国产生了马克思和恩格斯，还有早期的考茨基；波兰出现了罗莎·卢森堡；俄国有普列汉诺夫和列宁；意大利有能与恩格斯平起平坐地讨论问题的拉布里奥拉（法国那时却只有索列尔！），后来又有葛兰西。我们的理论家又是谁呢？是盖德，还是拉法格？

我国其他方面的传统十分丰富，唯独理论传统却显得贫乏。如果要弄清其中的道理，那就必须进行一番全面的历史分析。我们这里并不打算进行这种分析，但至少可以确定几个要点。谈到十九世纪和二十世纪初工人运动中的理论传统，我们不能脱离开知识分子所从事的工作。奠定了历史唯物主义和辩证唯物主义理论的是一些知识分子（马克思和恩格斯），发展这一理论的也是一些知识分子（考茨基、普列汉诺夫、拉布里奥拉、罗莎·卢森堡、列宁、葛兰西）。这种状况无论在开始或在后来，无论在现在或将来，都是不能改变的。能够改变和将会改变的不是他们的知识分子[①]身份，而是他们的阶级出身。这里有一些根本性的原因。继考茨基之后，列宁曾对这些原因作了清楚的说明：一方面，工人运动的"自发"意识，如果任其发展，只能产生空想社会主义、工联主义、无政府主义和无政府工团主义；另一方面，马克思主义的社会主义既然需要为建立和发展一种前所未有的科学和哲学而进行巨大的理论工作，这项工作只能由在历史、科学和哲学方面造诣很深的大知识分子来承担。这样的知识分子在德国、俄国、波兰和意大利都出现了，有的成为马克思主义理论的奠基人，有的成为马克思主义的理论大师；这都不是由孤立的偶然事件造成的，而是因为这些国家的社会、政治、宗教、意识形态和伦理条件使知识分子的活动简直无法进行，统治阶级（封建主阶级和资产阶级为了他们共同的阶级利益沆瀣一气，他们还得到教会的支持）往往只给知识分子以卑贱和低微的职务。在这些国家里，知识分子只有站在工

① 当然，知识分子一词在这里指的是作为活动家出现的、在许多方面具备空前才能的一类十分特殊的知识分子。他们是真正的学者，有很高的科学造诣和理论修养，对占统治地位的意识形态的各种形式，对这些形式的现实和变化，他们都十分熟悉，并时刻注意同这些形式作斗争，他们敢于在理论实践中进行反潮流，敢于同"官方真理"相抗衡，并且能不顾各种流行偏见的禁止和阻挠，断然走上由马克思开辟的宽广大道。如果他们对工人阶级没有清醒的和坚定不移的信任，如果他们没有直接参加工人阶级的战斗，从事这种性质的和这样的事业真正是不可想象的。

人阶级这个唯一革命的阶级一边，才能得到自由和前途。在法国则相反，资产阶级曾经是革命的阶级。它历来善于争取知识分子参加到它所进行的革命中来，并且也确实做到了这一点；在夺取和巩固了政权以后，资产阶级继续使整个知识分子站在自己的一边。法国资产阶级干净、彻底地完成了自己的革命；它把封建主阶级从政治舞台上清除了出去（1789 年、1830 年、1848 年）；它在革命中确立了资产阶级统治下的民族团结；它击败了教会，随后又收容了它，但其目的只是为了在适当时机同它分离；它用自由、平等的口号把自己装扮了起来。资产阶级利用自己的实力地位和在历史上取得的种种其他地位，给了知识分子相当宽广的前途和活动余地，足够体面的职务，不少的自由和幻想，以便把他们笼络在它的法律之下，使他们继续受它的意识形态的控制。除了个别的伟人外（正因为他们是伟人，他们才是例外），法国知识分子接受了给他们的这种地位，他们并不感到有向工人阶级方面去寻找出路的切身需要。即令他们有人投靠了工人阶级，这些人也不善于彻底清除他们身上盖有的资产阶级意识形态的烙印。资产阶级意识形态在他们身上留下的残余就表现为唯心主义、改良主义（如饶勒斯）或实证主义。法国党不得不进行了大胆而耐心的努力，以消除“工运中心论”对知识分子的不信任；工人对知识分子产生这种本能的怀疑绝不是偶然的，它反映了工人在长期历史中多次积累的经验和反复经历的失望。正是这样，资产阶级的统治使法国工人运动同知识分子长期相脱离，而知识分子对于形成真正的理论传统却偏偏是不可缺少的。

我是否还应该补充另一条民族性原因呢？这是因为，在 1789

年大革命以后的一百三十年里，法国的哲学史简直贫乏得可怜。从梅恩·德比朗、库辛到柏格森，法国哲学始终顽固地坚持它的不仅是保守的，而且是反动的唯灵论。法国哲学鄙视历史和人民，同宗教结成紧密的联系，竭力反对唯一值得重视的哲学家奥古斯特·孔德。此外，法国哲学的不文明和无知达到了令人难以置信的地步。最近三十年来，情况开始有所好转。但是，一百多年以来官方哲学的愚昧思想是个十分沉重的包袱，它窒息着工人运动中的理论努力。

法国党是在这种理论空白的情况下诞生的。虽然如此，它从我们唯一的和真正的民族传统中，即从马克思曾表示无比钦佩的政治传统中吸取了营养，尽量克服了存在的缺点，并终于成长了起来。它始终带着这一**政治**传统的烙印，因而有点看不起理论的作用，看不起**哲学**理论比看不起政治理论和经济理论更要严重。虽然法国党在自己的周围团结了一些著名的知识分子，但他们主要是些大作家、小说家、诗人、艺术家和自然科学家，还有少数几位高水平的历史学家和心理学家，而且政治原因在这里起了主要作用。只有极少数知识分子具有足够的**哲学**修养，能够认识到马克思主义不仅是一门政治学说、一种分析和行动的“方法”，而且作为科学，它是发展社会科学、人文科学、自然科学和哲学所不可缺少的基础研究的理论领域。法国党就是在以上条件下诞生和成长起来的，它没有建立起民族的**理论**传统，得不到民族理论传统的帮助，其不可避免的结果是，它没有一个能够造就出理论大师的理论学派。

这就是我们不得不依靠自己去学会面对的现实。因为，在我

国的马克思主义哲学界，没有真正的理论大师能为我们指引前进的方向。假如波利采没有为了经济学方面的紧急需要而牺牲了他酝酿中的重要哲学著述工作，他或许会成为这样的理论大师；可是，他只给我们留下了他的《心理学基础批判》中的天才谬误就去世了。他是被纳粹所杀害的。总之，我们当时没有理论大师。我并不是说没有志趣高尚和学识渊博的文人学士，而是说没有由我们的历史造就的、与我们思想接近及感情相通的马克思主义哲学大师。提出这后一项条件绝不是多余的。因为我们不仅在理论上处于空白，而且从自己的民族历史上继承了一种表现在哲学和文化方面的畸形的外省习气（即沙文主义）；由于这种外省习气，我们不愿学习外国语，并对法国疆界以外的思想和成果采取不闻不问的态度。长期以来，我国研究和评论马克思的著作只是少数坚毅和勇敢的德语学者的事情，这难道是偶然的吗？我们能向国外介绍的学者，除了奥古斯特·科尔纽以外，也许别无他人，这位得不到法国大学承认的英雄，默默无闻和单枪匹马地对新黑格尔主义运动的左翼和青年马克思做了多年的和细致的研究。

以上的论述使我们可以清楚地看到我们的理论贫乏，但却不能清除这一贫乏。由于斯大林，我们受到了第一次冲击——虽然也正是斯大林对这件坏事要负最主要的责任。由于他的逝世和苏共二十大，我们受到了第二次冲击。当然，在此期间，生活也影响了我们一部分人。

一个政治组织，一种真正的理论修养，都不是在一夜之间或根据一道简单的命令就能造成的。在战争期间或在战后不久达到成人年龄的年轻哲学家中，多少人被繁忙的政治任务搞得筋疲力尽，再也抽不出时间去从事科学的工作！当时参加党的小资产阶级出身的知识分子，觉得必须通过政治活动或在政治上表现积极，来偿付他们由于不是无产者而以为欠下的那笔债；这也是我国社会历史的一个特点。关于这一历史的洗礼，萨特尔以他自己的方式为我们提供了诚实的见证：我们跟他是同一种血统的人。比我们年轻的同志们似乎没有了这笔债务，这固然是时代的进步，但他们也许还会以另一种方式来偿付。就哲学来讲，我们这代人充当了牺牲品，也就是说，我们牺牲了自己的智力工作和科学工作，而一味地去搞政治斗争和意识形态斗争。许多科学家，间或有些历史学家和个别文学家，还能够不受损失或者只付出轻微的代价。哲学家却无路可走。只要他为了党去讲哲学和写哲学，他就只能人云亦云，只能对著名的引言在党内提出一些微不足道的不同见解。我们在哲学界没有听众。反对我们的人轻蔑地指责我们只管搞政治，即使最开明的同事也告诫我们，要判断一个作家，应该先研究这个作家，在提出原则和执行原则以前，应该先客观地讲明这个原则的道理。有些马克思主义哲学家，为了让别人起码能听得下去，不得不把自己乔装改扮起来——他们这样做完全出自自然的本能，而不怀有任何策略的考虑，他们把马克思装扮成胡塞尔、黑格尔或提倡伦理和人道主义的青年马克思，而不惜冒弄假成真的危险。我并不夸张，我说的是事实。直到今天，我们还看得到这种做法的后果。当时，我们在政治上和哲学上深信自己达到了世界上唯一可靠的大陆，却不知道如何从哲学上去论证这一大陆的存在和可靠；其实，在我们每个人的脚下，除了信念以外，没有任何可靠的大陆可言。我这里并不是说整个马克思主义的传播全都如此，

因为除了哲学以外，幸而还有别的星体可以发出马克思主义的光芒。我想说的是，马克思主义哲学的地位是何等的岌岌可危。我们以为自己掌握了决定哲学的可能存在和哲学意识形态的不可能存在的原理，但我们却不能通过公开的和客观的检验，来证实我们的信念是毋庸置疑的真理。

教条主义说教一旦被证明在理论上一钱不值以后，我们就只有一个办法可以为我们不能从事真正的哲学研究作开脱，那就是认为哲学本身是**不能**被研究的。在马克思青年时期（1840 至 1845 年）和断裂时期（1845 年）的一些若明若暗的著作的影响下，我们不知不觉地受到了“哲学的末日”的极大诱惑。我们中间一些最积极热情的战士无保留地接受了《关于费尔巴哈的提纲》里那句把改造世界同解释世界对立起来的、在理论上含糊不清的名言，倾向于通过哲学的“实现”达到“哲学的末日”，他们庆贺哲学已为政治所实现和为无产阶级所完成，并且在行动中已经死亡。由此到理论实用主义，无论在过去、现在或将来，都只有一步之差。另一些较有科学头脑的人学着《德意志意识形态》中的某些实证主义公式的样子，宣告了“哲学的末日”；在这里，负责实现哲学，因而也是让哲学结束的，不再是革命的无产阶级及其革命行动，而纯粹是科学。马克思不是也要我们停止空谈哲理，即不要再作意识形态的幻梦，而回过头来研究现实吗？从政治上讲，采用第一种方法阅读马克思著作的人多数是搞哲学的活动家，他们由于把全部精力投身于政治，便把哲学当作行动的宗教；作第二种读法的人相反是一些评论家，他们指望从文章中找到内容充实的科学论述，以弥补教条主义哲学空洞宣言的不足。但是，无论前者或后者，只要他

们同政治和睦相处，就势必以对哲学问心有愧为代价：哲学作为实用主义、宗教或实证主义而死去不能算是哲学真正作为哲学而死去。

于是，我们就想方设法让哲学名副其实地作为哲学而死去。为此，我们又以马克思的其他文章为依据，并采用了第三种阅读马克思著作的方法。我们进一步说，哲学的末日只能是对哲学的批判，正如《资本论》的副标题宣布那部书是对政治经济学的批判一样。因此，必须去接触实际事物，同哲学意识形态相决裂，并着手研究真实。我们以为，这样做了就能保证哲学的实证性，但是，在转而反对意识形态的同时，我们却看到意识形态止不断威胁着“对实证事物的理解”，包围着科学，并把科学搞得面目全非。我们于是委托哲学对意识形态进行批判，以不断削弱意识形态幻想的威胁。而为了赋予哲学这个任务，我们把哲学当作纯粹是科学的意识。它从文字到实质归根结蒂完全是科学，但只是简单地被颠倒了过来，为作为科学的明确和外在的意识而存在，而它走到科学的外部，正是为了消除这一外部。这样一来，哲学也就寿终正寝了，因为哲学的主体和客体完全同科学混合在一起；然而，在哲学用科学的实证本质打退咄咄逼人的意识形态以前，在它把对方的意识形态幻想消灭以前，它依然作为科学的正在消亡中的批判意识而存在；只是在这以后，它才恢复原来的地位，重新找回自己的意识形态幻想。哲学的这种批判（即灭亡），即是它的正在消亡中的哲学存在，终于使我们通过批判的双重行动，从名义上得到了哲学的真正死亡，并使我们为此而感到高兴。于是，哲学的全部命运无非是要承认真实，即在回到真实那里去（产生人及其思想和行

为的历史真实)的同时,完成自己的批判任务(即死亡)。研究哲学,那就是从我们自己的立场去重新开始青年马克思的批判历程,越过阻碍我们认识现实的幻想浓雾,最后到达唯一的出生地:历史,以便在历史中最终找到在批判的密切注视下所达到的现实和科学的协调。根据这种阅读方法,就不再有哲学史的问题:已被消除的幻梦,已经穿越的黑暗,怎么可能存在历史?唯独真实才有历史,因为真实能暗中使酣睡的人见到一些支离破碎的梦境,但这些接连印入脑海的梦境却不能构成真正的历史。在《德意志意识形态》一书中,马克思曾告诉我们:"哲学没有历史"。读者在下面读到《论青年马克思》一文时将可以判断,青年马克思对哲学是否还部分地怀有这种神秘的希望,即希望哲学随着批判意识的死亡,而达到其哲学的夭亡。

我所以回顾这些探索和选择,是因为它们带有我们历史的痕迹。还因为,随着斯大林教条主义的结束,它们并没有作为历史环境的简单反映而消失,它们依然作为我们的问题而存在着。有些人不仅把斯大林应负的罪责和错误,而且把我们自己的失望、错误和混乱,统统推到斯大林的身上;一旦他们看到,哲学教条主义的结束并没有使我们能够完整地恢复马克思主义的哲学,他们将处于十分尴尬的境地。人们从教条主义那里解放出来的东西,无论如何只能是业已存在的东西。教条主义的结束使研究工作获得了真正的自由,同时也使有些人产生了一种狂热,仓促地把他们获得解放的感受和对自由的喜爱这类意识形态言论宣布为哲学。狂热也同抛向空中的石子一样,肯定是会落下地来的。教条主义的结束使我们有权正确地重新估价我们自己,坦率承认我们的优点和缺点，公开提出和思考我们的问题，并一丝不苟地进行真正的研究。教条主义的结束使我们能够部分地摆脱理论上的外省习气，了解和承认外国过去和现在的成就；而在看到外界的同时，我们就能开始用外界的眼光来看我们自己，看我们对马克思主义的了解和无知达到什么程度，从而开始认识我们自己。教条主义的结束使我们面对以下的现实：马克思通过创立他的历史理论，奠定了马克思主义哲学的基础，但还有大量的工作需要我们去做。正如列宁所说，马克思主义哲学仅仅奠定了基础。我们在教条主义的黑夜中所苦于解决不了的种种理论困难并不完全是人为的困难，它们的产生在很大程度上也是由于马克思主义哲学还处于不完善状态。甚至可以说，在那些我们曾经忍受过或者维护过的千篇一律和滑稽可笑的形式中（其中包括所谓存在两种科学的荒唐理论口号），有些东西的确是属于没有得到解决的问题，虽然它们以荒唐的和盲目的形式存在着。不久前出版的一些极左派理论家（青年卢卡奇和柯尔施）的著作就可以充当见证。总之，如果我们要为马克思主义哲学提供更多的存在理由和理论根据，我们今天的使命和任务就是公开提出这些问题，并努力去解决这些问题。

（二）

请允许我谈谈以下几篇文章所遵循的方向。

《论青年马克思》一文虽然还带着正在消亡中的批判哲学的神话色彩，但它包含着一个根本问题，即我们在经历了考验、挫折和软弱以后内心压抑不住而必定要提出的问题：马克思主义哲学究竟怎么样了？它在理论上是否能站得住？如果能站得住，它有什么特点？这个根本问题，在如何阅读和解释马克思青年时期著作的问题（它表面上是个历史问题，实际上是个理论问题）中，其实已经被提出来了。认为必须对马克思的这些著作进行认真的批判性考察，这并不偶然，因为这些著作被插上了各种旗号，派上了各种用场，而且我们却多少本能地认为，这些公开以哲学面目出现的著作就是马克思本人的哲学思想。如果从马克思的青年时期著作出发，进一步提出马克思主义哲学及其特点的问题，就势必还要提出马克思与他曾经接受、但后来又抛弃了的黑格尔哲学和费尔巴哈哲学之间的关系问题，提出马克思哲学与黑格尔哲学和费尔巴哈哲学有何不同的问题。

正是为了研究马克思青年时期的著作，我才开始阅读费尔巴哈的著作，并出版了他在 1839 至 1845 年期间最重要的理论著作（参见本书 26—33 页）。由于同样的理由，我很自然地开始从他们各自使用的概念的细微差别中去研究黑格尔哲学同马克思哲学的关系的性质。因此，关于马克思哲学的特殊差异性问题，在形式上就变成了以下的问题：在马克思的思想发展中，是否存在一种认识论的断裂，以标志出新的哲学观的出现，还有关于断裂的确切位置这个连带产生的问题。正是在这个问题的范围内，研究马克思青年时期的著作便具有了决定性的理论意义（是否存在断裂？）和历史意义（断裂的位置何在？）。

当然，为了肯定断裂的存在和确定它的位置，我们只能把马克思用以说明和指出这一断裂发生在 1845 年的《德意志意识形态》而说过的那句话（“把我们从前的哲学信仰清算一下”）当作是一个需要经过检验才能加以肯定或否定的声明。而为了检验这个声明，就必须有一种理论和一个方法——必须把据以思考一般的现实理论形态（哲学意识形态、科学）的马克思主义理论概念运用于马克思本身。没有关于理论形态史的理论，就不能弄清和认识用以区分两种不同理论形态的特殊差异性。为此，我以为可以借用雅克·马丁关于总问题的概念，以指出理论形态的特殊统一性以及这种特殊差异性的位置。我以为还可以借用加斯东·巴什拉关于认识论断裂的概念，以研究由于新科学的创立而引起的理论总问题的变化。我们说要创造一个概念和借用一个概念，这绝不意味着这两个概念是武断的或从外面凭空加给马克思的；相反，我们可以证明它们在马克思的科学思想中都存在着和活动着，即使在大多数情况下，它们的存在处于实践的状态。[①] 这两个概念给我提供了必不可少的最起码的理论依据，使我对青年马克思的理论转变过程能做出恰如其分的分析，并且得出几个确切的结论。

这里请允许我以十分简略的方式概括一下我多年研究所取得的一些成果，本书所发表的文章只是这些成果的部分见证。

（1）在马克思的著作中，确确实实有一个“认识论断裂”；据马克思自己说，这个断裂的位置就在他生前没有发表过的、用于批判他过去的哲学（意识形态）信仰的那部著作：《德意志意识形态》。总共只有几段话的《关于费尔巴哈的提纲》是这个断裂的前岸；在这里，新的理论信仰以必定是不完善的和不确切的概念和术语的

① 关于总问题和认识论断裂（这一断裂标志着由科学前的总问题转变为科学的总问题）这两个题目，请参考恩格斯在《资本论》第二卷的序言中所做的极其深刻的理论分析。我在《阅读〈资本论〉》第二卷将对此做简短的说明。

形式，开始从旧信仰和旧术语中表露出来。

（2）这种"认识论断裂"同时涉及两种不同的理论学科。在创立历史理论（历史唯物主义）的同时，马克思同自己以往的意识形态哲学信仰相决裂，并创立了一种新的哲学（辩证唯物主义）。我特地用了约定俗成的术语（历史唯物主义、辩证唯物主义）来指出这一断裂的双重成果。而且，我还要提出在这种特殊条件下所出现的两个重要问题。既然新哲学的诞生是与一门新科学的创立同时发生的，而这门新科学又是历史理论，这就自然会产生一个带根本性的理论问题：根据什么必然的原理，历史理论科学的创立必定会在哲学中引起和推动一场理论革命？此外，这种情况还会造成一个不可忽视的实际后果：由于新哲学同新科学有着如此密切的关系，新哲学就很可能会和新科学相混同。正如我们所看到的，《德意志意识形态》把哲学或者当作实证主义的泛泛空谈，或者当作科学的暗淡影子，从而完全接受了这种混同。这个实际后果是马克思主义哲学从产生至今天的独特历史的一个关键。

关于这两个问题，我以后再谈。

（3）这种"认识论断裂"把马克思的思想分成两个大阶段：1845 年断裂前是"意识形态"阶段，1845 年断裂后是"科学"阶段。第二阶段本身又可以分成两个小阶段，即马克思的理论成长阶段和理论成熟阶段。为了便于我们今后的哲学工作和历史工作，我建议用几个临时术语来记录这种分期法。

1. 我建议把马克思第一个大阶段的著作，即从他的博士论文到 1844 年手稿，《神圣家族》也包括在内，叫作马克思青年时期的著作，这种叫法已经得到了公认。

2. 我建议用断裂时的著作这个新词来称谓1845年断裂时的著作，即《关于费尔巴哈的提纲》和《德意志意识形态》；在这两篇著作里，第一次出现了马克思的新的总问题，但这个总问题往往还部分地以否定的形式和激烈的论战和批判的形式出现。

3. 我建议用成长时期的著作这个新词来称谓1845至1857年期间的著作。虽然我们可以确定划分意识形态阶段（1845年前）和科学阶段（1845年后）的断裂就在1845年这个关键的日期（当时的著作是《关于费尔巴哈的提纲》和《德意志意识形态》），但我们不应该忘记，这个转变并不能一下子就以完美无缺的形式，产生出它在历史理论中和哲学理论中开创的新的总问题。《德意志意识形态》实际上是对马克思所抛弃的形形色色的意识形态总问题所作的评论，这个评论往往表现为对这些总问题的否定和批判。马克思必须进行长期正面的理论思考和理论创造，才能够产生、形成和确立一整套适用于他的革命理论计划的术语和概念。新的总问题是要逐渐取得其最终形式的。为此，我建议把1845年后和撰写《资本论》初稿前那个时期（1855至1857年左右）的著作，即《共产党宣言》、《哲学的贫困》、《工资、价格和利润》等，叫作马克思理论成长时期的著作。

4. 我建议把1857年以后的所有著作一概叫作成熟时期的著作。

由此，我们将得出以下的分期法：

1840—1844：青年时期著作。

1845：断裂时的著作。

1845—1857：成长时期著作。

1857—1883:成熟时期著作。

(4)马克思青年时期的著作(1840至1845年),即马克思的意识形态著作,也可以分作两个小阶段:

1. 为《莱茵报》撰文的理性自由主义的阶段(1842年前)。

2. 1842至1845年间的理性共产主义阶段。

我在《马克思主义和人道主义》一文中扼要地指出,第一阶段的著作意味着存在一个康德和费希特类型的总问题。相反,第二阶段的著作则建立在费尔巴哈的人本学总问题的基础上。受黑格尔的总问题影响的著作只有一部,即《1844年手稿》,严格地说,这部著作实际上是要用费尔巴哈的假唯物主义把黑格尔的唯心主义“颠倒”过来。由此产生了一个奇怪的结果:除了他的意识形态哲学时期的**最后**一部著作外,青年马克思实际上(学生时代的博士论文不算在内)从来不是黑格尔派,而首先是康德和费希特派,然后是费尔巴哈派。因此,广为流传的所谓青年马克思是黑格尔派的说法是一种神话。相反,种种事实表明,青年马克思在同他“从前的哲学信仰”决裂的前夕,却破天荒地向黑格尔求助,从而产生了一种为清算他的“疯狂的”信仰所不可缺少的、奇迹般的理论“逆反应”。在这以前,马克思一直同黑格尔保持距离;马克思在大学期间曾研究过黑格尔著作,他后来转到了康德和费希特的总问题,接着又改宗费尔巴哈的总问题,这个转变只能说明,马克思不但不向黑格尔靠拢,而是离他越来越远。依靠康德和费希特的帮助,马克思退到了十八世纪末;依靠费尔巴哈的帮助,他退到了十八世纪理论历史的中心,因为费尔巴哈确实可算是十八世纪的“理想”哲学家,是感觉论唯物主义和伦理历史唯心主义的综合,

是狄德罗和卢梭的真正结合。人们不禁会问，马克思通过《1844年手稿》在最后关头突然完全回到黑格尔那儿去，他对费尔巴哈和黑格尔所作的这一天才综合，是否就像把分别处在理论磁场两极的物体放在一起而引起的一场爆炸，而马克思就在这场极其严峻的经历中，就在“颠倒”黑格尔这一为前人没有从事过的最彻底的考验中，就在马克思从没有发表的这部著作里，实际上体验了和完成了他的转变？谁要对这一奇妙转变的逻辑有一定的认识，他就必须看到《1844年手稿》理论内容的丰富，并首先要懂得，从理论上讲，这部可以比作黎明前黑暗的著作偏偏是离即将升起的太阳最远的著作。

(5)断裂时的著作。根据它们在马克思思想的理论形成中的位置，这些著作提出了一些微妙的解释问题。《关于费尔巴哈的提纲》的闪光使所有接近它的哲学家惊叹不已，但大家都知道，闪电的光只能眩目，而不能照明；对于划破夜空的闪光，再没有比确定它的位置更困难的事情了。总有一天应该把这十一条提纲的谜解开。至于《德意志意识形态》，它确实向我们介绍了一个正在同自己的过去决裂的思想，这个思想对自己以往的全部理论前提——首先是黑格尔和费尔巴哈，以及意识哲学和人本学哲学的各种形式，一概进行了无情的批判。然而，这个新的思想，虽然它在对意识形态错误的批判中是何等坚定和明确，却很难给自己下一个毫不含糊的定义。要同过去的理论观点相决裂，这不是一下子就能办到的：为了不用一些词和概念，就得用另一些词和概念来代替，只要新的词还没有被找到，往往就由旧的词担负起决裂的使命。《德意志意识形态》正是在概念领域中为我们表演了重新入

伍的退役军官代替正在训练中的新军官的一幕戏……人们判断这些旧概念,自然就看它们的外貌,看用的是什么词。这样做很容易得出错误的认识,很容易把马克思主义或者当作是实证主义(一切哲学的终结),或者当作是个人主义和人道主义(历史的主体是"具体的、真实的人")。人们还可能在分工问题上受骗,因为分工在《德意志意识形态》中起着第一位的作用,而在马克思青年时期的著作中,则是异化起着这个作用,因为分工对于整个意识形态理论和整个科学理论具有决定的意义。所有这些都表明,断裂就发生在《德意志意识形态》的那个时候,正因为如此,这部著作本身就需要写整整一本书来评论,以便把某些概念的理论职能同这些概念本身区分开来。这个问题我以后再谈。

(6)确定断裂的位置在1845年,不仅对于马克思与费尔巴哈的关系,而且对于马克思与黑格尔的关系,都有重要的理论后果。的确,马克思对黑格尔进行系统的批判不仅在1845年以后,而且从青年时期的第二阶段就已经开始了,这在《黑格尔法哲学批判》(1843年手稿)、《〈黑格尔法哲学批判〉导言》、《1844年手稿》和《神圣家族》中都是可以看到的。可是,对黑格尔进行的这一批判,就其理论原则而言,无非是费尔巴哈对黑格尔多次进行的杰出批判的重复、说明、发挥和引申。这是一次对黑格尔哲学的思辨和抽象所进行的批判,一次根据人本学的异化总问题的原则而进行的批判,一次需要从抽象和思辨转变到具体和物质的批判,一次企图从唯心主义总问题得到解放、但依旧受这个总问题奴役的批判,因而也理应属于马克思在1845年与之决裂的理论总问题的一次批判。

由此可见，为了研究马克思主义哲学并得出它的定义，绝不可把马克思对黑格尔的批判同费尔巴哈对黑格尔的批判混淆起来，即令马克思以自己的名义重复了费尔巴哈对黑格尔的批判。因为根据人们把马克思在1843年的各篇文章中对黑格尔的批判（其实，费尔巴哈的影响比比皆是）说成真是马克思的批判或不是马克思的批判，人们对马克思主义哲学最后本质的认识就会完全不同。我要指出这一点，因为它在当前对马克思主义哲学的解释中是个关键问题，我所说的解释是认真的和有系统的解释，是建立在真正具有哲学、认识论和历史知识基础上的解释，是依靠严格的阅读方法的解释，而绝不是单凭一得之见而作出的解释（尽管人们单凭一得之见也可以写出书来）。例如，意大利的德拉·沃尔帕和柯莱蒂的著作，我认为就非常重要，因为在我们当代，只有这两位学者有意识地把马克思与黑格尔的不可调和的理论区别，以及把马克思主义哲学的特殊性，当作他们研究的中心问题。他们认为，在黑格尔与马克思之间和在费尔巴哈与马克思之间都存在着断裂，但他们把这个断裂的位置定在1843年，即在《〈黑格尔法哲学批判〉导言》中，断裂位置的这种移动在理论上产生了深刻的后果，不仅影响到他们对马克思主义哲学的认识，而且还影响到他们对《资本论》的理解和解释；关于这个问题，我在下一部书里将会谈到。

我上面这番议论是为了说明专门论述费尔巴哈和青年马克思的那几篇文章的意义，并使大家看到统括全书各篇文章的中心主题，因为关于矛盾和辩证法的那几篇文章同样是要说明马克思主

义理论的全部特殊性。

直接阅读马克思的著作，并不能立即就明白马克思主义理论的特殊性；必须先进行一系列的批判，做好准备，然后再确定成熟时期的马克思所特有的概念的位置。确定概念同确定概念的位置完全是一码事。这项批判工作，作为解释马克思著作的绝对前提，本身要求具有一些旨在论述理论形态的本质和历史的、临时的和最起码的马克思主义理论概念。因此，要阅读马克思的著作，必须先具备在本质上与各种理论形态及其历史完全不同的马克思主义理论，也就是说，必须先具备一种说明认识论历史的理论，而这种理论恰恰就是马克思主义哲学。这个过程本身是个不可缺少的循环过程，我们从中可以清楚地看到，运用马克思主义哲学来研究马克思，不但对于理解马克思，同时对于建立和发展马克思主义哲学，都是绝对的前提条件。但是，这个循环过程如同任何这类循环一样，无非是辩证的循环，这是从一个理论总问题出发，向一个对象提出关于其本质的问题，而总问题在考验其对象的同时，自己也受到对象的考验。马克思主义应该成为，而且也能够成为认识论问题的对象，而这个认识论问题能否被提出，又完全以马克思主义的理论总问题为转移。对于一种既作为历史科学（历史唯物主义），同时又作为哲学（它能够认识各种理论形态的本质和历史，因而在把自己当作对象的情况下，也能够认识自己）的辩证理论，这是必然的事情。马克思主义是在理论上敢于迎接这个考验的唯一哲学。

可见，上面谈到的这项批判工作，对于改变过去那种根据假象（马克思青年时期的意识形态概念的假象，或者是显然为人们所

熟悉的成熟时期著作中的概念的假象，后者比前者更加危险）去直接阅读马克思著作的方法，是十分必要的。不仅如此，从严格的意义上说，它同时也是为制定马克思主义哲学而进行的理论工作。这种理论将使我们能够正确地认识马克思，对意识形态和科学作出区分，从二者的历史关系中研究它们的区别，从历史过程的连续性中研究认识论断裂的非连续性；它将使我们区分同一个词的不同概念，看出一个词是否有这个概念或没有这个概念，通过一个词在理论叙述中的作用而认清概念的存在，通过概念在总问题中的作用，即通过概念在“理论”体系中所占的地位，确定出概念的本质。唯有这种理论将使我们能够真正读懂马克思的著作，也就是说，将使我们从认识论和历史的角度来阅读这些著作。确实，这种理论只能是马克思主义哲学本身，而不是任何别的东西。

我们已经开始了对马克思主义哲学的研究。现在，研究的前提条件已经确定，随着这个起码要求的实现，研究工作也就步入了正轨。

1965 年 3 月

说　　明

1. 关于本书使用的术语

在后面的正文里，读者可以注意到我使用的术语有些不同的地方。

特别，《关于唯物辩证法》一文提出用**理论**（大写）一词确指马克思主义的哲学（辩证唯物主义），而把哲学一词留作意识形态哲学讲。在《矛盾与多元决定》一文里，哲学一词已被用作意识形态的含义。

把哲学（意识形态哲学）同**理论**（业已与哲学意识形态决裂的马克思主义哲学）在术语上区分开来，能够从马克思和恩格斯的许多段落中找到根据。在《德意志意识形态》里，马克思所说的哲学始终指的是一种普通的意识形态。恩格斯在《反杜林论》的旧序中写道："如果理论家在自然科学领域中是半通，那么今天的自然科学家在理论领域中，在直到现在被称为哲学的领域中，事实上也同样是半通。"

这一段话证明恩格斯曾感到需要把意识形态哲学与马克思崭新的哲学计划之间的不同用不同的术语记录下来。为此，他建议用理论一词确指马克思主义哲学。

然而，确立一套新术语是一回事，真正使用和传播这套术语又是另一回事。如果没有经过长期的使用,就很难强制人们用**理论**一词来确指由马克思创立的科学哲学。何况,**理论**二字用了大写,虽然能和小写的用法区分开来,但在口语中却显然是感觉不出的……所以,在《关于唯物辩证法》发表后,我认为必须回过来采取通用的术语;如果谈到的哲学是马克思本人的,就用马克思主义哲学一词。

2. 关于发表的文章

《费尔巴哈的"哲学宣言"》发表在1960年12月的《新评论》。

《论青年马克思(理论问题)》发表在1961年3月和4月合刊的《思想》杂志。

《矛盾与多元决定》发表在1962年12月的《思想》杂志,附录为第一次发表。

《关于一部唯物主义戏剧的笔记》发表在1962年12月的《精神》杂志。

关于《1844年手稿》的哲学短文发表在1963年2月的《思想》杂志。

《关于唯物辩证法》发表在1963年8月的《思想》杂志。

《马克思主义和人道主义》发表在1964年6月《实用经济科学学院学报手册》。

《关于"真正人道主义"的补记》发表在1965年3月的《新评论》。

我谨感谢以上各刊物的主编先生,承蒙他们的许可,我才能够把这些文章汇编成为本书。

路易·阿尔都塞

一、费尔巴哈的“哲学宣言”

《新评论》要我介绍一下几个月前作为《爱比梅丹丛书》（法国大学出版社）而新出版的费尔巴哈著作。我很乐意这样做，同时还想简单回答几个问题。

在“哲学宣言”的标题下，我汇集了费尔巴哈 1839 至 1845 年期间发表的最重要的著作和文章：《黑格尔哲学批判大纲》（1839 年），《〈基督教的本质〉导言》（1841 年）、《哲学改革临时提纲》（1842 年）、《未来哲学的原则》（1843 年）、《〈基督教的本质〉第二版序》（1843 年）和一篇答复施蒂纳的攻击的文章（1845 年）。费尔巴哈 1839 至 1845 年间的著作不限于以上的文章，但这些文章反映了他在这些具有历史意义的年代里的基本思想。

为什么要用“哲学宣言”这个标题？

费尔巴哈没有用哲学宣言这个词，我冒昧地用了它，有两个理由，一个是主观的，另一个是客观的。

大家不妨读一下《哲学改革临时提纲》和《〈未来哲学的原则〉序》这两篇文章。那的的确确真是一些宣言：作者满怀激情地宣告，新的理论发现将使人从枷锁下解放出来。费尔巴哈在向人类讲话。他撕破了世界史的面纱，破除了迷信和谎言，发现了人的真实，并把它交回给人。时机已经来到了。人类孕育着一场即将到来的革命，这场革命将使人类拥有自己的存在。人们终于应该觉悟起来，他们将成为名副其实的人：自由、平等和博爱的人。

对作者说来，以上的话当然是宣言。

读者也认为这是宣言。至于那些在四十年代陷于“德意志贫困”和新黑格尔主义哲学的矛盾之中不能自拔的激进青年知识分子，他们更认为这些话是宣言。为什么说四十年代？因为四十年代对新黑格尔主义哲学是个考验。在1840年，相信历史的目标是要建立理性和自由的统治的青年黑格尔派，期待着王位继承人能实现他们的希望：结束普鲁士的封建专制制度，废除报刊检查制度，迫使教会就范，总之，建立一个政治自由、思想自由和宗教自由的制度。可是，这位所谓开明的王位继承人在登上了王位和成为弗里德里希-威廉四世以后，立刻就变得专制起来。专制暴政得到的这种确认和加强，对作为青年黑格尔派一切希望的依据和概括的理论是一个可怕的打击。在原则上，历史应该成为理性和自由；它在事实上却只是不合理和奴役。这是个矛盾，也是必须从事实中接受的教训。但应该怎样来思考这个矛盾呢？就在那时，费尔巴哈出版了《基督教的本质》(1841年)，接着又出版了关于哲学改革的小册子。这些著作虽然没有解放人类，但它们却使青年黑格尔派走出了理论死胡同。费尔巴哈确切地回答了青年黑格尔派提出的关于人和人的历史这个严重的问题，而这恰恰就在青年黑格尔派处于极大混乱之中的时候！请看这种宽慰和兴奋的心情如何在四十年后恩格斯的著作中得到反应的吧！费尔巴哈体现着推翻黑格尔哲学和一切思辨哲学的“新哲学”；这种新哲学使被哲学搞得头足倒置的世界重新用脚着地走路；它指责一切异化和幻想，

并且指出产生异化和幻想的理由,从而使人们能够以理性的名义去思考和批判历史的非理性;总之,它使观念和事实协调一致,并使人们懂得世界何以必然存在矛盾和何以必然要解决矛盾。所以,正如恩格斯后来所说的,新黑格尔派“一时都成为费尔巴哈派”了。也是为了同一个理由,新黑格尔派把费尔巴哈的著作当作宣告未来道路的宣言,给予热情的欢迎。

我要补充说一句,这是一些哲学宣言。因为很明显,一切都只是在哲学的范围内发生。但是,哲学事件有时也可以同时是历史事件。

这些著作有什么特别的意义?

这些著作首先具有历史意义。我所以选择这些四十年代的著作,不仅因为它们是最著名的和最有生命力的(它们直到今天还保持着生命力,某些存在主义者和神学家甚至认为它们是现代思想的精神源泉),而且主要还因为它们属于一个特定的历史阶段,曾起到了历史的作用(这一历史作用的范围虽然有限,但在未来将有广阔的发展前途)。费尔巴哈是青年黑格尔运动理论危机的见证人和当事人。为要懂得青年黑格尔派 1841 至 1845 年间的著作,必须阅读费尔巴哈的著作。尤其,人们可以看到,马克思青年时期的著作简直浸透了费尔巴哈的思想。在 1842 至 1844 年间,不仅马克思所使用的术语是费尔巴哈的术语(异化、类存在、整体存在、主谓“颠倒”等等),而且更重要的显然是:他的哲学总问题在本质上也是费尔巴哈的总问题。《论犹太人问题》和《黑格尔法哲学批判》这些文章只有在费尔巴哈总问题的背景下,才能够被理解。马克思思考的主题虽然超出了费尔巴哈直接关心的问题范围，但两人的理论格局和理论总问题却还是一样的。用马克思自己的话来说，他只是在1845年才真正“清算”了这个总问题。《德意志意识形态》是标志着同费尔巴哈的影响和哲学有意识地和彻底地决裂的第一部著作。

比较费尔巴哈的著作和马克思青年时期的著作，人们就能对马克思的著作进行历史的阅读，并更好地理解马克思思想的演变过程。

这种历史的理解是否有理论意义？

当然有。只要读过费尔巴哈1839至1843年期间的著作，人们就不会误解历来用以说明马克思“伦理”观点的大部分概念的由来。“哲学中的未来世界”、“主客体颠倒”、“人的根本就是人本身”、“政治国家是人的类生活”、“哲学的消灭和实现”、“人的解放的头脑是哲学，它的心脏是无产阶级”，以及诸如此类的著名说法都是直接受到费尔巴哈的启发或者直接从他那里借用来的。马克思的理想“人道主义”的各种提法是费尔巴哈的提法。当然，马克思并不仅仅引证、借用或重复费尔巴哈的提法；正如这些宣言所表明的，费尔巴哈始终考虑政治，但很少谈论它。在他看来，问题的关键在于对宗教和神学的批判，在于思辨哲学这块神学的世俗遮羞布。相反，青年马克思的著作则经常谈到政治，谈到异化的人的具体生活（政治无非是这一生活的“天窗”）。但在《论犹太人问题》、《黑格尔法哲学批判》等著作中，甚至有时在《神圣家族》中，青年马克思只是一个用伦理总问题去理解人类历史的费尔巴哈派先进分子。换句话说，马克思在当时只是把异化理论，即费尔巴哈的“人性”论，运用于政治和人的具体活动，他只是后来才在《1844

年手稿》里把这种理论(大部分)推广到政治经济学。承认这些概念最初属于费尔巴哈,这并不是为了用确认发明权(这个概念是费尔巴哈的发明,那个概念是马克思的发明)来解决一切问题,而是为了不把马克思所借用的概念和总问题当作马克思的发明。更重要的是必须承认,这些概念并不是孤立地单个借来的,而是作为一个整体一下子借来的,所谓整体在这里恰恰就是费尔巴哈的总问题。这是带有根本性质的一点。因为借用一个孤立的概念可能只具有偶然的和次要的意义,借用者并不因此全面赞同有关这一概念的观点(例如马克思在《资本论》中借用了斯密、李嘉图或黑格尔的概念)。但是借用一系列相互具有有机联系的概念,借用一个真正的总问题,这就不是偶然的了,这表明了作者的立场。我以为,对照费尔巴哈的哲学宣言和马克思青年时期著作,我们可以十分明显地看到:马克思在两三年时间内确实接受了费尔巴哈的总问题;他和这个总问题完全等同了起来;为了懂得马克思在这个阶段的大部分论断的含义——包括与他后来思考的材料(例如政治、社会生活、无产阶级、革命等)有关的、因而完全称得上马克思主义的论断在内,就必须领会这一等同的中心内容,并抓住这一等同所引起的全部理论后果(直接后果和间接后果)。

我认为这一要求是头等重要的,因为,如果说马克思接受了费尔巴哈的整个总问题,那么他同费尔巴哈的决裂,即所谓"把我们从前的哲学信仰清算一下",就意味着采纳了一个新的总问题,这个总问题即使包含有旧的总问题的一些概念,但这些概念在新的总问题这个整体中,已被赋予了崭新的含义。为了说明这一点,我想在这里再次引用马克思曾经引用过的一个希腊史的典故:泰米托克利斯在同波斯人作战历遭惨败后，建议雅典人放弃陆地，并把未来的雅典城建立在另一个因素，即大海的基础上。马克思的理论革命正是要把马克思的理论思想从旧因素（黑格尔哲学和费尔巴哈哲学）那里解放出来，并把它建立在一个新因素的基础上。

关于这个新的总问题，我们可以用两种方法去领会它：

首先，可以阅读《德意志意识形态》、《哲学的贫困》、《资本论》等马克思成熟时期的著作。但这些著作不同于阐述了黑格尔哲学的《精神现象学》、《哲学全书》或《逻辑学》，不同于阐述了费尔巴哈哲学的《未来哲学原理》，它们并没有提供马克思理论立场的系统阐述。它们或者是论战性的（《德意志意识形态》、《哲学的贫困》），或者是实证性的（《资本论》）。马克思的理论立场，或用一个含糊的词来说，即马克思的“哲学”，在这些著作中肯定在起作用，但正因为在起作用而被埋没了，也就是说，哲学同它那种或者是批判的或者是创新的、但却很少得到或几乎从未得到系统和全面阐述的作用混淆了起来。这种情况当然只能使解释者的任务更加复杂化。

在这里，认识费尔巴哈的总问题和理解马克思同费尔巴哈决裂的原因，将对我们有所帮助。因为我们通过费尔巴哈可以间接地认识马克思的新的总问题。我们知道了马克思同什么总问题相决裂，就可以发现这一决裂“打开”的理论新天地。如果说从一个人的结交和绝交就可以看出他的为人，那么我们也可以说，像马克思这样一个要求严格的思想家，他同费尔巴哈决裂应该和他后来的言论一样是他的自我表现和暴露。由于马克思同费尔巴哈的决裂恰好在他确立最后的理论立场这个关键时刻发生，了解费尔巴哈对于认识马克思主义哲学立场就成为一个不可替代的和富有理论意义的手段。

通过这条途径,我觉得还可以更好地了解马克思和黑格尔之间的关系。确实,马克思是同费尔巴哈决裂了;但必须看到,马克思在其青年时期的大部分著作中对黑格尔的批判,至少就其最后的理论前提而言,是十分不够的,甚至是不确切的,因为这种批判的出发点是马克思后来所抛弃掉的费尔巴哈的观点。然而,有人纯粹为了图省事,就不假思索地认为,即使马克思后来改变了他的观点,马克思在其青年时期著作中对黑格尔的批判无论如何总还是有道理的,因而是可以“保留”的。但这样就忽视了以下一个基本事实:当马克思意识到费尔巴哈对黑格尔的批判是“发自黑格尔哲学内部”的一种批判时,当马克思意识到作为哲学家的费尔巴哈虽然“推倒”了黑格尔大厦的主体,但依然保留了这一大厦的基础和结构,即黑格尔的理论前提时,马克思就同费尔巴哈分手了。在马克思看来,费尔巴哈依然站在黑格尔的土地上,他虽然批判了黑格尔,但依然是黑格尔的俘虏,他不过是用黑格尔自己的原则去反对黑格尔罢了。他并没有改弦更张。马克思对黑格尔进行的真正批判恰恰意味着马克思做到了改弦更张,就是说,马克思放弃了费尔巴哈力图摆脱而没有能摆脱的那个哲学总问题。

我特意把马克思同费尔巴哈的思想进行了对比,关于这一对比的理论意义,如果联系当前的论战用一句话来概括,我应该说,在马克思先同黑格尔、后同费尔巴哈的双重决裂中,真正的问题就在于“哲学”一词的含义。同哲学的传统形式相比较,马克思主义“哲学”能够是什么呢?或者说,同以黑格尔为最后理论代表的、

费尔巴哈拼命想摆脱而未能摆脱的传统哲学总问题业已彻底决裂的理论立场能够是什么呢？这个问题的答案大部分可以在否定的意义上从费尔巴哈那里得出，费尔巴哈是青年马克思“哲学信仰”的最后见证，是马克思在抛弃这个借用来的形象并取得自己的真实面目以前对照自己的最后一面镜子。

1960 年 10 月

二、论青年马克思
（理论问题）

“德国的批判，直到它的最后挣扎，都没有离开过哲学的基地。这个批判虽然没有研究过它的一般哲学前提，但是它谈到的全部问题终究是在一定的哲学体系，即黑格尔体系的基地上产生的。不仅是它的回答，而且连它所提出的问题本身，都包含着神秘主义。”

卡尔·马克思：《德意志意识形态》

本文献给奥古斯特·科尔纽，他以毕生的精力研究了一位名叫马克思的青年人。

《国际研究》杂志向我们介绍了外国马克思主义者研究“青年马克思”的十一篇论文。其中有陶里亚蒂的一篇（业已在1954年发表过的旧作），苏联的五篇（其中三篇是由二十七八岁的青年研究人员撰写的），民主德国的四篇和波兰的一篇。人们曾经以为，关于青年马克思的研究是西方马克思主义者的禁脔，这部论文集及其引言表明，在研究青年马克思这个任务面前，西方马克思主义者从此不再是单枪匹马了。[①]

在阅读这部饶有兴味但水平不一[②]的集子的时候，我想借此机会探讨几个问题，消除某些混乱，并澄清几个观点。

为叙述方便起见，请允许我从政治、理论和历史这三个根本方面来研究马克思青年时期著作的问题。

（一）政治问题

关于马克思青年时期著作的辩论，首先是一场政治辩论。总的说来，梅林已经相当透彻地阐明了这些著作的历史和意义；后来，社会民主党人把这些著作重新翻了出来，利用它们来反对马克思主义的理论立场。关于这些，我就无须再多啰嗦了。最早发难的两个人名叫兰茨胡特和迈耶尔（1931 年）。我们不妨读一读他们出版的《马克思哲学著作集》的序言（莫里多尔译，科斯特出版社出版，第四卷，第 13—51 页）。他们的观点在其中说得清清楚楚。他们认为，《资本论》是一种伦理学的理论，在《资本论》里保持沉默的哲学只是在马克思青年时期的著作里才大声讲话。[③] 我

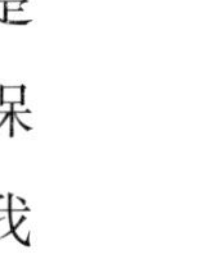

① 十分值得注意的是苏联的青年研究人员对马克思青年时期著作所表现的兴趣。这是说明当前苏联文化发展倾向的一个重要标志（参见《国际研究》，“引言”，第 4 页，注 7）。

② 霍普纳的杰出论文《关于从黑格尔向马克思过渡的几个错误观点》无疑水平最高。

③ 参见《马克思哲学著作集》（莫里多尔译，科斯特出版社出版）第四卷兰茨胡特和迈耶尔撰写的序言：“显然，马克思在《资本论》中所进行的分析遵循着一个指导思想，这个指导思想的基础……是一些默认的假设，然而，唯有这些假设才能为马克思最主要著作的倾向作出内在的证明……这些假设在形式上恰恰正是马克思 1847 年前的论题。在写作《资本论》的马克思看来，这些假设绝不是他青年时期犯下的一时之错，

已做了简略说明的这个论点交上了非凡的好运。它不仅如我们早已知道的那样，在法国和意大利取得了成功，而且我们通过这些论文可以看到，它在德国和当今的波兰也风行了起来。哲学家、思想家和宗教家们纷纷投入到了一场大规模的批判运动中去，他们要马克思回到马克思的本原，要他承认成年马克思不过是化装了的青年马克思。或者，如果马克思在年龄问题上坚持不肯让步，他就应该承认成年时期的罪过，承认他为了经济学而牺牲哲学，为了科学而牺牲伦理学，为了历史而牺牲人。马克思的真理，他能传诸后代的全部东西，他能帮助我们今天的人生活和思想的全部东西，不论他自己同意与否，都包括在这几部青年时期的著作中。

这些善良的批评家们只给我们留下一种选择，即承认《资本论》（以及“成熟的马克思主义”）或者是青年马克思哲学思想的表现，或者是对这一哲学的背叛。在两种情况下，都必须全部修正既定的解释，必须回到体现着真理的青年马克思去。

由此可见，辩论的起因是青年马克思，辩论的结果关系到马克思主义的生死存亡。辩论的题目则是青年马克思是否已经是马克思的全部。

辩论就这样开始了，在这场辩论中，从策略方面考虑，马克思

而随着人的成熟和知识增长已经逐渐摆脱掉，并且在摆脱了以后已成为无用的废物。相反，马克思在他 1840 至 1847 年间的著作里，全面地扩大了历史条件的视野，并深信人的因素是普遍有效的依据，没有这个依据，关于经济关系的全部解释将只是一位明智的经济学家的普通论文而已。谁没有抓住在马克思青年时期著作中酝酿着的和贯穿于马克思全部著作的这一思想脉络，就不能真正懂得马克思……马克思从事经济分析的原则直接产生自‘人的真正现实’”（第 15—17 页）。“如果对《共产党宣言》的第一句话作一点小小的改动，这句话可以写成这样：到目前为止的一切历史是人的异化的历史……”（第 42 页）。巴季特诺夫在《关于〈1844 年手稿〉》（《国际研究》，第 88—96 页）一文里，详细地介绍了在“青年马克思”的问题上出现的这一修正主义思潮的主要作者的情况。

主义者似乎只有两个办法来迎接挑战。[1]

马克思主义者如果要使他们的论敌不能用马克思的青年时期来诋毁马克思，那么，笼统地讲，他们就能够提出两个论点：或者承认青年马克思不是马克思，或者断言青年马克思就是马克思。这两个论点在表述上可以千差万别，但各种表述都离不开这个精神。

也许有人认为，摆出这些可能性似乎没有多大用处。假如这是对历史提出异议，那就不应该有任何策略考虑，而只能对事实和材料进行科学研究，并据此作出结论。可是，以往的经验以及眼下这部论文集都证明，马克思主义者所面对的是一场政治攻击，在这种情况下，他们不能没有明智的策略考虑，不能不做出自卫的反应。W. 雅恩正确地指出，关于马克思青年时期著作的辩论不是由马克思主义者挑起的。[2] 马克思主义者对梅林的经典论著和对科尔纽细致的学术研究显然没有给予正确的估价，他们因而没有能预见到这场战斗的发生，毫无准备就仓促上阵。他们做了力所能及的抵抗。在目前的防御中，他们的临时应付、笨拙、混乱乃至缺乏自信心，也都说明他们还措手不及。这是马克思主义者在自己的战场上，即在马克思这一战场上，受到的一次突然袭击。问题涉及的不只是一个普通的概念，而是直接关系到马克思的历史和马克思本人：他们对此感到负有特殊的责任。继自卫这一本能反应以后，他们的第二个本能反应开始出现：他们担心尽不到自己的责任，担心因保不住马克思主义的遗产而对不起自己和对不起历史。

① 显然，他们也可能不知不觉地接受他们论敌的观点，并透过青年马克思来重新研究马克思，这种荒唐的事在法国业已发生。可是，历史终究是会把各种误会清除干净的。

② W. 雅恩：《异化的经济内容》（《国际研究》，第 158 页）。

这里必须明确指出，如果不去思考、批判和克服这种本能反应，它会使马克思主义哲学家做出一个笼统的也是最糟糕的回答，因为这种回答实际上是为了图省事而把问题取消。

为了使那些把马克思和他的青年时期对立起来的人无话可说，有人坚决地采取了相反的立场：他们把马克思同他的青年时期调和起来。他们不再通过《论犹太人问题》来阅读《资本论》，而是通过《资本论》去阅读《论犹太人问题》；他们不再在马克思的身上找到青年马克思的影子，而是在青年马克思的身上找到马克思的影子；他们臆造出一种"未来完成式"的所谓哲学史理论作为辩解的论据，却没有看到这种假理论完全是黑格尔的理论。[①] 由于对

① 参见沙夫：《青年马克思的真面目》（《国际研究》第193页）。还可以参见论文集的"引言"："如果从马克思撰写其早期著作时的观点出发，人们不可能真正弄懂马克思的全部著作，不可能真正理解马克思主义就是马克思的思想和行动。只有反方向的路线才是正确的：为了理解这些处女作的意义和估量它们的价值，为了进入《克罗兹纳赫笔记》和《1844年手稿》这些创作马克思主义思想的实验室，我们应该从马克思遗留给我们的马克思主义出发，而且要公开说明，也应该从一百多年来在历史实践中经过考验而丰富了的马克思主义出发。否则，我们就只能依靠从黑格尔主义或从托马斯主义那里借来的标准的帮助去评价马克思。哲学史是按未来完成式而写出的。不同意这个观点最终要导致否定哲学史，并像黑格尔那样把自己奉为哲学的创始人。"上面最后两句话的着重号是我特意加上的。读者自己一定也会注意到这两句话，他们看到人们竟把黑格尔关于哲学史的观点说成是马克思主义，不由地感到惊奇，尤其是假如他们不同意这个观点，就会被打成黑格尔主义，这就更使他们感到莫名其妙！我们在后面将会看到，这个观点还涉及一些其他原因。总之，这段文字清晰地说明了我上面指出的思路：马克思所受到的威胁既然完全来自他的青年时期，人们就把这段青年时期作为整体的一部分而加以挽救，为此，人们制造了一种关于哲学史的哲学，而这种哲学无非是黑格尔的哲学。霍普纳在他的《关于从黑格尔向马克思过渡的几个错误观点》一文中（《国际研究》第180页）心平气和地作了总结，他说："不要从后往前去看历史，不要从马克思主义知识的高度而到过去的事情中去寻找理想的萌芽。应该从社会的真正发展出发去注意哲学思想的演变。"这正是马克思的立场，这一立场在《德意志意识形态》中有大量的阐述。

马克思的完整性可能受到损害感到神圣的恐惧，他们的本能反应是要坚决保卫整个马克思。他们宣称：马克思是一个整体，“青年马克思就属于马克思主义”，[①]似乎像马克思那样去历史地考察马克思的青年时期会使我们失去整个马克思，似乎把马克思的青年时期交给历史作彻底的批判会使我们失去整个马克思；这里所说的历史不是马克思将要经历的历史，而是马克思实际经历的历史，不是直接的历史，而是经过思考的历史。关于这种历史，马克思在其成熟时期曾告诉我们，它不是黑格尔含义上的“真理”，而是科学思考的原则。

即使是处于防守的地位，没有正确的理论也就没有正确的政策。

（二）理论问题

我们现在来谈研究马克思青年时期著作所提出的第二个问题：理论问题。我想特别强调一下这个问题，因为我认为这个问题始终没有得到解决，或者说，涉及这个问题的大多数论著没有能够正确地提出问题。

在阅读青年马克思的文章时，人们往往满足于把各种观念随意地联结起来，或者对各种术语作简单的比较，而对文章本身却缺少历史的分析。[②] 我们无疑可以承认，这种阅读方法虽然能得

---

① 见论文集的“引言”，《国际研究》第 7 页。

② 参见霍普纳的论文（《国际研究》第 178 页）：“问题并不是要知道，今天的马克思主义研究工作者在阅读这些篇章时会想到马克思主义的什么内容，而是要知道这些文章对黑格尔本人具有什么社会内容。”库辛斯基力图从黑格尔的著作中找出一些“马克思主义”的论题，霍普纳为反对库辛斯基的观点而对黑格尔所做的正确评论，也完全适用于马克思，如果人们从马克思成熟时期的著作出发去阅读马克思青年时期的著作。

出一些理论成果，但这些成果仅仅是真正理解原著的先导。例如，在阅读马克思的博士论文时，人们可以把其中的术语同黑格尔的思想[①]进行比较；在阅读《黑格尔法哲学批判》时，可以把其中的原则或者同费尔巴哈相比较，或者同成熟时期的马克思相比较；[②]在阅读《1844 年手稿》时，可以把它的原理同《资本论》的原理相比较。[③] 这种比较既可以是肤浅的，也可以是深刻的。它可能会造成一些误解，[④]而误解本身毕竟是错误的。另一方面，它也能够打开一些有益的新境界。[⑤] 但是，这种比较并不始终是正确的。

因为，如果人们满足于理论成分的拼凑，即使拼凑得十分得体，人们还是脱不出在大学里颇为流行的那一套老观点；这套观点主张对理论成分作对照和比较，其最高表现就是所谓源泉论或提前论，其实二者是一码事。就是说，熟悉黑格尔的读者在读 1841 年的博士论文时，甚至在读《1844 年手稿》时，"将会想到黑格尔"。熟

① 陶里亚蒂：《从黑格尔到马克思主义》（《国际研究》，第 38—40 页）。

② N. 拉宾：《黑格尔哲学批判》（《国际研究》，第 52—71 页）。

③ W. 雅恩：《劳动异化的概念在马克思青年时期著作中的经济内容》（《国际研究》，第 157—174 页）。

④ 例如，陶里亚蒂为说明马克思已克服了费尔巴哈的影响而引证的两句话恰恰是对费尔巴哈著作的原文抄录！明察秋毫的霍普纳看到了这一点，他说："陶里亚蒂为说明马克思业已摆脱费尔巴哈的影响而引证的《1844 年手稿》中的两段话实质上是照搬了费尔巴哈在《临时提纲》和《未来哲学原则》中的思想"（《国际研究》第 184 页，注 11）。同样，我们还可以对巴季特诺夫在他的文章（《关于〈1844 年手稿〉》，《国际研究》第 88 页和 109 页）里引证的两段引言的价值提出异议。从这些误会得出的教训是：最好还是认真地去阅读原著。尤其对费尔巴哈这样的作家，阅读原著更不是可有可无的。马克思和恩格斯经常谈到费尔巴哈，而且谈得那么好，因而人们也就以为自己熟悉费尔巴哈了。

⑤ 例如 W. 雅恩：《〈1844 年手稿〉的异化理论与〈资本论〉的价值理论之比较》。

悉马克思的读者在读《法哲学批判》时,“将会想到马克思”。[①]

但是,人们也许没有充分注意到,无论叫源泉论或叫提前论,这套老观点就其朴素的直接含义而言,都是以始终在这套观点中悄悄地起作用的三个理论前提为基础的。第一个前提是分析性前提:根据这个前提,任何理论体系,任何思想结构都能够还原为各自的组成部分;在这个条件下,人们就可以对理论体系中的某一个成分单独进行研究,也可以把它与属于另一个体系的另一个类似成分相比较。[②] 第二个前提是目的论前提:这个前提建立了一个历史的秘密法庭,对交给它审理的观念作出判决,它甚至还可以把(其他)体系分解为组成部分,确认它们作为成分的资格,然后根据自己的真理性标准去衡量它们。[③] 最后,第三个前提是前两个前提的基础,它把观念的历史看作自己的组成部分;它认为,历史上发生的一切归根结蒂无不是观念历史的产物,观念世界本身就是观念自己的认识原则。

我认为,必须对这三个前提追根究底,才能懂得这种方法最显著的特点就在于它是一种折中主义的方法。如果我们在折中主义的表层下深入挖掘,除了找到一些毫无思想性可言的形式外,我们所接触到的就始终是这种理论目的论以及观念的自我认识。在阅读论文集的某些文章时,我们不禁感觉到,这些文章依然受到折中

① W. 雅恩:《异化的经济内容》(《国际研究》,第158页)。

② 霍普纳曾针对库辛斯基的论点,狠狠地批判了这种形式主义(《国际研究》第177—178页)。

③ 源泉论主张由起源去衡量发展。提前论则认为终结决定着阶段和过程的意义。

主义内在逻辑的感染,即使当他们力图去摆脱折中主义时也是如此。在他们看来,似乎青年马克思的理论发展史要求把青年马克思的思想还原为“成分”,这些成分大致可以分作两类:唯物主义成分和唯心主义成分。在他们看来,似乎这些成分的单个比较和集体比较将能决定有关文章的意义。例如,马克思为《莱茵报》撰写的文章虽然还具有黑格尔思想的外在形式,人们显然可以指出这些文章包括了一些唯物主义的成分(书报检查制度的政治本质,林木盗窃法的社会本质和阶级本质,等等);又如,1843 年的手稿(《黑格尔法哲学批判》)虽然在阐述中使用了带有费尔巴哈色彩的或依旧是黑格尔的表述,它显然也包括了一些唯物主义成分(社会阶级的现实存在,私有制及其与国家的关系的存在,甚至唯物辩证法的存在,等等)。十分明显,除非在阅读这些文章时带有倾向性,即根据目的论的需要去阅读,否则是不能割裂思想的内在联系而把思想分作互不相关的成分,并把这些成分当作本身有意义的实体去思考的。论文集中最有头脑的作者之一 N. 拉宾直率地承认:“这种做法……实际上是非常折中主义的,因为它不回答以下的问题,即不同的成分如何结合成为马克思的世界观。”[①]他正确地看到,把一篇论文肢解为已经是唯物主义的成分和还是唯心主义的成分,不能保持论文的整体性,而这种肢解恰恰是通过成熟时期著作的内容来阅读青年时期著作所造成的。由此可见,成熟时期马克思主义的法庭,目的论的法庭,对马克思的早期著作作出判决,决定把这些著作肢解为成分,只能破坏它们的整体性。

① 拉宾:《黑格尔哲学批判》(《国际研究》,第 68 页)。

“如果从马克思当时具有的哲学观点出发，1843年手稿（《黑格尔法哲学批判》）是一部十分连贯和完整的著作”，但是，“如果从发展了的马克思主义的观点出发，这部著作就不是一个有机的整体，就方法论价值而言，它的每个成分不一定都能得到严格的证明。有些问题被过于强调了，另一些带有根本性的问题却只是一笔带过，这显然是由于思想不够成熟的缘故……”[①]拉宾承认，正是这种从结束向开始的回溯，造成了把整体肢解为成分，又把这些成分确立为独立成分；我觉得拉宾的这一承认是十分诚实的。此外，我还补充一点：我们经常可以看到成熟的马克思主义请费尔巴哈等中间作家起一种“例证”的作用。由于费尔巴哈被认为是“唯物主义者”（尽管严格地说，费尔巴哈的“唯物主义”基本上只是徒具形式而不能兑现的唯物主义宣言），他本人就成为一个“例证”，人们根据费尔巴哈作出的判决和得出的“真理”，从青年马克思的著作中得出一种被称为“唯物主义”成分的副产品。因此，主谓颠倒、费尔巴哈对思辨哲学的批判、对宗教的批判、人的本质在生产中的客体化等，统统被宣布是“唯物主义”的成分。这种通过费尔巴哈制造出唯物主义成分的方法，同通过成熟的马克思制造出唯物主义成分的方法结合在一起，只能造成废话连篇和谬误百出，使人无从分辨由费尔巴哈证实的唯物主义成分和由马克思本人证实的唯物主义成分到底有什么区别。[②] 根据这个方法，我们在马克思青年时期的所有作品里，包括他给父亲写的那封声称不愿把理想和

① 拉宾：《黑格尔哲学批判》（《国际研究》，第69页）。

② 参见巴库拉赞：《卡尔·马克思哲学思想的形成》（《国际研究》，第29—32页）。

现实分开的信在内，到处都可以找出一些唯物主义成分来。这样，我们就很难断定，究竟在什么时候马克思可以被认为是唯物主义者，或者究竟在什么时候他还不是唯物主义者！例如，在W.雅恩看来，《1844年手稿》虽然还包括“一系列抽象的成分”，却已标志着“科学社会主义的诞生”。[①] 巴季特诺夫则认为，《1844年手稿》“是马克思在社会科学中实现转折的一个焦点，由此奠定了马克思主义的理论基础。”[②]拉宾认为，“在《莱茵报》的文章里，只是自发地出现了一些唯物主义的成分，而1843年手稿则不同，它证明了马克思自觉地在向唯物主义转变”，而且确实“马克思对黑格尔的批判是从唯物主义立场出发的”（虽然在同一篇文章里，这种“自觉的转变”又被说成是“含糊的”和“不自觉的”）。[③] 至于沙夫，他干脆写道：“我们知道（根据恩格斯后来的叙述）马克思于1841年成了唯物主义者。”[④]

我不想利用各种说法之间的矛盾而得出过于简单的结论（这表明问题还有待研究）。但我们有权发问，马克思转向唯物主义的日期之所以不能被确定等等，是否正由于人们不知不觉地使用了分析目的论的缘故。我们不得不指出，分析目的论既然把一种思想肢解为各种成分，也就是说，它已经破坏了这种思想的真实整体性，它就没有资格再对这个思想说三道四。而它被剥夺这种资格，恰恰是因为，既然它肢解了马克思的思想，它就不能作为衡量

① 雅恩：同前引文，《国际研究》第169页和160页。

② 巴季特诺夫：同前引文，《国际研究》第117页。

③ 拉宾：同前引文，《国际研究》第58页，67页，69页。

④ 沙夫：同前引文，《国际研究》第202页。

这个思想的有效标准。唯心主义成分就是唯心主义成分，唯物主义成分就是唯物主义成分，把两种成分在一篇文章里结合成一个生动和现实的整体，谁能够去断定它们究竟具有什么意义？肢解势必导致这样的荒唐结果：《论犹太人问题》或《1844 年手稿》这类文章究竟具有什么整体意义的问题就不成立了，就不能提出了，因为没有办法提出这个问题。可是，这是一个最重要的问题，是现实生活和有生命力的批判永远不能避开的问题！假如今天哪位读者突然想认真研究并讲解《论犹太人问题》或《1844 年手稿》的哲学（这种事情是确实发生过的！我甚至要说，我们大家都曾有过这种经历！可惜有这种经历的人并不全都成为马克思主义者！），我真不知道该如何实事求是地来评解马克思的思想，也就是说，不知道该如何把它作为一个整体来评价。我们将认为它是唯心主义的还是唯物主义的呢？把它看作是马克思主义的还是非马克思主义的呢？[①] 或者我们是否应该认为，马克思的思想还没有告一段落，对它的意义还不能下个定论？可是，马克思的思想什么时候才算告一段落，我们又不知道。人们往往就这样去看待青年马克思的著作：似乎这些著作属于一个可以把"根本问题"避开不谈的领域，而其唯一的理由就是它们必定会发展成为马克思主义……似乎只有在这些著作所包含的成分被吸收到马克思主义的整体中去

① 我的问题是向第三者提出的。但大家知道，凡使用马克思青年时期著作的马克思主义者都要遇到这个问题。如果他们不加判断地随意乱用，如果他们把《论犹太人问题》、1843 年或 1844 年的手稿都当作马克思主义著作，如果他们据此而在理论上和在意识形态行动中得出相应的结论，他们实际上就回答了问题：青年马克思可以被看作是马克思，青年马克思是马克思主义者。他们的行动代替他们作出了回答。他们的回答是光明正大的，而我在前面谈到的那些评论家们的回答是转弯抹角的（恰恰是为了避免回答问题）。当然，两种回答在本质上是一码事。

的时候，才能对这些著作的意义下定论，而在作总结以前，由于整体性已被破坏，关于这些著作的整体意义的问题也就根本不能成立。这个结论是荒谬透顶的，它充分暴露了分析目的论的秘密：这个不停在作出判决的方法，却对不同于自己的整体不能作出任何判决。这岂不等于承认：分析目的论只是在自我判决，只是通过它所研究的对象重新认识自己；它永远不能离开自己，它所要研究的发展，归根结蒂是研究自己在自己内部的发展。对于以上极而言之地用逻辑推理所叙述的方法，如果有人说它恰恰是辩证法的话，我将回答说：是的，这可算是辩证法，但这是黑格尔的辩证法。

确实，对于这个被还原为成分的思想，每当我们需要具体地考虑它的前途的时候，每当我们需要回答拉宾提出的"这些不同的成分如何在马克思最终的世界观中结合了起来"这个天真而诚实的问题的时候，每当我们思索各成分间相互关系的时候，我们就会看到黑格尔的辩证法或者以肤浅的形式或者以深刻的形式而作为论据出现了。肤浅的形式，例如求助于内容和形式的矛盾，即内容和概念表述的矛盾。"唯物主义的内容"同"唯心主义的形式"发生了冲突，而唯心主义的形式又往往被归结为一个简单的术语问题（术语问题总归是要消失的，因为这只是用词不当的问题）。马克思已经是唯物主义者，不过他还运用费尔巴哈的一些概念，借用费尔巴哈的术语，尽管他已经不是，或者从来也不是纯粹的费尔巴哈主义者；马克思在《1844年手稿》和成熟时期著作之间的那段时间里终于确定了自己的术语。[①] 总之，这完全是个用词问题，后来

① 雅恩在论文集第173页指出："在《德意志意识形态》中……辩证唯物主义找到了恰当的术语。"不过，雅恩在他自己的文章里又指出，问题完全不在于术语。

的全部变化就是用词变了。我知道，以上的推论是极而言之，但这是为了更好地说明分析目的论方法的奥秘含义。有时，分析目的论方法以更加完善的形式而出现，例如在拉宾的理论里，不仅把形式（术语）与内容相对立，而且把意识与趋向相对立。拉宾并不把马克思在不同时期的思想差异单纯归结为术语不同。他承认马克思的用语都有其意义，这种意义就是马克思在特定发展阶段中（自我）意识的意义。因此，在1843年手稿（《黑格尔法哲学批判》）中，马克思的自我意识是费尔巴哈式的意识。马克思使用了费尔巴哈的语言，因为他自以为是费尔巴哈主义者。但是，这种语言和意识当时在客观上是同他的"唯物主义趋向"相矛盾的。这种矛盾正是马克思思想发展的动力。拉宾的这种观点表面上虽然很像是马克思主义的观点（人们会想到所谓"意识的落后"），但它毕竟只是外表相像而已，因为它虽然可以确定意识（文章的总的意义和语意），但却无从具体地确定"趋向"。拉宾认为，唯物主义趋向与（自我）意识的区别完全相当于"成熟马克思主义对1843年手稿客观内容的认识与马克思当时的认识之间的不同"；[1]如果我们注意到这一点，我们就可以清楚地看出拉宾是如何去确定"趋向"了。严格地说，拉宾这句话的意思无非是认为"趋向"是结果向本原的抽象回溯，这也就是黑格尔的自在论，不过把终点当作起点来思考而已。由此，意识和趋向的矛盾就成了自在和自为的矛盾。拉宾还直截了当地宣布，这种趋向是"含糊的"和"无意识的"。这是把对问题本身的抽象拿来当作问题的答案。当然，我

---

① 拉宾：同前引文，《国际研究》第69页。

并不否认，拉宾的论文中有一些论述是朝另一种观点的方向发展的（或许有人也会指责我陷入了成分理论的泥坑！如果真要研究成分，“趋向”这个概念就应该放弃不用），但应该指出，拉宾的体系是黑格尔的体系。

因此，不同分析目的论的方法（这种方法，无论是自发的还是深思熟虑的，总是或多或少地受到黑格尔原则的影响）一刀两断，就不能对青年马克思的著作（以及由此产生的各种问题）进行马克思主义的研究。为此，必须彻底同这一方法的前提相决裂，并运用马克思关于思想发展的理论原则去研究我们的课题。

这些原则完全不同于前面阐述过的那些原则。它们认为：

1. 每种思想都是一个真实的整体并由其自己的总问题从内部统一起来，因而只要从中抽出一个成分，整体就不能不改变其意义。

2. 每个独特的思想整体（这里指的是某个具体个人的思想）的意义并不取决于该思想同某个外界真理的关系，而取决于它同现有意识形态环境，以及同作为意识形态环境的基地并在这一环境中得到反映的社会问题和社会结构的关系；每个独特思想整体的发展，其意义不取决于这一发展同被当作其真理的起点或终点的关系，而取决于在这一发展过程中该思想的变化同整个意识形态环境的变化以及同构成意识形态环境基地的社会问题和社会关系的变化的关系。

3. 推动独特思想发展的主要动力不在该思想的内部，而在它的外部，在这种思想的此岸，即作为具体个人出现的思想家，以及在这一个人发展中根据个人同历史的复杂联系而得到反映的真实历史。

还必须指出，以上三项原则不是严格意义上的意识形态原则，而是科学的原则。换句话说，它们不是所需研究的那个过程的“真理”（以“未来完成式”撰写的历史，其所有的原则都自称是过程的“真理”）。它们不是绝对真理，而是相对真理。它们只是作为某一问题的合理立场的条件才成为真理，也就是说，作为通过这个问题产生出真正的答案的条件才成为真理。它们所以是“成熟马克思主义”的先决条件，这并非因为它们是马克思主义成长过程的真理，而是因为它们是能够解释马克思主义的成长过程以及其他一切历史过程的理论。正是在这一条件下，马克思主义才能认识自身以外的它物：不仅能认识作为它物而存在的自身成长过程，而且能认识历史上产生的所有其他变革，包括马克思主义的出现在历史实践中导致的种种变革在内。既然马克思主义不是黑格尔意义上的和费尔巴哈意义上的绝对真理，而是一门从事科学探索的学说，马克思主义就不必再为解释其自身的成长过程或为解释它所推动的历史发展过程而陷于窘境：无论为了了解马克思从何产生，或是为了了解马克思有何创造，都必须运用马克思主义的研究原则。[①]

为了正确地提出马克思青年时期著作的问题，第一个必备的条件是要承认，即使哲学家也有自己的青年时代。哲学家总要先在某天某地诞生，然后才开始思考和写作。有人认为，绝不应该发

① 正如物理学并不停留于它的奠基人伽利略一样，马克思主义作为一门科学也不停留于马克思。马克思主义像任何科学一样是发展的，这在马克思生前就是如此。马克思的根本性发现促使了其他的新发现得以成为可能。否认发展的观点是十分轻率的观点。

表自己青年时期的著作，甚至根本不应该写这种著作（但至少那些想要报考博士的青年人总得发表这种著作吧！），这种聪明人肯定不是黑格尔派，因为从黑格尔的观点看，青年时期著作就像雅利所说的“伏尔泰儿童时代的脑壳”这个古怪东西一样，既是不可避免地存在的，又是不能由人自己决定的。其所以不可避免，因为任何事物都有自己的开端。其所以不能由人自己决定的，因为人们不能选择自己的开端。马克思既没有生下来就要当思想家，也没有选择要在德国的历史都集中于大学教育这样的意识形态世界中进行思考。他在这个世界中成长起来，在这个世界中学会行动和生活，同这个世界“打交道”，又从这个世界中解放出来。关于这一开端的必然性和偶然性，我在下面再谈。事实是确实有一个开端，为了叙述马克思个人的思想发展史，必须从青年马克思这个具体个人在他所处时代的思想世界中出现，在其中开始思考，并同当时的思想进行交流和辩论的那一刻起，立即抓住马克思的思想运动。这些交流和辩论构成了马克思青年时期著作的素材，而在这些著作中我们又看到马克思的活生生的思想。可是，种种事实表明，思想的主人在交流和辩论中却似乎并不出现。不仅通过其思想和著作表现自己的具体个人不出现，而且在现有意识形态环境中表现自己的真实历史也不出现。思想家被他的著作所掩盖，人们通过著作只能看到思想家的严谨思想；具体的历史也被当时的意识形态论题所掩盖，人们所能看到的只是意识形态的体系。关于具体个人和真实历史何以不出现的问题，这也是应该加以研究的。但暂且，关键还在于了解，独特思想的严密逻辑同意识形态环境的一系列题材究竟有什么关系。这种关系正是上面所说的开端，而且这一开端是没有结束的。我们需要研究这个关系，即独特思想（在其各发展阶段上的）内在统一性与现有意识形态环境（在其各发展阶段上的）的关系。可是，为了研究它们的关系，必须同时研究它们使用的术语。

这项方法论上的要求首先意味着，必须对这一意识形态环境的本质和结构具有真正的认识，而不是虚假的认识。它还意味着，人们不能满足于把意识形态世界想象成一个不偏不倚的舞台，听任一些根本不存在的名人由于偶然机会而在这里同台表演。马克思在 1840 至 1845 年间的命运不由黑格尔、费尔巴哈、施蒂纳、赫斯等人之间的假想辩论所决定，也不由马克思在他当时著作中或由恩格斯和列宁在他们后来的泛泛回顾中所反映的同一些人之间的辩论所决定。马克思的命运是由一些具体的思想家之间的辩论所决定的，当时的意识形态环境赋予这些思想家一个特定的形象，这个形象不一定同他们作品的历史身份相一致（例如黑格尔），而是大大超出了马克思在其著作中加以引证和批判时所描绘的明确形象（例如费尔巴哈），当然也超出了恩格斯在四十年代以后为他们概括的一般特征。举个具体的例子来说明以上的看法，我可以说，青年马克思在写博士论文时与之辩论的黑格尔，不是我们在 1960 年安静地在图书馆里所想象的那个黑格尔，而是新黑格尔主义运动的黑格尔，是被请来为四十年代的知识分子研究自身的历史和希望提供思想武器的黑格尔；这是已经被弄得同自己发生了矛盾的黑格尔，是被别人违背他的意志、引证他的话来反对他自己的黑格尔。马克思主张使哲学成为意志，使哲学走出精神世界去改造政治世界，他的这个观点可以说是他对他的老师的第一次反

叛,但这个观点同新黑格尔主义的基本解释却是完全一致的。[①]我并不否认,马克思在他的博士论文中已经表现出他对概念的敏锐感觉、他论述的严谨和他思考的才能,这一切都使马克思的朋友深为赞叹。但是,上面这个观点的确不是马克思所发明的。同样,如果把费尔巴哈在马克思著作(1841 至 1844 年)中的存在仅仅归结为马克思明确地提到了费尔巴哈的名字,那也是很轻率的。因为在这些著作中,许多段落是马克思重复或转述了费尔巴哈的论述,但却没有提到他的名字。陶里亚蒂从《1844 年手稿》中摘出的那段话正是直接从费尔巴哈那里得来的。我还可以举出许多其他例子,说明人们往往轻率地把费尔巴哈的话说成是马克思的话。费尔巴哈是人所共知的名人,马克思又已经把费尔巴哈的思想当作自己的思想,并且用费尔巴哈的思想进行思想,就像用自己的思想进行思想一样,在这种情况下,马克思有什么必要非得提到费尔巴哈的名字呢?对马克思说来,重要的是说出费尔巴哈还没有说过但可能会说的那些思想,是要深入到费尔巴哈的总问题中去,也就是要深入到费尔巴哈的真实思想的整体中去;这个思想整体既是现有意识形态环境的领域,又是马克思赖以进行独立思考的领域。由此可见,不研究意识形态环境,就无从研究某个独特的思想整体;而为了研究意识形态环境,又必须研究独特的思想整体。

① 参见 A. 科尔纽:《卡尔 · 马克思和弗 · 恩格斯》,法国大学出版社出版。该书第一卷包括童年和青年以及黑格尔派左翼这两方面的内容。在“黑格尔派左翼的形成”那一章里,特别是第 141 页和以下各页,科尔纽正确地强调了冯 · 采什科夫斯基在制定具有新黑格尔派倾向的行动哲学中所起的作用,这一行动哲学为新黑格尔主义运动的自由派青年知识分子所一致接受。

思想整体究竟是什么呢？为了用一个例子来回答问题，我们回过头来再谈费尔巴哈，但这里是为了提出当马克思开始同费尔巴哈发生关系时马克思思想的内在整体这个问题。关于这一关系的性质，由于众说纷纭，论文集的大多数作者在评论时显然感到为难。为难的原因并非由于大家对费尔巴哈的著作恰好不太熟悉（不熟悉也不要紧，可以去读费尔巴哈的著作）。问题是人们往往不去深究文章的内在整体性和思想的内在本质，也就是说，不去深究费尔巴哈的总问题。马克思虽然没有直接应用过这个术语，但它在马克思成熟时期对意识形态的分析中（尤其在《德意志意识形态》中），[①]却是一个十分活跃的思想。我建议采用这个概念，因为它最能把握住事实，而不致陷入黑格尔关于总体的含糊其辞中去。因为，说一种思想是一个（有机的）总体，这仅仅就叙述而言是正确的，而就理论而言则不然，因为这种叙述一旦被改变为理论，就有可能使我们只想到毫无内容的空洞整体，而想不到整体的特定结构。相反，如果用总问题的概念去思考某个特定思想整体（这个思想直接以一个整体而出现，它明确地或不明确地被人们作为一个整体或一个“总体化”动机而“体验”），我们就能够说出联结思想各成分的典型的系统结构，并进一步发现该思想整体具有的特定内容，我们就能够通过这特定内容去领会该思想各“成

① 这里，我不能就《德意志意识形态》一书在分析中所用的概念进行研究。下面一段关于“德国式的批判”的引语足以说明问题：“它谈到的全部问题终究是在一定的哲学体系，即黑格尔体系的基地上产生的。不仅是它的回答，而且连它所提出的问题本身，都包含着神秘主义。”如果换另一种说法或许更好，就是说，产生哲学的不是对问题的答复，而是由哲学提出的问题，必须到问题中，即在思考客体的方式中（而不是在客体本身中）去寻求思想的神秘含意（或相反，寻求思想同客体的真实关系）。

分”的含义，并把该思想同当时历史环境留给思想家或向思想家提出的问题联系起来。[1]

我们再用1843年手稿(《黑格尔法哲学批判》)这个具体例子来说明问题。按照论文集作者们的解释，我们在手稿中可以找到一系列费尔巴哈的论题(关于主谓的颠倒、对思辨哲学的批判、类存在的理论，等等)，但也有一些在费尔巴哈著作中所找不到的分析(政治、国家与私有制三者之间的关系，社会各阶级的现实，等等)。如果我们的评论停留于组成成分，我们就会走进前面谈到过的分析目的论的死胡同，并陷入术语与含义、趋向与意识那一套虚假的答案中去……必须把我们的研究更加深入一步，我们要考虑，手稿虽然包括了某些费尔巴哈所没有(或几乎没有)分析过和谈到过的问题，但这是否足以成为根据，从而把马克思划分为费尔巴哈的成分和非费尔巴哈的成分(即已经是马克思主义的成分)。可是，人们不能指望从成分本身取得问题的答案。因为一个人所

① 这个结论具有根本的性质。总问题的概念与唯心主义地解释思想发展的各种主观主义概念的不同之处，正是总问题的概念在思想的内部揭示了由该思想的各个论题组成的一个客观的内在联系体系，也就是决定该思想对问题作何答复的问题体系。因此，为了从一种思想的内部去理解它的答复的含义，必须首先向思想提出包括各种问题的总问题。这个总问题本身是一个答复，但它回答的不再是它自己的问题，即总问题内部包括的问题，而是时代向思想提出的客观问题。只有把由思想家(他的总问题)提出的问题与时代向思想家提出的真实问题进行比较，才可能清楚地看到思想的真正意识形态性质，就是说，看到思想作为意识形态而具有的特性，包括歪曲事实这个事实在内。总问题的本质不是它的内在性，而是它同具体问题的关系。因此，不把思想的总问题同具体问题联系起来，不使思想总问题服从于具体问题，就不可能把思想总问题说清楚，而思想总问题却通过对具体问题的歪曲陈述，给这些问题作出错误的答复。这个问题在本文第三部分将会谈到，我这里就不用提前去说了(参见本书第68页注③)。

谈到的问题并不直接就等于是他的思想。我不能相信，马克思以前的著作家，只要他们曾经谈到过社会阶级和阶级斗争，即只要他们曾经研究过马克思后来才考虑的问题，人们单凭这一条理由就可以把他们看作是马克思主义者。确定思想的特征和本质的不是思想的素材，而是思想的方式，[①]是思想同它的对象所保持的真实关系，也就是作为这一真实关系出发点的总问题。我并不是说，思想的素材在某种条件下不能改变思想的方式，但这是另一个问题（我们后面再谈）。总之，思想方式的这种改变，思想总问题的这种重新组合，可以通过许多其他途径，而不一定要通过对象同思考的直接关系！假如真的要朝这个方向进一步提出组成成分的问题，人们就要承认，一切都取决于总问题的性质，因为总问题是组成成分的前提，只有从总问题出发，组成成分才能在特定的文章里被思考。在我们的例子中，问题将以下面的形式而出现：马克思对社会阶级、对私有制与国家的关系等新对象进行的思考是否在《黑格尔法哲学批判》中使费尔巴哈的理论前提发生了动摇，使它们变成了毫无意义的空话？或者这些新对象也是从费尔巴哈的理论前提出发而被思考的？这个问题之所以成立，恰恰因为一个思想的总问题并不限于作者所考察的对象的范围，因为总问题并不是作为总体的思想的抽象，而是一个思想以及这一思想所可能包括的各种思想的特定的具体结构。例如费尔巴哈的人本学不仅能成为宗教的总问题（《基督教的本质》），而且能成为政治的总问题（《论犹太人问题》），甚至能成为历史和经济的总问题（《1844 年手

① 这就是把唯物主义与形形色色的唯心主义区分开来的“根本问题”的含义。

稿》)，而在本质上它依旧是人本学的总问题，即使费尔巴哈的“词句”已经被抛弃和扬弃。[1] 人们可以认为，从宗教人本学过渡到政治人本学，最后过渡到经济人本学，这是政治上的一件大事，而且在1843年的德国，人本学代表着一种先进的意识形态形式；对此，我也完全同意。但是，这种判断本身意味着，人们首先已经了解到所考察的思想的本质，也就是说，已经确定了该思想的真实总问题。

我要补充的是，一种思想的最后意识形态本质与其说取决于思考对象的直接内容，还不如说取决于提出问题的方式。这个总问题并不是轻而易举地就能为历史学家所抓住的，其理由十分简单：哲学家一般并不思考总问题本身，而是在总问题范围内进行思考；哲学家的“推理顺序”同他的哲学的“推理顺序”不相吻合。人们可以认为，意识形态（这里就严格的马克思主义含义而言，根据这种含义，马克思主义不是意识形态）的特征恰恰在于以下的事实，即它自己的总问题不是自我意识。马克思反复告诉我们，不要把思想的自我意识当作思想的本质，他这句话的意思是，在思想没有意识到它所回答的（或避免回答的）现实问题以前，思想首先没有意识到“理论前提”，也就是说，没有意识到业已存在但未被承认的总问题，而这个总问题却在思想的内部确定着各具体问题的意义和形式，确定着这些问题的答案。因此，一般说来，总问题并不是一目了然的，它隐藏在思想的深处，在思想的深处起作用，往往需要不顾思想的否认和反抗，才能把总问题从思想深处挖掘出

① 参见霍普纳的文章中十分精彩的一段话，见《国际研究》第188页，并见第184页注11。

来。我想，如果人们真正愿意这样做，那就必须不再把某些唯物主义者（首先是费尔巴哈）的唯物主义宣言同唯物主义本身混为一谈。人们有充分的理由可以相信，这将使某些问题得到澄清，某些虚假的问题被撇开。只有这样做，马克思主义本身将通过自己的历史著作，更加正确地认识自己的总问题，也就是说，将获得更加正确的自我意识；总而言之，这是马克思主义应该做到的事，这是它应尽的义务。

我想把以上的看法概括一下。为了认识一种思想的发展，必须在思想上同时了解这一思想产生和发展时所处的意识形态环境，必须揭示出这一思想的内在整体，即思想的总问题。要把所考察的思想的总问题同属于意识形态环境的各思想的总问题联系起来，从而断定所考察的思想有什么特殊的差异性，也就是说，是否有新意义产生。当然，真实的历史也在这一复杂过程中经常起作用。不过，在一篇文章里，是不能说得面面俱到的。

由此可见，这种方法不仅与折中主义的第一个理论前提分道扬镳，并且也已经[1]同第二个前提各分东西。第二个前提幻想建立起意识形态历史的沉默法庭，这个法庭不等研究开始，就事先确定了意识形态历史的价值和效果。意识形态历史的真理性既不是它的本原（起源），也不是它的终点（结束），而是事实本身，是以意识形态总问题为背景而建立的各思想对象、思想论点和思想价值的中心结构，而总问题本身又随着与之相联系的、变化着的、受真

① 之所以是已经，因为如同整个这一解放过程一样，这一决裂得以完成，首先以认真地对待真实的历史为前提。

实历史制约的意识形态世界而演变。当然，我们知道青年马克思必将成为马克思，但我们不打算代替马克思去生活，代替他去抛弃旧事物和发现新事物，从而加速马克思的成长过程。我们将不像迎接一名赛跑运动员那样，事先在跑道终点等他，以便他一到终点就给他披上斗篷。因为事情已经过去，马克思也早已到达了终点。卢梭说过，对儿童和少年，教育的全部艺术就在于懂得消磨时间。历史评论的艺术也在于要消磨足够的时间，以等待青年作家成长为大作家。所消磨的这段时间无非是我们给予他们生活的时间。这是他们生命的必然，而我们则通过理解他们生活中的转折、反复和演变而划分出他们生活的阶段。一旦把起源和结束的神从它们的宝座上推了下来，人们就能看到必然的成长壮大过程；从这个角度讲，也许再没有别的事能令人感到更大的愉快了。

（三）历史问题

以上的论述显然还没有谈到折中主义方法的第三个前提，即全部意识形态历史都在意识形态内部进行。我们现在就来谈这个问题。

我感到遗憾的是，除了陶里亚蒂和拉宾的论文，以及特别是霍普纳的那篇杰出的论文①外，论文集的大多数作者几乎都一笔带过，甚至根本没有谈到这个问题。

然而，任何一个马克思主义者最终都免不了要提出几年前被

① 霍普纳：《关于从黑格尔向马克思过渡的几个错误观点》（第175—190页）。

人们称之为“马克思的道路”这个问题，也就是马克思思想的各重大事件同真实历史之间的关系问题；这一真实历史既是单一的，又是双重的，它是思想的真正主体。因此，必须打破这种双重的缺席状态，使具体的人和真实历史出场，它们是这些至今缺少主体的思想的真正创造者。因为，如果没有这些真正的创造者，又怎么能解释思想的产生和演变呢？

我这里不准备探讨马克思的个性问题；马克思具有强烈的批判热情、一丝不苟的求实精神和无与伦比的现实感，关于他的非凡的理论气质的根源和结构，这个问题我也暂且不谈。如果从心理学的观点研究马克思个性的结构、起源和历史，我们在马克思青年时期著作中肯定能够清楚地看到他的十分鲜明的作风：善于提问、勤于思考和勇于探索。即使我们不一定能够抓住马克思从事其事业的根本性原因（即萨特尔所说的著作家的“根本计划”），至少也能抓住马克思何以坚持不懈地要求把握住现实的原因，这种要求可以初步说明马克思思想发展的真实连续性，以及拉宾部分地试图用“趋向”这个词所思考的内容。但是，如果不从事这项研究，我们就可能弄不清为什么马克思和他同时代的许多人，即青年黑格尔派的成员，虽然出身于相同的社会环境，面对相同的意识形态论题和历史问题，却经历了不同的命运。梅林和奥古斯特·科尔纽为我们提供了从事这项研究的素材，我们应该完成这项研究，以便懂得莱茵河畔的一名资产阶级子弟怎样变成了铁路时代的欧洲工人运动的理论家和领袖。

这项研究将不仅使我们懂得马克思的心理，而且使我们了解真实的历史，了解马克思本人对真实历史的直接认识。这里，我想

简单谈谈关于马克思思想演变的意义和“动力”的问题。

关于马克思如何成长和发展的问题，折中主义的评论家们力图并乐于从意识形态历史内部去寻找答案。例如，有人说，马克思把黑格尔的方法同黑格尔的内容作了区别，并运用了黑格尔的方法去研究历史。也有人说，马克思把头足倒置的黑格尔体系颠倒了过来（大家知道，黑格尔体系是一种“范畴的范畴”，因而这种说法在某种程度上确实有点幽默感）。有人说，马克思把费尔巴哈的唯物主义运用到了历史中去；这种说法似乎忘记了，局部性的唯物主义也许很难就算是唯物主义。有人说，马克思把异化理论（黑格尔的或费尔巴哈的）运用于社会关系的领域，似乎这一“运用”就改变了异化理论的根本意义。最后，用一句话来概括，以往的唯物主义者是“不彻底的”，而马克思则相反，他是彻底的唯物主义者。在马克思主义思想史研究中经常出现的这种所谓彻底和不彻底的理论是启蒙哲学家们为了他们个人的需要而玩弄的一个小小的意识形态花招。费尔巴哈把这个花招继承了下来，而且玩得十分出色！关于这个花招，值得写篇短文作专门的论述，因为它是历史唯心主义的精华：大家知道，观念是相互产生的，任何历史的（和理论的）荒谬无非是一种逻辑的错误。

以上的种种说法虽然包含一定的真理性，[①]但严格地说，它们

① 应该说，仅仅在教学上具有真理性。至于对黑格尔的“颠倒”，这个著名的词正好反映了费尔巴哈的企图。费尔巴哈正是作为黑格尔的晚辈，才采用了这个词，并把它推广了开来。值得指出的是，正当费尔巴哈自称他已经把黑格尔哲学“颠倒”过来的时候，马克思在《德意志意识形态》中恰恰指责他依旧是黑格尔哲学的俘虏。马克思还指责费尔巴哈接受了黑格尔的问题的前提，指责费尔巴哈作出的答复虽然不同于黑格尔，但回答的问题却与黑格尔相同。哲学与日常生活刚好相反，在日常生活里，“泄露

依旧没有摆脱幻想的束缚,即认为青年马克思的思想演变过程是在思想的范畴内进行和决定的,而这种演变的根据就是马克思对黑格尔、费尔巴哈等人提出的思想进行了思考。照以上的说法,人们似乎可以承认,1840 年德国青年知识分子从黑格尔那里继承来的思想,同它们的外表相反,包含着一部分含蓄的、被掩盖的、经过伪装的和改变了方向的真理,而马克思在经过多年的理论努力后,终于用批判的威力把这一真理挖掘了出来,使它重见了天日和得到了公认。所谓把黑格尔的哲学(或辩证法)"颠倒过来"、使之"重新用脚立地"这个著名论题实际上就贯穿着这种逻辑;因为,说到底,如果问题的确仅仅是把颠倒了的东西颠倒过来,那么事物的颠倒显然并不会因简单的位置移动而改变本质和内容!用头着地的人,转过来用脚走路,总是同一个人!在这个意义上,哲学的颠倒无非是位置的颠倒,是一种理论比喻:事实上,哲学的结构、问题,问题的意义,始终由同一个总问题贯穿着。[①]在青年马克思的著作中,似乎主要是这条逻辑在起作用,至少人们就是这样认为的。

可是我觉得,无论以什么名目出现,这种观点并不符合实际。马克思为了对他接触到的各种思想进行理论批判曾付出了巨大的劳动,读过马克思青年时期著作的读者对此都深有感触。很少有别的著作家能像马克思那样,在对待思想的问题上,表现出了尖锐性、不妥协性、严谨性等许多美好的品德。马克思把思想当作他所

秘密"的是答复,而在哲学上,"泄露秘密"的却偏偏是问题。一旦问题改变了,人们也就无从再谈"颠倒"。如果把问题和答复的新的相对次序与旧的相对次序进行比较,或许还可以谈得上颠倒。但这只是类比,因为问题已不再是原来的问题了,它们构成的范围也就不能相比了,除非如我以上所说,只是为了教学的目的。

① 见前注。

要研究的具体对象，如同物理学家对待自己的试验对象一样，以便从这些思想中抽出一点真理，即思想的真理。请看他在评述普鲁士的书报检查令那篇文章中怎样论述了关于书报检查的观念，在关于林木盗窃法的文章中怎样指出了活树枝与枯树枝之间的那些似乎微不足道的差别，请看他还怎样论述了关于新闻自由、私有制、异化等等观念。读者显然可以看到青年马克思的著作中的严密思考和有力逻辑，他们自然而然就会相信，马克思的发现和思考在逻辑上是完全吻合的，马克思确实从他研究的思想世界中抽出了其中包括的真理。而且，马克思的努力和热情暴露了他确信并意识到自己找到了真理，这种信念又加强了读者的信念。

因此，我甚至要说，我们不仅要防止上唯心主义思想史观的自发幻想的当，并且更要防止受到马克思青年时期著作给我们的印象的影响，防止接受青年马克思的自我意识。为了说明这一点，我们就要回过头来再谈真实历史，也就是探究“马克思的道路”问题。

我这里再谈开端。的确，任何思想家都必须在某日某地诞生，然后在一定的世界中开始思想和写作。对思想家说来，这个世界就是当时他生活的意识形态世界，即刚诞生的思想家开始思想时的意识形态世界。就马克思而言，这个世界是三十年代至四十年代的德意志意识形态世界，当时支配着这个世界的是德国的唯心主义，或用抽象的术语来说，是所谓“黑格尔的解体”。当然，这不是随随便便的一个世界，但这样泛泛而谈不能说明问题。因为在当时，严格地说，德意志意识形态的世界无可比拟地是最受意识形态压迫的世界，也就是离历史实际最远的世界，是欧洲各意识形态世界中受神秘主义和异化影响最深的世界。马克思就在这一世界中诞生,并开始思想。马克思的开端的偶然性在于,他诞生时被包裹在一块巨大的意识形态的襁褓之中,而他成功地从这块沉重的襁褓中解脱了出来。正因为马克思已经从意识形态襁褓中解脱了出来,我们往往容易以为,马克思经过惊人的努力和决定性的较量后才取得的自由,似乎是他在这个世界里生下时注定能够得到的,而全部问题只是要马克思动动脑筋而已。我们往往容易以为,青年马克思的意识是现成得来的,却看不到这一意识从一开始就受到了襁褓的奴役和影响。我们往往容易把马克思后来的意识投射到这个时代,并把这段历史写成人们所说的"未来完成式"。可是,重要的不是把一种自我意识投射到另一种自我意识上去,重要的是要把获得了解放的意识所得出的科学原则(这不是另一种自我意识的内容)用来历史地解释受奴役的意识的内容。

马克思在其后来的著作中,曾指出了为什么这块意识形态襁褓是德国所特有的,而在法国和英国却没有。原因有两方面:德国的历史落后(经济落后和政治落后),以及反映这种落后的社会阶级状况。十九世纪初期的德国由于刚刚经历过由法国大革命和拿破仑战争所造成的巨大动乱,被打上了不能实现民族统一和资产阶级革命的深刻烙印。这一"命运"支配着十九世纪德国的全部历史,而其深远的后果则远远超出这个范围。这种状况的根源要追溯到农民战争,而其结果却使德国只是被动地观望国外发生的种种历史事件。德国的这种无所作为的情形决定了在十八世纪和十九世纪形成的德意志意识形态,给它深深地打上了软弱的印记。这种软弱无力的状态迫使德国知识分子"思考别人已经做过的事情”，并且是在他们软弱的条件下去思考。他们的思考方式反映了职员、教授、作家等小资产阶级社会阶层的愿望，如希望、怀旧和理想化。他们最先思考的问题是使他们受奴役的直接原因，特别是宗教。所有这些历史条件和历史要求恰恰造成了“德国唯心主义哲学”的飞速发展，德国的知识分子正是用这一哲学思考了他们的条件、问题、希望，乃至“活动”。

马克思说过：法国人有政治头脑，英国人有经济头脑，而德国人则有理论头脑，马克思的这句话不是他一时的戏言。同德国的历史不发达相对应，德国在意识形态和理论方面表现为过分发达，这是其他欧洲国家不能和它相比的。不过，这种理论的发达是一种异化的意识形态的发达，它同它反映的真实问题和真实对象没有具体的联系，而这一点却非常重要。从我们讨论的问题的角度看，这是黑格尔的悲剧所在。黑格尔的哲学确实是十八世纪的百科全书，是已经获得的全部知识的总结，也是历史的总结。但是，在这个哲学里，他所思考的所有对象都被他的思考所“消化”，也就是说，被控制着整个德国知识界的意识形态思考这一特殊形式所“消化”。我们从这里可以想象到，对于在德国三十年代至四十年代期间开始思想的一个青年知识分子说来，他为获得解放所需要的根本条件可能是什么和应该是什么。这个条件就是突破沉重的意识形态襁褓（它把真实历史和真实对象包围了起来，不仅把它们化作影子，而且加以歪曲），重新发现真实的历史和真实的对象。由此产生了一个似乎荒唐的结果：为了从这一意识形态中解放出来，马克思不可避免地要认识到，德意志意识形态的过分发达实际上同时也是德国历史不发达的表现，因而必须从意识形态的

大踏步倒退中重新退回到起点，以便接触事物本身和真实历史，并正视在德意志意识形态的浓雾中若隐若现的那些存在。[①] 没有这一重新退回，马克思思想解放的历史就不能被理解；没有这一重新退回，马克思同德意志意识形态的关系，特别同黑格尔的关系，就不能被理解；没有向真实历史的这一退回（这在某种程度上也是一种倒退），青年马克思同工人运动的关系依然是个谜。

我强调“重新退回”这个词是经过考虑的。因为人们往往用马克思“超过”黑格尔和费尔巴哈这类说法，来暗示发展的某种连续性，暗示有某种发展的存在，而发展的不连续性则要放到由历史时段（马克思的历史和当时的历史）所证实的同一个连续性成分内部去思考（恰恰是按黑格尔辩证法的“扬弃”模式去思考）。为了批判这个意识形态成分，在很大程度上就要退回到真实对象去，而从逻辑上和历史上看，真实对象却先于思考了和包围了真实对象的意识形态而存在。

请允许我举两个例子来说明“重新退回”这个提法。

第一个例子关系到一些著作家和一些历史事件。黑格尔曾从这些著作家身上“吸取”了营养，其中包括英国的经济学家，法国的哲学家和政治家。黑格尔曾解释过这些历史事件的意义，首先是法国大革命的意义。当马克思在 1843 年开始阅读英国经济学家的著作时，当他开始研究马基雅维里、孟德斯鸠、卢梭、狄德罗等

① 费尔巴哈的全部哲学都贯穿着破除一切意识形态、接触“真实事物”和“揭示存在”的这个决心。他的用语正是这个决心的生动体现。费尔巴哈的悲剧在于，他把自己的动机当作了哲学，他企图在思辨哲学的概念和总问题中解除思辨哲学对自己的束缚，因而他依旧是他绝望地力图摆脱的那个意识形态的俘虏。他应该“改弦易辙”。

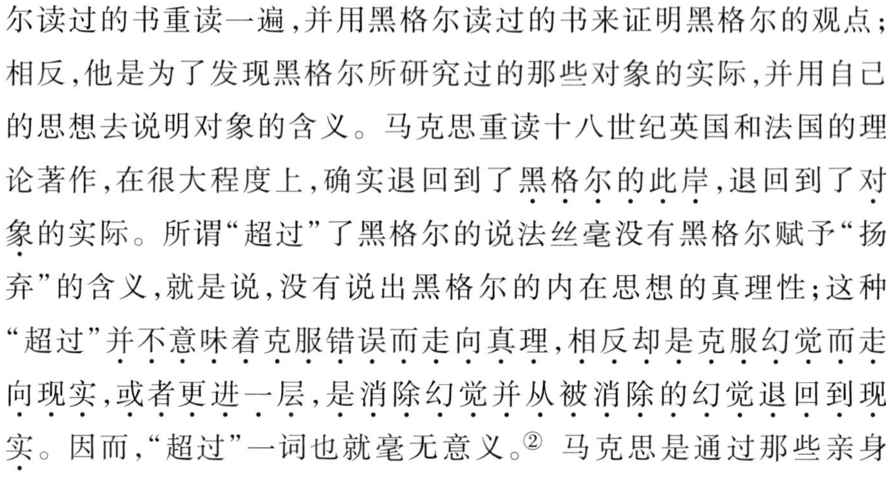

人时，当他研究法国大革命的具体历史时，[①]他不仅是为了把黑格尔读过的书重读一遍，并用黑格尔读过的书来证明黑格尔的观点；相反，他是为了发现黑格尔所研究过的那些对象的实际，并用自己的思想去说明对象的含义。马克思重读十八世纪英国和法国的理论著作，在很大程度上，确实退回到了黑格尔的此岸，退回到了对象的实际。所谓“超过”了黑格尔的说法丝毫没有黑格尔赋予“扬弃”的含义，就是说，没有说出黑格尔的内在思想的真理性；这种“超过”并不意味着克服错误而走向真理，相反却是克服幻觉而走向现实，或者更进一层，是消除幻觉并从被消除的幻觉退回到现实。因而，“超过”一词也就毫无意义。[②] 马克思是通过那些亲身

① 关于这个问题，拉宾的文章里有些段落写得很好（参见论文集第 60—61 页）。拉宾想用“趋向”这个概念来概括马克思的思想“经历”（“趋向”一词在这里用得太泛和太抽象，它反映着进行中的发展的终点），但这毕竟是概括不了的。相反，我十分同意霍普纳的看法（论文集第 186—187 页），他说：“马克思单靠对黑格尔的辩证法作点修补是不能解决问题的，他依靠的主要是对历史、社会学和政治经济学等等所进行的十分具体的调查……马克思主义辩证法主要是在由马克思开垦的理论处女地上诞生的。……黑格尔和马克思不是喝同一口井里的水。”

② 为了使黑格尔含义上的“超过”一词有意义，仅仅用“否定本身包括着被否定”的概念去代替它并不能表现出保存中的决裂，因为保存中的这一决裂意味着过程中的一种真实连续性，而过程在黑格尔的辩证法里则表现为自在向自为转变，接着再从自为向自在转变，如此等等。过程在自己的内部以萌芽的形式孕育着自己的未来，这里所说的正是这种过程的内部连续性。黑格尔含义上的超过意味着，过程的后期形式是前期形式的“真理”。相反，马克思的立场，他对意识形态的全部批判都意味着，科学（科学是对现实的认识）就其含义而言是同意识形态的决裂，科学建立在另一个基地之上，科学是以新问题为出发点而形成，科学就现实提出的问题不同于意识形态的问题，或者也可以说，科学以不同于意识形态的方式确定自己的对象。因此，在黑格尔的含义上，科学无论如何都不能被认为是意识形态的真理。如果人们想在这个问题上找到马克思的哲学祖先，那么应该找的是斯宾诺莎，而不是黑格尔。斯宾诺莎在第一类知识和第二类知识之间建立了一种关系，这种关系的直接含义恰恰是彻底的不连续（假定把神的总体性取消掉）。尽管第二类知识使人能够懂得第一类知识，但前者不是后者的真理。

经历了现实并以最小的歪曲思考了这个现实的人们的介绍，即通过十八世纪英国的经济学家（他们具有经济头脑，因为英国的经济很发达！）、法国的哲学家和政治家（他们具有政治头脑，因为法国的政治最发达！）的介绍而去直接发现现实的；关于这段决定性的经历，马克思从没有隐讳过。而且，对由于缺少直接经验所引起的思想“差距”，马克思表现得极其敏感。例如，他在对法国功利主义的批判中指出，法国功利主义的弱点恰恰在于他们缺少直接经验，①英国的经济学家看到了在英国的现实中起作用的功利和剥削的经济关系，并描绘了这种关系的真实活动情形，法国的功利主义者则把它上升到了“哲学”理论的高度。如果不认真看待这个出发点的差距，如果看不到马克思的后退并不是退到黑格尔原来的出发点，我觉得就不可能去解决黑格尔和马克思之间的关系问题。必须从“改弦易辙”这一认识出发，我们才能研究关于马克思向黑格尔借鉴和继承的问题，特别是关于辩证法的问题。②

① 马克思在《德意志意识形态》中指出：“在英国人那里，理论是单纯地肯定事实，可是在法国人那里，却变成了哲学体系。”见《马克思恩格斯全集》中文版第三卷第482页。

② 参见霍普纳的文章，第186—187页。再就“后退”一词补充一句。显然，除非作为一个比喻，这个词是不能当作同“超过”完全相反的意思来理解的。问题不是要用意识形态的目的来代替对意识形态的理解，而是要通过意识形态的起源去达到对意识形态的理解。我据此只是想形象地说明，在青年马克思的意识形态信仰内部，表现出了这种可做榜样的批判要求：查阅黑格尔谈到的原著（法国的哲学家和政治家，英国的经济学家，还有革命家，等等）。可是，马克思的这一“后退”最后却以追根穷源代替了形式上要求的查阅原著：马克思退回到德国的历史，那是为了破除德国历史“落后”的幻觉，也就是说，为了根据历史的现实去研究历史，而不是根据外部的模式或用这种模式的尺度去衡量历史。因此，这一后退其实是对被意识形态所窃取并被弄得面目全非的现实的一种弥补、补救和恢复。

还有一个例子。当青年黑格尔派同他们为适应自己的需要而臆造的黑格尔进行辩论时，他们不断向黑格尔提出的问题，实际上也是同法国和英国相比较，德国历史当时处于落后地位所提出的问题。拿破仑战争的失败本质上并没有缩短德国同其他西欧大国之间的历史差距。特别在七月革命和1832年英国选举法颁布后，1830至1840年间的德国知识分子向往着法国和英国，把这两个国家视为自由和理性的国土。由于没有亲身经历，他们又一次思考别人做过的事情。但他们进行的是哲学的思考，因而认为法国的体制和英国的法律是理性的统治，他们当时对理性的期望首先是要实现德国的自由革命。[①] 革命在1840年遭受的挫折暴露了德意志理性的软弱，他们于是向外界寻求援助。他们提出，未来属于法国和德国的神秘的团结，属于法国的政治敏感和德国的理论思考的团结；[②]这种令人难以置信的天真恰好说明了他们承认自己的落后和幻想。因此，他们只是通过自己的意识形态图式，通过自己的总问题，若隐若现地看到被歪曲的现实。[③] 1843年，由于马

① 这是青年黑格尔运动争“自由”的阶段。见科尔纽前引书，第四章，第132页等。

② 这是新黑格尔派广为阐述的论题。参见费尔巴哈：《哲学改革的临时提纲》，第四十六节和四十七节（法国大学出版社出版，第116—117页）。

③ 这个总问题实质上意味着把真实的历史问题歪曲成哲学问题。资产阶级革命、开明政治、出版自由、废除书报检查令，反对教会等真实问题被转变为哲学问题，也就是说，历史应该保证理性统治的胜利，不论现实以什么外部形式而出现。理性与现实的矛盾（前者是历史的内部本质和目的，后者是现时的历史），这就是新黑格尔派的根本问题。这一问题的提出（这个总问题）显然决定着对问题的解答：既然理性是历史的目的和本质，那就只要让大家承认理性（包括其相反的假象在内）就够了。因此，问题的解答就是承认哲学具有批判的无比威力，而哲学在以历史真理的名义扫除历史谬误的同时，必定具有实践的性质。因为，揭露真实历史的非理性，也就是陈述在历史非

克思要教德国人学会理性和自由的尝试遭到了失败,他在失望之余决定动身去法国。他去法国在很大程度上是为了寻求一种神话,[①]就像殖民地和被奴役国家的大多数留学生前几年来法国寻找神话一样。结果,马克思作出了一项根本的发现,他发现法国和英国并不符合它们的神话,他发现了法国的现实和英国的现实,发现了纯政治的谎言、阶级斗争、有血有肉的资本主义和组织起来的无产阶级。偶然的巧合为马克思和恩格斯作了分工,前者发现了法国的现实,后者发现了英国的现实。这里的问题也还是后退,而不是超过,也就是从神话退回到现实。这场真实的经历揭开了幻觉的面纱,而马克思和恩格斯由于他们自身的开端,当时就生活在这种幻觉之中。

从意识形态向现实的这一后退凑巧是与一种崭新现实的发现同时发生的。关于这一新的现实,马克思在“德国的哲学”著作中

理性中活动着的历史理性。例如,国家是历史真理的体现和化身,国家只要摇身一变就能变成真理。所以这种“实践”归根到底无非就是哲学批判和理论宣传:非理性一旦被揭露就立即屈服,而理性一旦被宣布就立即胜利。一切都取决于哲学,哲学确确实实是革命的头脑和心脏。以上是由提出根本问题的方式所要求得出的解答。但就这个总问题本身来讲,更能说明问题的是,如果把总问题同历史向新黑格尔派提出的真实问题作一比较,人们就能发现:这个总问题虽然解答了一些真实问题,但这些解答没有一个不是答非所问;理性和非理性之间的关系不能决定任何问题;非理性既不是非理性,也不是假象;国家不是自由的体现……就是说,由这种意识形态表面上通过自己的问题加以思考的对象,甚至在它们的“直接”现实中也没有得到反映。当这个比较告一段落,不仅由意识形态向自己的问题作出的解答站不住脚(它们无非是这些问题的自我反映),而且总问题本身也站不住脚——那时候,意识形态的歪曲就暴露无遗:意识形态把问题和对象神秘化了。人们在这里就能懂得,马克思在谈到必须抛开黑格尔哲学的基地时说的话是什么意思,因为“不仅是它的回答,而且连它所提出的问题本身,都包含着神秘主义。”

① 卡尔·马克思:“致卢格的信”(1843 年 9 月),见《马克思恩格斯全集》中文版第一卷第 415—418 页。

找不到任何反映。就这样，马克思在法国发现了有组织的工人阶级，恩格斯在英国发现了发达的资本主义，以及不需要哲学和哲学家的干预而按照自己的规律进行的阶级斗争。[①]

这双重的发现——一方面在歪曲了现实的意识形态的此岸，发现了意识形态所涉及的现实，另方面在不了解现实的当代意识形态的彼岸，发现了一个新的现实——对青年马克思的思想演变起了决定性的作用。马克思所以成为马克思，这是因为他以严谨的理论思考了这双重的现实，改变了成分，并思考了新成分的统一性和现实性。当然，还必须懂得，这些发现是同马克思的整个个人经历分不开的，而他的经历又是同他在其中生活的德国历史分不开的。因为德国毕竟也在变化。外国发生的事件在德国并不仅仅引起微弱的反响。认为所有的事情只在德国国外而不在德国国内发生，这种观点是由失望和焦躁产生的幻觉。我们知道，即使历史遭受挫折、止步不前或简单重复，历史毕竟还是历史。我上面刚谈到的全部理论经验和实践经验，都通过对德国现实的逐步发现而有所发展。随着弗里德里希-威廉四世这个假“自由派”变成了专制君主，出现了1840年的普遍失望，曾经满怀希望的青年黑格尔派的整个理论体系也就垮了台。《莱茵报》试图进行的理性革命失败了，马克思受到了迫害和驱逐，原来支持他的德国资产阶级分子抛弃了他；所有这些事实告诉马克思，他在气愤中所指责的“德意志的贫困”和“市侩”，以及这种气愤本身，都反映着一种具体的

① 参见弗·恩格斯《政治经济学批判大纲》(1844年)一文。这篇后来被马克思称作“天才的”文章对马克思起了深刻的影响。但人们一般低估了该文的重要性。

历史状况，这种状况一点不是什么误会，而是确实存在的和剑拔弩张的阶级关系，是德国资产阶级进取心和恐惧心的本能反应，而这些反应要比所有的理性求证更加强烈。于是，一切都发生了变化，马克思终于发现了使他陷于迷茫之中的意识形态浓雾的现实。他不得不放弃用德国的神话去解释外国的现实，承认这些神话不但对外国毫无意义，而且对德国自己也是如此，这些神话只是使德国对自身的奴隶地位抱有幻想。马克思看到，必须相反用外国取得的经验去观察德国，以便对德国有清楚的认识。

我想大家一定能够懂得，如果真要研究马克思思想的这一戏剧性的演变过程，就必须从此不再使用"超过"一词，而用"发现"一词；必须抛弃超过（扬弃）这个概念所包含的黑格尔的逻辑精神，因为这个貌似无害而实质害人不浅的概念无非是根据真理固有的幻觉而把马克思后来的思想提前；必须承认真实经验和真实成长的现实逻辑，从而破除真理固有的幻觉；总之，必须承认真实历史对意识形态本身的影响，从而赋予马克思的个人风格和他所具有的非凡的求实精神以实际的意义，这一意义对马克思主义未来的发展是绝对不可缺少的，也是它所要求的。而且，正是马克思的这一非凡的求实精神才使马克思对现实的每项论证都充满着信念和启示的巨大力量。①

① 大家或许能够懂得，所谓真实成长的逻辑，并不像柏格森所说的那样，制造一种创造的哲学。因为这一成长不是诸如自由或选择这类空洞本质的表现；相反，它只是自身的经验条件的产物。我还要补充一句，这种逻辑是根据马克思对意识形态历史的认识的需要而得出的。其实，从马克思那段关于真实历史（即上面正文中谈到的"发现"）的论述中所得出的结论，是对意识形态历史本身的一种否定。一旦唯心主义的真

我不打算在这里提供这一真实经验的历史日程表和历史辩证法，这一真实经验是由青年马克思这一独特个人把个人特有的心理和世界历史结合在一起，从而产生出我们至今受益匪浅的发现。要了解这一经验的详细情况，必须阅读科尔纽“老头”的著作。除了梅林以外（他没有科尔纽那样博学，掌握的材料也没有科尔纽那么多），任何别人都没有从事过这项不可缺少的工作。所以我敢大胆地预言，人们将长期阅读科尔纽的书，因为要了解青年马克思，就得了解他的真实历史，其他的途径是没有的。

我仅仅希望，通过本文的叙述，能够指出一个通常为人们所忽略的事实，即马克思不得不从一个偶然开端出发（他的出身），然后又不得不越过幻觉的重重障碍，才终于突破了沉重的意识形态襁褓。同时，我还希望本文能使人们对青年马克思的奴隶思想和成年马克思的自由思想之间存在的不寻常关系有所了解。人们可以懂得，在某种意义上，如果考虑到这个开端，就绝对不能说“青年时期的马克思属于马克思主义”，除非把这句话作以下的理解：这位德国资产阶级子弟的思想演变，如同任何历史现象一样，是能

理固有论被驳倒，意识形态史显然就不能成为自己的认识原则；一旦人们懂得意识形态史只能通过真实历史而得到解释，而真实历史则是从意识形态历史中真实成长，并说明意识形态史的形成、歪曲和调整，人们必定会怀疑意识形态历史的历史价值，并承认这种历史是一钱不值的。马克思说：“道德、宗教、形而上学和其他意识形态，以及与它们相适应的意识形式便失去独立性的外观。它们没有历史，没有发展；那些发展着自己的物质生产和物质交往的人们，在改变自己的这个现实的同时也改变着自己的思维和思维的产物。”（《德意志意识形态》，见《马克思恩格斯选集》中文版第一卷第31页）因此，我在开头的地方就认为，“哲学的历史”不能用“未来完成式”来写，不仅因为未来完成式不是一个认识历史的范畴，而且因为哲学的历史在严格的意义上说是不存在的。这两条理由其实完全相同。

够用历史唯物主义去解释清楚的。当然，青年马克思的确在向着马克思主义发展，但这要以马克思努力挖掘自己的老根为代价，要以对德国历史所灌输给他的种种幻觉作英勇战斗为代价，要以全神贯注地发现被这些幻觉所掩盖的现实为代价。“马克思的道路”之所以堪称典范，这并不由这条道路的起源和细节所决定，而是因为马克思具有不屈不挠的意志，决心从自命为真理的神话中解放出来，因为他经历了推翻和扫除这些神话的真实历史。

下面请允许我谈最后一点。如果我以上的解释的确能帮助大家更好地阅读青年马克思的著作，如果这种解释通过思想的内在统一性（总问题）说明了这些著作的理论成分，通过马克思真实经验的不断丰富（马克思的历史就是马克思的发现）说明了这个总问题的发展，从而使究竟青年马克思是否已经是马克思、究竟青年马克思还停留于费尔巴哈或已经超出了费尔巴哈等等众说纷纭和争论不休的问题能够得到解决，也就是说，能够在马克思青年时期的每个发展阶段上确定他思想的直接成分的内在意义和外在意义，那么，还有另一个问题没有得到解决，或更正确地说，我的解释又引出了另一个问题，即从青年马克思最终达到了马克思主义的观点看，如何看待马克思的开端的必然性问题。

的确，从各方面看，马克思似乎必定要摆脱自己的开端，就是说，必定要克服和清除压在他身上的异常沉重的意识形态世界，这种必然性不仅有破的意义（破除幻觉），而且在一定程度上也有立的意义。人们可以认为，历史唯物主义的发现还“悬在空中”，马克思从许多方面作了惊人的理论努力去寻找现实和追求真理，虽然这些真理已经局部地为人们所征服或确认。马克思所从事的发现本来有“近路”(例如,恩格斯在1844年的文章①走的是近路,为马克思赞赏的狄慈根的著作也可算近路)和“远路”可走,马克思走的是“远路”。由他自身的开端所决定,马克思不得不进行了理论的“长征”,这使他得到了什么呢?他从远离终点的起点出发,长时间地停留在哲学的抽象中,走完了很长的距离才找到了现实,这对他究竟有什么好处?显然,马克思通过这一切把他的批判精神磨砺得比任何人都更加尖锐,他从历史中获得了关于阶级斗争和意识形态斗争的无比敏锐的“临床经验”;此外,主要通过同黑格尔的接触,他弄懂了并学会了为建立一切科学理论所不可缺少的抽象,弄懂并学会了理论综合,以及由黑格尔的辩证法提供了范例的纯抽象过程的逻辑推理。我在这里指出这几个要点,并不是想为这个问题提供答案。但在等待正在进行中的科学研究取得成果前,这些要点也许已经可以确定德意志意识形态以及德国的“思辨哲学”在马克思的成长过程中所起的作用。我倾向于认为,这种作用与其说是对马克思的理论培养,不如说是培养马克思学会从事理论工作;这是一种通过观念的理论形态而学习理论精神的教学法。德意志意识形态的过分发达从两方面为青年马克思作了准备(这种发达在形式上同意识形态的抱负毫无关系);一方面它使马克思必须先批判整个德意志意识形态,然后才能批判其中包含的种种神话;另方面它训练了马克思,使他学会脱离开各种体系本身的价值而独立使用这些体系的抽象结构。假如大家同意暂

① 弗·恩格斯:《政治经济学批判大纲》,《马克思恩格斯全集》第一卷第596—625页。

且不谈马克思的发现，先肯定马克思创立了一门新的科学学说，肯定这一学说的出现与历史上所有重大的科学发现相似，我们必定也会同意，如果没有阐明一个新的对象或新的领域，如果没有创造一个把旧的幻影和神话清除掉的新的境界，就谈不上实现了任何新的伟大发现。同时，这个新世界的创造者必定而且必然要在旧形式中经过了思想训练，学会了和使用过旧形式；并且，在对旧形式的批判中，他必定而且必然学会了并爱上了使用一般抽象的艺术，因为不熟悉这些旧形式，他就不可能创造出用以思考其新对象的新形式。当人类发展的总环境迫切需要新发现的产生并使新发现成为不可避免的时候，发明家个人却受到这样一种奇怪的条件的支配，即他必须学会用他所应忘却的语言说出他的新发现。也许正是这个条件才使得，在马克思青年时期的著作中，暂时和永久、开端和结束、语言和含义发生了尖锐的冲突，这场戏剧性冲突的命运是不可逆转的，如果忘记了这一点，哲学也就不成其为哲学了。

1960年10月

三、矛盾与多元决定
（研究笔记）

“在黑格尔那里，辩证法是倒立着的。必须把它倒过来，以便发现神秘外壳中的合理内核。”

卡尔·马克思：《资本论》第二版跋

我不久前在一篇论述青年马克思的文章[①]里曾经指出，所谓“对黑格尔的颠倒”在概念上是含糊不清的。我觉得，这个说法严格地讲对费尔巴哈完全合适，因为他的确重新使“思辨哲学用脚站地”（不过，费尔巴哈根据严格的逻辑推理，从这次颠倒中只得出了唯心主义的人本学）。但是，这种说法不适用于马克思，至少不适用于已脱离了“人本学”阶段的马克思。

我想进一步指出，在下面这段名言里：“在黑格尔那里，辩证法是倒立着的，必须把它倒过来，以便发现神秘外壳中的合理内核”，[②]“倒过来”一词只有象征的意义，甚至只是一种比喻，而不能

---

① 见本书上一篇文章：《关于青年马克思》。

② 见《资本论》第二版跋。我把德文版原文逐字逐句地译出来。莫里多尔的译文（科斯特出版社出版）基本上也是这个译法，个别地方有点想当然。至于由马克思改过校样的鲁瓦的译文，它冲淡了文章的语气（例如把“在辩证法神秘的形式上”译成“神秘的方面”），有时甚至干脆砍头去尾。例如，德文原来说：“在黑格尔那里，辩证法

最后解答问题。

在这个具体例子中，应该怎样去理解“倒过来”的含义呢？这里不再是一般地把黑格尔“倒过来”，即不是把思辨哲学倒过来。自从《德意志意识形态》发表以来，我们知道这样做是毫无意义的。如果谁硬要认为是把思辨哲学倒过来（例如为了从中得出唯物主义），那他就会不自觉地成为哲学的俘虏，正如蒲鲁东成了资产阶级经济学的俘虏一样。这里关系到辩证法，而且仅仅关系到辩证法。当马克思说必须“在神秘外壳中发现合理内核”时，人们可能会认为，“合理内核”指的是辩证法，神秘外壳则是指思辨哲学…… 何况，恩格斯后来对方法和体系的区分也正是用传统的术

是倒立着的。必须把它倒过来，以便发现神秘外壳中的合理内核”，而鲁瓦却说：“在黑格尔那里，辩证法是头着地的；只要使它脚着地，就可以为它找到完全合理的面目。”内核和外壳都被删掉了！必须指出，马克思曾承认鲁瓦的译文比他的原文更清楚，或至少不那么“难懂”，指出这一点也许不是无的放矢，但是这又谁知道呢？难道马克思在事后终于承认了他最初的某些表述是难懂的吗？

以下是德文版重要段落的译文：

“我的辩证方法，从根本上来说，不仅和黑格尔的辩证方法不同，而且和它截然相反。在黑格尔看来，思维过程，即他称为观念而甚至把它变成独立主体的思维过程，是现实事物的创造主，而现实事物只是思维过程的外部表现。我的看法则相反，观念的东西不外是移入人的头脑并在人的头脑中改造过的物质的东西而已。将近三十年以前，当黑格尔辩证法还很流行的时候，我就批判过黑格尔辩证法的神秘方面……因此，我要公开承认我是这位大思想家的学生，并且在关于价值理论的一章中，有些地方我甚至卖弄起黑格尔特有的表达方式。辩证法在黑格尔手中神秘化了，但这绝不妨碍他第一个全面地有意识地叙述了辩证法的一般运动形式。在他那里，辩证法是倒立着的。必须把它倒过来，以便发现神秘外壳中的合理内核。”

“辩证法，在其神秘形式上，成了德国的时髦东西，因为它似乎使现存事物显得光彩。辩证法，在其合理形态上，引起资产阶级……的恼怒和恐怖，因为辩证法在对现存事物的肯定的理解中同时包含对现存事物的否定的理解，即对现存事物的必然灭亡的理解；辩证法对每一种既成的形式都是从不断的运动中，因而也是从它的暂时性方面去理解；辩证法不崇拜任何东西，按其本质来说，它是批判的和革命的。”

语表达了这个意思。[1] 据此，我们似乎应该扔掉思辨哲学的神秘外壳，以保留辩证法的宝贵内核。然而，马克思在同一句话里又说，给内核剥去外壳和把辩证法颠倒过来是一码事。剥去外壳怎么可能是一次颠倒呢？或者说，在剥去外壳的过程中，究竟什么东西被“颠倒了过来”呢？

我们来仔细地研究这个问题。辩证法一旦被剥去了它的唯心主义外壳，就变成“**黑格尔辩证法的直接对立物**”。这是否等于说，辩证法不但不再与黑格尔的颠倒了的和升华了的世界发生关系，而且从此将被马克思运用于真实的世界？正是在这个意义上，黑格尔才确实“**第一个全面地有意识地叙述了辩证法的一般运动形式**”。因此，似乎应该从黑格尔那里把辩证法**拿来**，把它运用于生活，而不是把它运用于观念。“颠倒”似乎是辩证法“含义”的颠倒。但这种含义的颠倒实际上并不触动辩证法。

可是，我在前面提到的那篇文章里以青年马克思为例恰恰指出，**原封不动**地照搬黑格尔形式的辩证法只能使我们陷入危险的误解，因为根据马克思在解释**任何**意识形态现象时所遵循的原则，**说辩证法能够像外壳包裹着的内核**[2]**一样在黑格尔体系中存身**，

---

① 参见《费尔巴哈和德国古典哲学的终结》。

② 关于“内核”，参见黑格尔的《历史哲学导言》。他说：对于伟人们，“应该称他们是英雄，因为他们的目标和志向不仅受到为现制度所接受的、安定和平静的生活长河的灌溉，而且导源于人们还不知其内容的、尚未达到现实存在的内心精神，这种隐藏的内心精神**冲击着和打破着外部世界**，因为它不是同这一果核相适应的果仁。”这是关于果核、果肉、果仁的长篇故事中的另一种有趣的说法。这里，果核起着包裹果仁的“外壳”作用，果核在外面，果仁在里面。果仁（新的原则）最终要冲破旧果核，因为旧果核对它已不再适应（这是旧果仁的果核……）；果仁要求有自己的果核，即新的政治形式和社会形式等等。下面在谈到黑格尔的历史辩证法时，我们可以再回想一下这段话。

这是不可思议的事。我讲这段话是想指出,不能想象黑格尔的意识形态在黑格尔自己身上竟没有传染给辩证法的本质,同样也不能想象黑格尔的辩证法一旦被"剥去了外壳"就可以奇迹般地不再是黑格尔的辩证法而变成马克思的辩证法(既然说到了"传染",那就势必假定辩证法在被传染前是纯洁的)。

其实,在马克思匆匆落笔撰写这篇跋的时候,他也已经感觉到了这个困难。通过比喻的堆砌,特别是把"剥去外壳"和"颠倒"奇怪地放在一起,他暗示了他有的意思没有说完。不仅如此,他还在别的段落里把未尽之意说了出来,而鲁瓦却把它多半给漏译了。

只要仔细研究德文版就可以发现,事情并不像恩格斯后来的某些说明[①]能使人想象的那样。神秘外壳根本不是思辨哲学、"世

① 参见恩格斯的《费尔巴哈和德国古典哲学的终结》。我们当然不应该死抠这篇文章的字眼。一方面,它是一本供广泛发行的通俗读物,因而写得相当概括,恩格斯对此也毫不隐讳。另一方面,作者在四十年前亲身经历了发现历史唯物主义的伟大思想探索,他先后经历了他在文章中作了历史叙述的各种哲学信仰形式。确实,人们在文章里找得到对费尔巴哈意识形态的出色批判(恩格斯清楚地看到,在费尔巴哈那里,"自然界和人都只是空话"。——《马克思恩格斯选集》中文版第四卷第236页),以及对马克思主义同黑格尔主义关系的成功总结。例如,恩格斯指出了黑格尔对于康德是个极其尖锐的批判(第227页),并明确宣布:"辩证方法在黑格尔的形式中是无用的"(第238页)。另一个基本论点:哲学的发展原因不在哲学;迫使青年黑格尔分子起而反对黑格尔"体系"的原因是他们从事的宗教斗争和政治斗争的"实际必要性"(第217页);科学和工业的进步推动着哲学的发展(第222页)。我们还注意到,恩格斯承认费尔巴哈对《神圣家族》的强烈影响(第218页)。然而,文章还包括另一些提法,如果死抠字眼,它们就会把我们引进死胡同去。例如,关于"颠倒"的论题在文章里相当活跃,恩格斯甚至从中得出这样一个结论:"黑格尔的体系只是一种就方法和内容来说唯心主义地倒置过来的唯物主义"(第222页)。应该承认,这个结论是合乎逻辑的。如果马克思主义确实是对黑格尔的颠倒,那么反过来说,黑格尔应该首先是被颠倒了的唯物主义,只有这样,负负才能得正。我们接着又看到,这种黑格尔的辩证法在黑格尔的形式下是无用的,恰恰因为它用头立地(用观念而不是用真实立地):"这样,概念的辩

界观”或“体系”，不是一种可被认为同方法相脱离的成分，而是本身就属于辩证法。马克思甚至说：“辩证法在黑格尔的手中神秘化了”，他还谈到辩证法的“神秘方面”和“神秘形式”。他正是用他自己的辩证法的合理形态去反对黑格尔辩证法的这种“神秘形式”。这就再也清楚不过地说明，神秘外壳无非是辩证法本身的神秘形式而已，换句话说，它不是辩证法的一种相对外在的成分（例如“体系”），而是与黑格尔辩证法同质的一种内在成分。因此，为了解放辩证法，只剥去第一层外壳（体系）是不够的，还必须把它从紧贴着它躯体的第二层外壳中解放出来；这第二层外壳，我大胆认为，就是同辩证法本身不可分割的一层皮，它在本质上就有黑格尔的性质。据此我们可以说，剥去外壳绝不是没有痛苦的，这实际上是破除神秘形式的过程，也就是改造其内核的行动。

我因此认为，关于把辩证法颠倒过来这个不确切的比喻，它所提出的问题并不是要用相同的方法去研究不同对象的性质（黑格尔的对象是观念世界，马克思的对象是真实世界），而是从辩证法本身去研究辩证法的性质，即辩证法的特殊结构，不是对辩证法“含义”的颠倒，而是对辩证法结构的改造。毫无疑问，在第一种情况下，辩证法处在其可能对象的外部，即作为研究其对象所使用的一个方法，它涉及的只是辩证法的前身，严格地说，这个问题对

证法本身就变成只是现实世界的辩证运动的自觉的反映，从而黑格尔的辩证法就被倒转过来了，或者宁可说，不是用头立地而是重新用脚立地了”（第 239 页）。这个提法显然是不确切的，但正是这种不确切才说明了困难在什么地方。我们还注意到恩格斯关于任何哲学家都必须建立一个体系的奇怪断言：黑格尔“不得不去建立一个体系，而按照传统的要求，哲学体系是一定要以某种绝对真理来完成的”（第 213 页）。这种必要性“产生于人的精神的永恒的需要，即克服一切矛盾的需要”（第 215 页）。恩格斯还说，由于费尔巴哈在乡间过着隐居的生活，他的唯物主义具有局限性（第 226 页）。

马克思不能有任何意义。在第二种情况下,相反就涉及一个真实的问题,马克思和他的学生们不可能没有在理论上和在实践上(在理论上或实践上)对这个问题作出具体的答复。

这里对以上冗长的解释作个小结。我们可以说,如果马克思的辩证法"在本质上"同黑格尔的辩证法相对立,如果马克思的辩证法是合乎理性的而不是神秘的,这种根本的不同应该在辩证法的实质中,即在它的规定性和特有结构中得到反映。明白地说,这就意味着,黑格尔辩证法的一些基本结构,如否定、否定之否定、对立面的同一、"扬弃"、质转化为量、矛盾等等,到了马克思那里(假定马克思接受了这些结构,事实上他并没有全部接受!)就具有一种不同于原来在黑格尔那里的结构。这也意味着,结构的这些不同是能够被揭示、描述、规定和思考的。既然是能够的,那也就是必需的;我甚至认为,这对马克思主义是生死攸关的。我们不能满足于无休止地重复体系和方法的不同啦,哲学的颠倒或辩证法的颠倒啦,"合理内核"的发现啦,以及诸如此类的含糊术语,否则岂不是要让它们代替我们去思考;也就是说,我们自己不动脑筋,而是相信那些早已用滥了的词句能够魔术般地完成马克思的事业。我所以说生命攸关,因为我坚信,马克思主义哲学的发展当前就取决于这一项任务。①

① 毛泽东于1937年撰写的《矛盾论》一文对矛盾问题作了一系列的分析;在那里,马克思主义的矛盾观似乎与黑格尔的观点毫无关系。这部小册子的基本概念,如主要矛盾和次要矛盾、矛盾的主要方面和次要方面、对抗性矛盾和非对抗性矛盾、矛盾发展的不平衡规律等,在黑格尔著作中都是无从找到的。毛泽东的文章是根据中共党内反对教条主义的斗争而写出的,总的来说是一篇叙事文,在某些地方也用抽象的方法。在叙事部分,他的概念与具体经验相适应。在抽象部分,这些含义丰富的新概念主要是对一般辩证法的具体说明,而不是马克思的社会观和历史观的必然蕴涵。

既然我们必须自己动动脑筋,我想用列宁关于"最薄弱环节"的命题为具体例子,大胆地对马克思主义的矛盾概念作一点研究。

列宁首先赋予这个比喻以一种实际的含义。一根链条的强弱取决于它的最薄弱环节。一般地说,谁要控制某个特定的形势,他就会注意不让任何一个弱点损害整个体系。相反,谁想击破这个体系,即使他的力量显然处于劣势,他只要找出一个弱点,就足以使体系的全部力量岌岌可危。这些都不是我们的新发明,凡读过马基雅弗利和沃邦著作的人都知道,这两位擅长攻守艺术的大师对任何甲胄总是根据其缺点而作出评判的。

问题的关键在这里:如果说关于最薄弱环节的理论显然是列宁关于革命政党的理论的指导思想(革命政党在思想上和组织上都应该是一个天衣无缝的统一体,这样才能不给敌人以任何可乘之机,才能把敌人打倒),它对列宁在革命问题上的思考也有所启发。为什么革命能够在俄国发生?为什么革命能够在俄国胜利?革命能够在俄国发生的原因超出了俄国的范围:因为随着帝国主义战争的爆发,人类进入了客观的革命形势之中。[①] 帝国主义已经彻底地撕下了原来资本主义的"和平"面具。工业垄断的集中,工业垄断屈服于金融垄断,加重了对工人和殖民地的剥削。垄断资本的竞争使战争成为不可避免。战争使应征入伍的广大群众和殖民地人民陷入无穷无尽的苦难之中;但是,战争不仅是屠杀,也

① 见《列宁全集》中文版第二十三卷第380页:"帝国主义战争所造成的客观条件使全人类陷于非抉择不可的境地:或者再让千百万人去送死,并让整个欧洲文化遭到彻底毁灭,或者在一切文明国家里把政权交到革命无产阶级的手中,实现社会主义的革命。"

是历史。战争的经历和惨象启发了各国人民,使一百年来反抗资本主义剥削的长期斗争获得了新的起点;战争也是一个聚合点,它终于使人民顿时心明眼亮并掌握展开行动的有效手段。可是,虽然大多数欧洲国家的人民群众都得出了这个结论(德国和匈牙利的革命、法国和意大利的兵变和大罢工、都灵的苏维埃),革命却只是在俄国——恰恰是欧洲"最落后的"国家——获得了胜利。为什么会出现这个令人不可思议的例外呢?根本的原因就在于俄国是帝国主义体系中最薄弱的环节。这种薄弱状况是由第一次世界大战所加深和加剧的,但它并不仅仅由第一次世界大战所促成。一九〇五年革命虽然遭到了失败,但它已衡量出和表现出沙皇俄国的薄弱达到了何等的程度。这种薄弱状况是从以下这种特殊环境中产生出来的,即当时可能产生的各种历史矛盾在一个国家中得到了积聚和激化。有占统治地位的封建剥削制度的矛盾:处于"不文明状态"[①]的广大农民群众直至20世纪初依然在东正教神甫的欺骗下,遭受着特别残酷的封建剥削,这种环境使农民起义很容易向工人革命靠拢。[②] 有在大城市、市郊、采矿区、采油区等得到大规模发展的资本主义剥削和帝国主义剥削的矛盾。有对殖民地人民进行殖民剥削和殖民战争的矛盾。有发达的资本主义生产方法(工人的集中特别突出:当时世界上最大的工厂就是彼得格勒的普梯洛夫工厂,它拥有四万名工人和辅助人员)和农村的中世纪状态之间的巨大矛盾。阶级斗争在全国进一步激化,不仅是

① 列宁:《日记摘录》,见《列宁选集》中文版第四卷第677页。

② 列宁:《第三国际及其在历史上的地位》,见《列宁全集》中文版第二十九卷第278页。

剥削者与被剥削者之间的阶级斗争，而且是统治阶级内部的斗争（依附于沙皇军队和警察专制主义的封建大地主，不停地策划密谋活动的小贵族，反对沙皇的大资产者和自由资产者，摇摆于因循守旧和无政府主义之间的小资产者）。此外，在事态发展的具体过程中，还有一些其他的“特殊”环境，[①]这些特殊环境如果离开俄国内外矛盾“犬牙交错”的复杂情形是不可理解的。例如，俄国的革命先进分子由于受到沙皇的镇压而被迫流亡国外，他们在流亡中“磨炼”了自己，并接受了西欧工人阶级的全部政治经验（首先是马克思主义）。这一情况对布尔什维克党的形成有一定的关系（这个党在觉悟上和组织上远远超过了西方任何“社会主义”政党）。如同任何严重危机时期所通常发生的那样，一九〇五年革命的“总演习”使阶级关系变得明朗化和固定化，因而也就可能“发现”苏维埃这个群众政治组织的新形式。[②] 最后，帝国主义国家的疲劳为布尔什维克提供了意外的“喘息”时机，使他们能够实行历史的“突破”，英法资产阶级由于要抛弃沙皇，在决定性时刻不自觉地为革命帮了大忙，这同样也是一种特殊的情形。[③] 总之，即使在一些细节问题上，俄国面临的特别有利的革命形势也完全在于历史矛盾的积聚和激化，这种情形只是在俄国这个比帝国主义世界至少落后一个世纪、同时又处于帝国主义世界中最先进地

① 列宁：《论我国革命》，见《列宁选集》第四卷第690页。

② 列宁：《第三国际及其在历史上的地位》，见《列宁全集》中文版第二十九卷第278页。

③ 列宁：《俄国社会民主工党（布）彼得格勒市代表会议》，见《列宁全集》中文版第二十四卷第115页。

位的国家中才是可能的，而在任何其他国家则都是不可思议的。

关于这一切，列宁在许多文章里都谈到过，[①]斯大林于1924年4月的多次演说[②]中用明确的语句对这些著作作了概括。资本主义发展的不平衡通过1914年的战争导致了俄国的革命，因为俄国在人类刚进入的革命时期中是**帝国主义链条上的最薄弱环节**，因为俄国积累了当时可能存在的最大数量的历史矛盾，因为俄国同时是**最落后和最先进的国家**，这是四分五裂的俄国统治阶级不能避开但又不能解决的巨大矛盾。换句话说，处在无产阶级革命前夜的俄国还欠了资产阶级革命的一笔债；同时孕育着两场革命的俄国即使能推迟其中的一场，也阻止不了另一场的爆发。列宁正确地看到，这一难得的和“毫无出路”（对统治阶级说来）[③]的形势正是俄国革命的**客观条件**，而锻造共产党这根没有薄弱环节的链条则是准备革命的**主观条件**，即是创造对着帝国主义链条的薄弱环节展开决定性攻击的手段。

马克思和恩格斯说过，历史总是从它的**坏的方面**向前发展，[④]他们讲的不正是这个意思吗？这坏的方面显然是指对统治者最不好的方面，但我们也可以在不歪曲词意的条件下，把它解释成是对期待历史朝另一方向发展的那些人最不好的方面。例如，十九世纪末的德国社会民主党人以为，德国当时是经济发达和实力雄厚

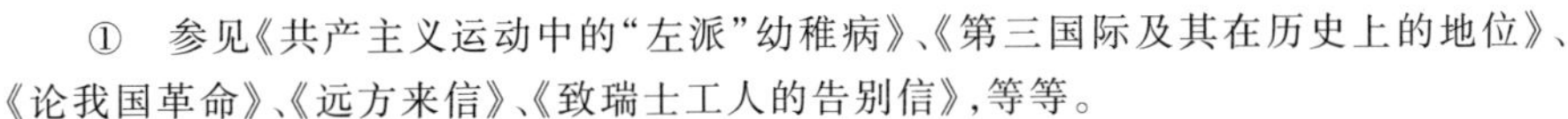

① 参见《共产主义运动中的“左派”幼稚病》、《第三国际及其在历史上的地位》、《论我国革命》、《远方来信》、《致瑞士工人的告别信》，等等。

② 参见《论列宁主义基础》一书。

③ 列宁：《论我国革命》，《列宁选集》中文版第四卷第691页。

④ 参见《哲学的贫困》，《马克思恩格斯全集》中文版第四卷第138—158页。

的资本主义国家，他们自己的选票又在不断增多，在这种情况下，他们肯定在短期内能取得社会主义的胜利。他们显然认为历史应该从另一方面，即从“好”的方面向前发展，从经济发展最快、矛盾被压缩到纯而又纯程度（劳动与资本的矛盾）的这个方面向前发展。他们忘记了，这一切都是在德国发生的，而德国是一个用强大的国家机器武装起来的国家，德国资产阶级为了换取俾斯麦和威廉的军事、官僚和警察体制的保护，为了换取资本主义剥削和殖民剥削的超额利润，早已忍气吞声地放弃了“它的”政治革命，德国小资产者是沙文主义的和反动的阶级。他们忘记了，压缩到纯而又纯的矛盾完全是抽象的矛盾，真实的矛盾总是同具体的环境紧密地结合在一起，因而真实矛盾只有通过环境并在环境之中才是可被辨认的和可以捉摸得到的。

我们现在来谈谈这一实践经验的主要内容以及列宁从中得出的基本思想。我们首先应该指出，列宁并不仅仅受到这一实践经验的启发。一九一七年革命前有一九〇五年革命，一九〇五年革命前有英国和德国的历史性大挫折，大挫折前面有巴黎公社，更远的还有德国一八四八至一八四九年革命的失败。所有这些经验都直接地或间接地陆续经过了思考（恩格斯的《德国的革命和反革命》，马克思的《法兰西阶级斗争》、《雾月十八日政变记》、《法兰西内战》、《哥达纲领批判》，恩格斯的《爱尔福特纲领批判》等等），并且同过去其他革命（英国和法国的资产阶级革命）的经验作了比较。

我们只能这样来概括以上的实践经验和理论阐述，就是说，马克思主义的全部革命经验证明，一般矛盾（由于生产力和生产关系之间的矛盾主要由两个对抗阶级之间的矛盾所体现，这里的一般矛盾已经是特殊的矛盾）足以确定革命被“提上议事日程”时的形势，但它本身却不能直接创造“革命的形势”，更谈不上促成革命爆发的形势和革命的胜利。为了使一般矛盾能够积极地活动起来并成为革命爆发的起因，必须有一系列“环境”和“潮流”（不论它们由何原因产生或有何意义，也不论其中有许多环境和潮流必定由于原因和意义的不同而与革命毫无关系，甚至“绝对地对立”）的积聚，并最终“汇合”成为促使革命爆发的一个统一体，和达到以下的结果：在统治阶级已无力维护[1]其政权时，团结千百万人民群众向这一政权发起总攻。这种形势不仅意味着两项根本条件“汇合”成为“统一的全国性危机”，而且每项条件单独（抽象）地说，也意味着一系列矛盾的“汇合”。否则，分为不同阶级的群众（无产阶级、农民、小资产者）怎么可能有意识地或稀里糊涂地共同投入到反对现存制度的总攻击中去？尽管统治阶级也分不同的阶级（封建阶级、大资产者、工业家、金融家，等等），但他们凭着自己长期的经验和可靠的本能，懂得必须结成反对被剥削者的神圣同盟，他们怎么可能在决战的关键时刻让自己陷于软弱无力和四分五裂的地位，没有可供更替的政治方案和政治领袖，没有外国的阶级支援？他们历

① 列宁在《共产主义运动中的“左派”幼稚病》一文中指出：“只有当‘下层’不愿照旧生活而‘上层’也不能照旧生活和统治下去的时候，革命才能胜利。”见《列宁选集》中文版第四卷第239页。

列宁在《远方来信》中还指出：“革命所以能够这样迅速……地取得胜利，只是因为在当时那种异常奇特的历史形势下汇合起来、并且是十分‘和衷共济地’汇合起来的，有两个完全不同的潮流，两种完全异样的阶级利益，两种完全相反的政治社会倾向……”见《列宁选集》中文版第三卷第6页。

来用剥削、暴力和欺诈把人民收拾得服服帖帖，现在怎么可能赤手空拳地守着他们的国家机器而让自己被人民的浪潮所淹没？总之，在这种形势下，有许许多多的矛盾在起作用，而且为同一个目的在起作用，尽管这些矛盾的产生原因、意义、活动场合和范围不尽相同，有些矛盾甚至根本不同，但它们却“汇合”成为一个促使革命爆发的统一体，因而不能再说只是一般矛盾单独在起作用。当然，在革命被“提上议事日程”的那段时间里占主导地位的基本矛盾，在所有这些“矛盾”中，甚至在矛盾的“汇合”中，起着十分活跃的作用。但严格说来，人们不能认为这些“矛盾”以及它们的“汇合”仅仅是基本矛盾的简单现象。因为完成这一汇合的“环境”和“潮流”远不仅仅是基本矛盾的简单现象。环境和潮流有的属于生产关系，而生产关系虽然是矛盾的一个方面，但同时又是矛盾的存在条件；有的属于上层建筑，而上层建筑虽然是生产关系派生的领域，但它具有自己的稳定性和有效性；有的属于国际环境，而国际环境是作为起着特殊作用的规定性而起作用的。[①] 也就是说，在各有关领域中活动的“不同矛盾”（这些不同矛盾也就是列宁谈到的“一系列”矛盾）虽然“汇合”成为一个真实的统一体，但并不作为一个简单矛盾的内在统一体中的简单现象而“消失”。这些“不同矛盾”之所以汇合成为一个促使革命爆发的统一体，[②]

---

① 列宁甚至把国家的天然资源和广阔地域看作是苏联革命胜利的一个原因，因为广阔的地域可以使革命在政治上和军事上不可避免地需要“撤退”时能够有“回旋余地”。

② 列宁经常说，“危机”的形势起着“暴露”的作用，它使经历危机的社会形态“暴露”自己的结构和动力。革命形势是革命危机前的形势，因而它在不同程度上也暴露社会形态的结构和动力。

其根据在于它们特有的本质和效能，以及它们的现状和特殊的活动方式。它们在构成统一体的同时，重新组成和实现自身的根本统一性，并表现出它们的性质："矛盾"是同整个社会机体的结构不可分割的，是同该结构的存在条件和制约领域不可分割的；"矛盾"在其内部受到各种不同矛盾的影响，它在同一项运动中既规定着社会形态的各方面和各领域，同时又被它们所规定。我们可以说，这个"矛盾"本质上是多元决定的。[①]

我并不坚持要用多元决定这个术语（它是从别的学科借用的），在找不到更恰当的术语的情况下，我只能用它来指出一个事实和提出一个问题；它还可以使我们看到，我们这里所说的矛盾完全不是黑格尔的矛盾。

因为，黑格尔的矛盾尽管表面上很像是多元决定的，其实却从来不是如此。例如，在讲述意识"经验"及其辩证法（最终导致绝对知识）的《精神现象学》一书中，矛盾在表面上似乎不是简单的，而相反是极其复杂的。似乎只有第一个矛盾，即感性意识与其知识的矛盾，才勉强可算简单矛盾。但随着对意识生产的辩证法更加深入的研究，意识的内容就变得愈丰富，矛盾也就变得愈复杂。然而，我们可以指出，这种复杂性不是真正多元决定的复杂性，它只是徒具多元决定的外表，实际上却是内在化的累积。因为，意识在其演变过程的每个阶段上，都通过它以往本质的各种回音，通过相应的历史形式在现在形式中的潜存在，体验和感受自己的本质（它同意识所已达到的程度相一致）。为此，黑格尔指出，任何意识都有

① 参见毛泽东的《矛盾论》一书中有关对抗性矛盾和非对抗性矛盾的论述。

一个在其现在形式中被扬弃的过去形式，还有一个既是实际存在的又是潜在的世界（本质虽然可以是对这个世界的意识，但本质在现象学中却依旧留在世界之外），因而被扬弃的意识的世界也是意识的过去形式。但是，意识的这些过去形态以及与这些形态相适应的潜在世界从不作为不同于现在的意识的真实决定因素去影响现在的意识：它们只是作为过去在现在中的回音（回忆、历史的幽灵），即作为预期或暗示，而同现在的意识发生关系的。这是因为过去无非是它所包括的未来的内在本质，意识的过去存在也就是意识自身的存在，而不是在意识之外的一种真正的决定因素。就像圆圈中套圆圈，意识只有一个圆心，这个圆心决定着意识。如果要使意识的圆心受到各个外圆的有效影响，即要使意识的本质由多种形态的意识所规定，意识就需要具有一些不同于其圆心的圆，即要具有一些偏心的圆。但意识的情况却并非如此。

这一真理在《历史哲学》中表现得更加明显。在这里，人们又接触到多元决定的许多表面现象：任何历史社会难道不是由政治、风俗、习惯、金融制度、贸易制度、经济制度、艺术、哲学、宗教等无数具体决定因素所构成的吗？可是，在这些决定因素中，任何一种因素在其本质上都不是其他因素的外在因素，这不仅因为它们共同组成一个独特的有机总体，而且主要因为这个总体在一个统一的内在本原中得到反映，这个本原就是所有这些具体的决定因素的真理性。举罗马为例，它的宏伟历史、制度、危机和事业无非是抽象法人的内在本原在当时的表现和破灭。这一内在本原既是以往各社会形态的本原在当时的回音，又是它自身的回音，所以它也只有一个圆心，即保存在它记忆中的以往各个世界的圆心，所以它是简单的。而就在这一简单的本原中,却出现了它自身的矛盾:在罗马,禁欲主义意识作为抽象法人概念的固有矛盾的意识力图要达到主观性的具体世界,但却达到不了。正是这个矛盾后来使罗马四分五裂,并产生罗马的未来:由中世纪的基督教所体现的主观性形象。因此,罗马的全部复杂性丝毫不多元地决定罗马的简单本原的矛盾,因为简单本原这个矛盾无非是这些无限丰富的历史因素的内在本质。

于是,只要好好想一想为什么黑格尔用矛盾这个简单概念来思考历史演变的各种现象,就可以正确地提出根本问题了。黑格尔的矛盾之所以能够是简单的,只是因为构成任何历史时期本质的内在本原是简单的。既然某个特定历史社会(希腊、罗马、神圣罗马帝国、英国,等等)的总体,即其千变万化的现象,在原则上可被归结为一个简单内在本原,那么,矛盾由此而有权取得的这种简单性也就能够在历史社会中得到反映。难道还能比这说得更明确的吗?把构成某个历史世界具体生活的所有因素(经济制度、社会制度、政治制度、法律制度、习俗、道德、艺术、宗教、哲学,乃至战争、战役、失败等历史事件)归结为一个统一的内在本原,这种归结(这是黑格尔从孟德斯鸠思想中借鉴得来的)本身只是在把一国人民的全部具体生活作为精神的内在本原的外化或异化这个绝对条件下才是可能的,而精神的内在本原的外化和异化归根结蒂又无非是这一世界的自我意识的最抽象形式,即这一世界的宗教意识和哲学意识,或这一世界自身的意识形态。我想,人们在这里就可以看到"神秘外壳"对"内核"的影响和传染是什么意思——因为黑格尔的矛盾的简单性无非是一国人民内在本原的简单性的

反映，即一国人民最抽象的意识形态的反映，而不是它的物质现实性的反映。正因为如此，黑格尔才能把从古代东方直到今天的世界历史说成是“辩证的”，即认为它是由矛盾的简单本原的简单作用所推动的。正因为如此，黑格尔才认为，真实历史其实是从没有真正的突变、结束和开端的。正因为如此，黑格尔的历史哲学才充斥着千篇一律的“辩证”变化。为了维护这个荒唐的观点，黑格尔只能赖在精神的山巅不走：一个民族即使灭亡掉也并不要紧，因为它只是体现了观念在一个阶段中的特定本原，它还有观念的其他阶段为它服务；因为该民族在体现这一特定本原的同时也抛弃了这一本原，把它留传给历史（本原的自我记忆），留传给它民族（即使该民族与它民族的历史关系十分松弛！），而当它民族在其实体中反映这一本原时，将从中找到其未来的内在本原，即恰好是观念的逻辑发展的下阶段，如此等等。必须真正懂得，所有这些武断的推论（虽然间或也夹杂着一些真正天才的观点）并非神奇般地局限于黑格尔的“世界观”和“体系”，它们实际上在黑格尔辩证法的构造和结构中，特别在黑格尔的矛盾中也得到反映，而这个矛盾的任务就是魔术般地推动历史世界的具体内容去达到意识形态的目的。

所以，马克思对黑格尔辩证法的“颠倒”完全不是单纯地剥去外壳。如果人们清楚地看到黑格尔的辩证法结构和黑格尔的“世界观”（即黑格尔的思辨哲学）所保持的紧密关系，那么，要真正地抛弃这种“世界观”，就不能不深刻地改造黑格尔辩证法的结构。否则，在黑格尔逝世已经一百五十年和马克思逝世将近一百年后的今天，不论你是否愿意，你就势必会继续拖着著名的“神秘外壳”这件破烂衣服。

让我们回过头来谈列宁,然后从列宁再谈到马克思。正如列宁的实践和思想所证明的,俄国的革命形势恰恰是由于俄国的基本阶级矛盾具有强烈的多元决定的性质。虽然如此,我们也许还必须想一想:这一“特殊形势”究竟特殊在什么地方?既然任何特殊都不说明规律,那么这一特殊是否无形中本身就是规律?归根到底,我们难道不是始终处于特殊之中吗?1849年德国革命的失败是特殊,1871年巴黎革命的失败是特殊,二十世纪初德国社会民主党的失败以及1914年沙文主义的叛卖是特殊,1917年的胜利当然也是特殊……但特殊是与什么相对而言的呢?无非是与纯洁的和简单的“辩证”系统所具有的某种四平八稳的抽象认识相对而言,由于这种系统是简单的,它保留着黑格尔模式的影子(或带有黑格尔模式的风格),依旧相信抽象矛盾具有解决一切问题的“能力”,例如资本与劳动这一“货真价实”的矛盾。我并不否认这种纯洁的和简单的系统能够满足动员群众的某种主观需要。我们都知道,空想社会主义的形式也曾起过一定的历史作用,因为它们恰恰反映了当时群众的意识,而如果要引导群众前进,那就更应该掌握群众的思想。我们应该如同马克思和恩格斯对待空想社会主义那样,来对待受到前半期马克思主义影响的群众意识(包括他们的某些理论家的意识)中的那些依旧带有乌托邦性质和概念化性质的形式,应该对这一意识的条件和形式作一番真正的历史研究。[①] 凑巧的是,马克思和恩格斯在这个时期的所有政治著作

① 恩格斯于1890年9月21日致约·布洛赫的信中写道:“青年们有时过分看重经济方面,这有一部分是马克思和我应当负责的。我们在反驳我们的论敌时,常常不得不强调被他们否认的主要原则,并且不是始终都有时间、地点和机会来给其他参预交

和历史著作为我们对这些“特殊”情况进行初步的研究提供了材料。从这些著作中可以得出以下的基本思想:资本与劳动的矛盾从不是简单的,而始终是由矛盾在其中起作用的具体历史形式和历史环境所特殊地规定的。这一矛盾是由上层建筑的形式(国家、占统治地位的意识形态、宗教、政治组织等)和国内外的历史形势(一方面是本国的民族历史,例如资产阶级革命业已完成或“半途而废”,封建剥削已全部和部分废除或尚未废除,地方性的“习俗”,特殊的民族传统,甚至政治斗争和政治态度的“独具一格”等;另方面是现有的国际环境,例如国际环境主要表现为资本

互作用的因素以应有的重视。”(见《马克思恩格斯全集》中文版第三十七卷第462页。)请参看本文的附录,见本书第107—120页。

关于有待进行的这类研究工作,我想引证葛兰西在批判十九世纪马克思主义历史上曾出现的机械论和宿命论倾向时所写的几段话:“决定论、宿命论和机械论是由实践哲学直接产生的一种意识形态‘香精’,是特定的‘低级’社会阶层由于历史原因而必定产生的一种宗教形式和一帖兴奋剂(但与麻醉剂起同样作用)。当人们不掌握斗争的主动权时,当斗争以一系列的失败而告终时,机械的决定论就成为一股巨大的精神力量,鼓舞人们继续抵抗、团结一致和耐心地坚持到底。‘暂时我是失败了,但长远的形势必定对我有利’等等。真正的决心被装扮成为对某种历史理性的信念,成为狂热目的论的原始经验形式,成为宗教宿命论、天命论等等的代用品。但即使在这种情况下,决心还起着重大的积极作用,这一事实必须予以肯定……此外,还应该强调指出,宿命论只能掩饰真正的和积极的决心的虚弱。所以,我们必须始终不懈地证明机械的决定论是没有价值的。作为群众的幼稚的哲学思想,它还可以说得过去,可以是激发力量的内在因素;但是,如果被当作知识分子的深思熟虑的和结构严密的一种哲学思想,它就成为狂妄自大和固步自封的根源……”在一位马克思主义理论家的笔下,居然把知识分子和群众对立起来,这似乎是件奇怪的事。但应该知道,葛兰西关于知识分子的概念范围比我们要广得多;他对知识分子所下的定义并不根据知识分子对自己的估计,而是根据他们作为组织者和领导者(比较次要的)所起的社会作用。正是在这一含义上,葛兰西写道:“一个政党的所有党员都应该被认为是知识分子。这一断言或许会遭人讥笑和讽刺。但仔细想来,这说得一点不错。应该区分不同的程度,一个党可以在最高程度上或最低程度上获得最大的发展;重要的是它的领导作用和组织作用,也就是它的教育作用和精神作用。”

主义国家之间的竞争、“帝国主义的国际主义”或帝国主义内部的争夺，等等）所特殊地规定的，其中的许多现象都能纳入列宁所说的“发展不平衡规律”中去。

这除了表明表面上简单的矛盾始终是多元决定的以外，还能是什么意思呢？可见，特殊为自己发现规律，发现规律的规律，必须从新规律出发，把旧的“特殊”作为规律在方法论上的简单例子进行思考。为了试图用这条规律来统括全部现象，我觉得可以认为，“多元决定的矛盾”在多元决定的作用下，能够或者朝历史的停滞、矛盾的“刹车”（例如威廉皇帝统治下的德国）的方向或者朝革命的爆发[①]（例如1917年的俄国）的方向发展，但在以上两种情况下，矛盾都不以“纯粹的”状态而出现。为此我承认，成为特殊的恐怕是“纯粹状态”本身，但我找不出有什么例子可以作证。

综上所述，根据马克思主义的历史经验，一切矛盾在历史实践中都以多元决定的矛盾而出现；这种多元决定正是马克思的矛盾与黑格尔的矛盾相比所具有的特殊性；黑格尔辩证法的“简单性”来源于黑格尔的“世界观”，特别是来源于在世界观中得到反映的历史观。既然如此，我们不禁要问：马克思的矛盾的多元决定的内容是什么？根据是什么？马克思的社会观怎么能在多元决定中得到反映？这个问题十分重要，因为如果不指出马克思的矛盾的特

① 参见恩格斯1890年10月27日致康·施米特的信：“国家权力对于经济发展的反作用可能有三种：它可以沿着同一方向起作用，在这种情况下就会发展得比较快；它可以沿着相反方向起作用，在这种情况下它现在在每个大民族中经过一定的时期就都要遭到崩溃……”（《马克思恩格斯全集》中文版第三十七卷第487页。）这里，两种极端情况的特点被清楚地指出来了。

有结构同他的社会观和历史观之间的关系，如果不把多元决定在马克思主义历史理论的概念中确立下来，这个范畴仍然会“落空”；因为这个范畴即使为政治实践证实是正确的，它至此也只是修饰性和暂时性的范畴，因而任何一种哲学都可以支配它。

这里，我们又一次遇到黑格尔模式的幽灵——不是矛盾的抽象模式，而是在矛盾中得到反映的历史观的具体模式。为了证明马克思矛盾的特殊结构已经在马克思的历史观中得到确立，首先必须肯定马克思主义的历史观本身不是对黑格尔的历史观的简单“颠倒”。然而，粗略地看，人们的确会认为，马克思“颠倒”了黑格尔的历史观。我们下面简单地来说明这个问题。黑格尔的整个历史观都是由每个社会的内在本原的辩证法，即由观念在其不同阶段上的辩证法所支配的。马克思曾反复指出，黑格尔用意识的辩证法（民族的自我意识，即意识形态）来说明各民族的物质生活和具体历史。马克思则相反，他用人的物质生活来解释人的历史：人的意识和意识形态无非是人的物质生活的现象。这一对立集中了有关“颠倒”的全部假象。极而言之，我们在黑格尔那里看到了什么？他的社会观继承了十八世纪政治理论和政治经济学的成果，他认为一切社会（这里当然是指现代社会，但现代是从过去还处于萌芽状态的东西中成长起来的）都由两种社会所构成：需求的社会（或叫市民社会）和政治的社会（即国家，以及在国家中得到体现的一切，包括宗教、哲学、时代的自我意识等）。概括地说，社会是由物质生活和精神生活两方面构成的。黑格尔认为，物质生活（市民社会，即经济）仅仅是理性的诡诈，它在独立的假象下受到一条与己无关的规律的支配，这条规律既是它特有的目标，又是

它存在的条件(国家,即精神生活)。还有另一种颠倒黑格尔并从而产生马克思的方式。这种方式恰恰是要颠倒市民社会和国家、经济和政治、经济和意识形态这些术语之间的关系,也就是说,要保存黑格尔的这些术语,但是把本质改为现象,把现象改为本质,换句话说,就是使理性的诡诈朝着反方向起作用。根据这种观点,在黑格尔那里,政治因素和意识形态因素是经济因素的本质,而在马克思那里,经济因素是政治和意识形态因素的全部本质。于是,政治和意识形态因素只是经济因素的现象,而经济因素则是政治和意识形态的"真理"。于是,对于黑格尔用以说明决定一个历史民族的各种因素的简单内在本原,即该民族在某时代的自我意识中的"纯洁"本原,人们就可以用另一种简单本原(相反的简单本原)去代替,物质生活和经济这个简单本原就成了用以说明决定该历史民族的各种因素的唯一本原。[①] 这是故意的夸大吗?不,如果单从字面上讲,马克思关于手推磨、水力磨、蒸汽机的名言也有这方面的含义。朝着这个想法的方向继续想去,我们就走到与黑格尔辩证法正相反的另一面——不同的只是现在不再需要产生观念的各连续阶段,而是要根据内在矛盾的同一个本原去产生经济的各连续阶段。这种想法最终必定把历史的辩证法彻底地降低为产生一系列生产方式的辩证法,实际上也是降低为产生各种生产技术的辩证法。这些尝试在马克思主义的历史上有自己专有的名称,叫作经济主义,甚至技术主义。

① 当然,如同任何"颠倒"一样,这里的颠倒也还保留黑格尔观点的术语:市民社会和国家。

一提起这两个名称，我们立刻就会想起马克思及其学生们对这些“偏向”所进行的理论斗争和实践斗争。马克思谈到蒸汽机的那段话固然十分著名，但马克思明确地反对经济主义的文章多不胜数！我们应该抛弃这种夸大，但我们反对经济主义，不是为了摆出一系列传统的指责去剿灭它，而是为了研究，在这些指责中和在马克思的真实思想中，究竟是什么真正的原则在起作用。

在这种情况下，不管“颠倒”的神话在表面上是多么严谨，也肯定站不住脚。我们知道，马克思既没有“颠倒”又没有保留黑格尔关于社会模式的术语。他用与这些术语关系甚远的术语代替了它们。他甚至打乱了这些术语之间原有的关系。在马克思那里，无论术语还是术语之间的关系在性质上和含义上都发生了变化。

首先，术语已不是原来的术语。

当然，马克思还谈到“市民社会”（特别是在《德意志意识形态》一书中，该词往往被不恰当地译为“资产阶级社会”），但那是为了暗示过去的事，为了指出马克思的发现是在什么场合实现的，而不是为了袭用这个概念。必须对这一概念的形成进行仔细的研究。人们将看到，由十八世纪政治哲学的抽象形式和由十八世纪政治经济学的较为具体的形式所表露出来的，既不是经济史的真正理论，也不是经济学的真正理论，而是对经济行为的一种确认和描述，总之是哲学和经济学的一种现象学。然而，无论在哲学家方面（洛克、爱尔维修等）或在经济学家方面（斯密、杜尔哥等），十分明显的是，这种对市民社会的描述似乎是在描述（和确认）黑格尔所说的“需求的世界”，即与由个人的特殊意志和利益，即他们的“需求"所确定的个人关系直接相关的世界。大家知道，马克思的全部政治经济学观点正是建立在对这一假设（经济的人以及对经济的人的法律抽象和伦理哲学、哲学家的"人"）进行批判的基础之上；因此，人们不禁会问，马克思怎么可能把由这一假定所直接产生的概念拿来袭用。对马克思说来，重要的既不是对经济行为的抽象描述，也不是在经济的人的神话中为这一描述找到根据，而是对现实世界的"解剖"，以及这一"解剖"的演变的辩证法。所以，"市民社会"（个人的经济行为的世界及其意识形态根源）的概念在马克思那里消失了。所以，抽象的经济现实（例如，斯密在市场规律中找到了这一现实，这是他理论努力的一个成果）本身在马克思的认识中是一种更加具体和更加深刻的现实的结果，即某个特定社会形态的生产方式。在这里，个人的经济行为（它们为哲学和经济学的这种现象学充当遁词）被第一次用它们的存在条件来衡量。生产力的发展程度，生产关系的状况，从此成为马克思的基本概念。虽然"市民社会"向马克思指明了新概念的所在（这个问题需要进行深入的研究），但应该承认，市民社会并没有向马克思提供制造新概念的原料。但这一切在黑格尔那里能找得到吗？

至于国家，它的内容在马克思那里和在黑格尔那里是不同的，这一点很容易证明。在马克思那里，国家不再是"观念的现实"；不仅如此，更主要的是马克思把国家当作为统治阶级和剥削阶级服务的镇压工具而进行了系统的思考。在这里，马克思透过对国家属性的"描述"和升华，发现了一个新概念，即与生产关系直接联系着的社会阶级的概念。这个概念早在十八世纪已为兰盖、卢梭等人所预感到，黑格尔在他的《法哲学》中也曾经提到过（黑格尔把它当作理性诡诈的一个"现象",即贫富对立,而国家则是对这一现象的胜利),1830 年的历史学家更是广泛地应用了这一概念。随着这个新概念的出现,随着它同经济结构的基本概念相联系,国家的本质发生了彻底的变化:国家从此不再凌驾于各种人类集团之上,而是为统治阶级所服务,它的使命不再是在艺术、宗教和哲学中日益完善自己,而是把艺术、宗教和哲学用来为统治阶级的利益服务,甚至强迫它们根据统治阶级的观念和命题去建立体系;因此,它不再是市民社会的"真理",甚至不是经济的"真理",而是一个社会阶级行动和统治的工具。

然而,不单术语变了,甚至术语之间的关系也变了。

我们切莫以为这是由于新术语的增加而要对术语的作用进行技术性的重新分类。这些新术语是如何分类的呢？一方面是结构(经济基础:生产力和生产关系);另方面是上层建筑(国家,以及各种法律形式、政治形式和意识形态形式)。在这两组范畴之间,我们已经看到,仍然有可能试图保持黑格尔的关系(即黑格尔赋予市民社会与国家之间的那种关系),即是在"真理性"概念中升华了的本质同现象之间的关系。例如,在黑格尔那里,国家是市民社会的"真理",而市民社会则依靠理性诡诈的作用只是在国家中实现的自身现象。可是,在被降低到霍布斯或洛克地位上的马克思那里,市民社会却完全可以仅仅是国家的"真理"和现象,仅仅是经济理性用来为统治阶级服务的一种诡诈。可惜,这个纯而又纯的简单公式偏偏不是马克思的。在马克思那里,经济与政治的不言而喻的等同(现象、本质和真理的等同)消失了,而代之以在构成一切社会形态本质的结构和上层建筑复合体中各决定性领域相互关系的新观点。结构和上层建筑之间的这些特殊关系还有待作理论上的探讨和研究，这是毫无疑问的。但马克思已经给我们提供了“链条的两端”：一方面，生产方式（经济因素）归根到底是决定性因素；另方面，上层建筑及其特殊效能具有相对独立性。他要求我们在这两端之间去寻找……由此可见，马克思明显地与用自我意识（观念）作解释的黑格尔原则决裂了，而且也与关于现象、本质和真理相等同的黑格尔论题决裂了……我们这里接触到的，确确实实是新术语之间的一种新关系。

针对某些年轻的“经济学家”不懂得这是一种新关系，恩格斯于1890年就这个问题作了澄清，我们来听听他是怎么说的吧。[①]生产“归根到底”是决定性因素，但仅此而已。“无论马克思或我都从没有肯定过比这更多的东西。”如果有人“在这里加以歪曲”，说经济因素是唯一的决定性因素，那他就把这个命题“变成毫无内容的、抽象的、荒诞无稽的空话”。恩格斯接着又解释：“经济状况是基础，但对历史斗争的进程发生影响并且在许多情况下主要决定着这一斗争的形式的，还有上层建筑的各种因素：阶级斗争的各种政治形式和这个斗争的成果——由胜利了的阶级在获胜以后建立的宪法等等，各种法权形式以及所有这些实际斗争在参加者头脑中的反映，政治的、法律的和哲学的理论，宗教的观点以及它们向教义体系的进一步发展……”这里，应该把“形式”二字理解为实质的形式，而不是表面的形式。我们再听恩格斯讲下去：“普

① 见恩格斯于1890年9月21日致布洛赫的信（《马克思恩格斯全集》中文版第三十七卷第460—462页）。

鲁士国家也是由于历史的、归根到底是经济的原因而产生和发展起来的。但是,恐怕只有书呆子才会断定,在北德意志的许多小邦中,勃兰登堡成为一个体现了北部和南部之间的经济差异、语言差异,而自宗教改革以来也体现了宗教差异的强国,这只是由经济的必然性所决定,而不是也由其他因素所决定(在这里首先起作用的是这样一种情况:勃兰登堡由于掌握了普鲁士而卷入了波兰事件,并因而卷入了国际政治关系,后者在形成奥地利王室的威力时也起过决定的作用)……"①

以上是链条的两端。经济归根到底是决定因素,恩格斯后来说得更多的是,经济归根到底决定历史进程。但历史进程要在上层建筑的许多形式(从地区传统②到国际环境)中为自己"开辟道路"。我这里暂且不谈恩格斯就归根到底起决定作用的经济因素与上层建筑、民族传统和国际事件等决定性因素之间的关系问题所作出的理论解答。我只是着重谈谈所谓有效决定性因素(由上层建筑、国内外特殊环境所产生)的积累对归根到底起决定作用的经济因素的影响。我以为,我提出的"多元决定的矛盾"的说法到了这里才明朗化了,这不仅因为我们有了多元决定的存在事实,而且因为我们已基本上使它同它的根据联系了起来,即使我们的尝试还停留在提示的阶段。只要承认上层建筑的形式和国内外环

① 恩格斯还说:"马克思所写的文章,没有一篇不是由这个理论起了作用的。特别是《路易·波拿巴的雾月十八日》,这本书是运用这个理论的十分突出的例子。《资本论》中的许多提示也是这样。"恩格斯还指出了《反杜林论》和《费尔巴哈和德国古典哲学的终结》这两部书(见《马克思恩格斯全集》中文版第三十七卷第462页)。

② 恩格斯说:"政治等等的前提和条件,甚至那些存在于人们头脑中的传统,也起着一定的作用……"(同上书第461页)。

境在多数情况下是特殊的、独立的和不能归结为单纯现象的真实存在，矛盾的多元决定就是不可避免的和合乎情理的。把话说到底，我们还必须指出：矛盾的多元决定并非由于出现了似乎是离奇古怪的历史形势（例如在德国）才出现，它具有普遍性；经济的辩证法从不以纯粹的状态起作用；在历史上，上层建筑等领域在起了自己的作用以后从不恭恭敬敬地自动引退，也从不作为单纯的历史现象而自动消失，以便让主宰一切的经济沿着辩证法的康庄大道前进。无论在开始或在结尾，归根到底起决定作用的经济因素从来都不是单独起作用的。

总之，“单纯的”、非多元决定的矛盾观念，正如恩格斯所批判的经济主义那样，是“毫无内容的、抽象的、荒诞无稽的空话”。它可以在教学中充当模式，或更正确地说，它的确在历史的某个特定阶段充当了教学的和论战的手段，但这并不一劳永逸地确定了它的命运。无论如何，教学体系在历史上总是变化的。现在应该是努力把教学的需要提高到环境的需要即历史的需要的时候了。但是，我们看到，教学方面的努力需要有另一方面的努力，即纯理论方面的努力为前提。因为马克思虽然向我们提供了一般原则和一些具体例子（《雾月十八日政变记》、《法兰西内战》等），社会主义和共产主义运动史的全部政治实践虽然是具体“经验程式”的取之不尽的宝库，但还必须承认：关于上层建筑和其他“环境”的特殊效能的理论大部分有待我们去制定；而在这以前和与此同时（因为只有承认它们的效能才能认识它们的本质），必须制定出关于上层建筑特殊因素的特有本质的理论。这一理论如同在重大的探险尚未进行前的非洲地图一样，除了个别地区画得好些以外，只

能看到大致的轮廓，大的山脉和河流，而在细节方面则还不清楚。在马克思和列宁以后，有谁真正从事了或继续进行了这一探索呢？据我所知只有葛兰西。[①] 可是，这项任务是必须进行的，只有这样才能至少对马克思的矛盾的多元决定性质（这一性质的根据主要是上层建筑的存在和本质）提出一些较为精确的命题。

请允许我再讲最后一个例子。马克思主义的政治实践经常遇到所谓“残余”这样一种现实。毫无疑问，“残余”是确实存在的，否则它不会有那么顽强的生命力。列宁甚至在革命前就在俄国党内同“残余”作斗争。不用说，在革命后，乃至今天，“残余”仍然经常是出现困难、敌对和争执的起因。“残余”究竟是什么？它的理论地位是什么？它本质上属于“心理”因素还是社会因素，它能否被归结为革命最初一些法令所未能消灭的某些经济结构的残余，例如使列宁十分担心的小生产（在俄国首先是农民的小生产）？或者它也同样指政治、意识形态等其他结构（包括风俗、习惯、“民族传统”、民族传统特征）的残余？“残余”是人们常用但又不知道其概念的一个术语。可是我认为，为了赋予它应有的概念，我们不能满足于黑格尔关于“扬弃”和“否定之否定”的含糊其词……因

① 卢卡奇仅限于在文学史和哲学史这两方面进行了尝试，我觉得他受到了一种羞答答的黑格尔主义的感染，这也许因为他想借助黑格尔而使人们宽恕他曾经是西美尔和狄尔泰的学生。葛兰西则要高得多了。他的《狱中笔记》论述了意大利历史和欧洲历史上所有的基本问题，包括经济、社会、政治、文化等各方面的问题。其中也包括对上层建筑这个今天的根本性问题提出了一些极其独到的，甚至天才的观点。此外，还有一些堪称新发现的新概念，例如关于领导权的概念，这是从理论上解决经济和政治相互渗透问题的一个卓越典范。可惜，至少在法国，有谁把葛兰西的理论努力继续进行下去了呢？

为，如果我们回过来看黑格尔，我们就会发现，在黑格尔那里，过去的残余作为“已被扬弃了的东西”，归根结蒂总是回忆的一种方式，而回忆又仅仅是预期的反面，换句话说，这是一码事。早在人类历史的黎明时期，当东方精神混沌初开，欢乐地凝视着天空、海洋、沙漠和石兽的庞大形象时，人类已无意识地预感到绝对观念的完美未来；同样，在历史的每个阶段，过去总是以回忆以往的形式，即以许诺现在的形式，而作为“残余”存在。所以，过去既不是黑暗又不是障碍。它总是可被现在所同化的，因为它预先已被同化了。罗马完全可以统治一个浸透了希腊影响的世界：“已被扬弃了的”希腊在重建的希腊庙宇、被同化的希腊宗教和经过重新思考的希腊哲学这些客观回忆中作为“残余”而存在。当希腊竭力促使自己灭亡以便让未来的罗马诞生时，希腊已经不知不觉地成了罗马，处在罗马中的希腊绝不阻碍罗马。所以，现在不仅能够从过去的影子中吸取养料，它甚至用过去的影子去启示未来，正像罗马时代的伟人们为雅各宾党人开辟了大革命和恐怖的道路一样。因为现在的过去无非是现在自身，过去无非是向现在揭示出人类发展的命运这条内在性法则。

以上的论述我想已足以说明，假如“扬弃”这个词在马克思那里还有其含义（老实说，这个词没有任何严格的含义），它同那种在历史上图省事的辩证法是毫不相干的。马克思认为，过去不是一个影子，甚至不是一个“客观”的影子，而是一个积极、能动、具有严密结构的现实，正如饥饿、寒冷和黑暗这些对马克思谈到的贫苦工人说来的现实一样的现实。那么，应该怎样去研究这些残余呢？那就只有从一定数量的现实出发，而在马克思那里，无论上层建筑、意识形态、“民族传统”、民族习俗或民族“精神”等等，恰恰都是现实。只有从社会的任何矛盾和构成成分都由多元决定这一观点出发。根据这个观点：1. 社会经济结构的革命不能闪电般地一下改变现存的上层建筑和意识形态（假如经济因素是唯一的决定因素，革命就会引起这样的改变），因为上层建筑（特别是意识形态）具有相当大的稳固性，因而能够在其直接生存环境之外保持自己的生存，甚至重新创造出或暂时“分泌”出替代的生存条件；2. 由革命所产生的新社会，通过其新的上层建筑形式或特殊的环境（国内外环境），可促使旧因素保持下去或死而复生，这种死而复生在没有多元决定的辩证法中将完全是不可想象的。比如，如此宽宏而又如此骄傲的俄国人民何以能够忍受斯大林的大规模镇压，布尔什维克党何以能够容忍这些罪行，一位共产党领袖何以能下令进行这样的镇压？为了不回避这个最棘手的问题，在我看来，那就必须抛开“扬弃”那一整套逻辑，而且要抛得一干二净。显然，这个问题在理论上还有大量的事情要做。我说的是不仅要从事历史研究（因为历史研究统率所有的研究），而且正因为历史研究统率一切研究，我们要求在马克思主义的历史研究中首先注意精确性，即要对马克思主义的概念及其含义和论证具有准确的认识，对马克思主义概念的特点，以及对这些概念与它们的幻影的区别，进行精细的研究并得出精确的认识。

今天，我们比任何时候都更应该看到，黑格尔的影子是最主要的幻影之一。必须进一步澄清马克思的思想，让黑格尔的影子回到茫茫的黑夜中去；或者，为了达到同一个目的，需要对黑格尔本人进行更多的马克思主义的解释。只有付出这个代价，我们才能摆脱“颠倒”的概念以及由此产生的种种含糊和混乱。

1962 年 6－7 月

附　　录[①]

我想简略地谈谈恩格斯致布洛赫的信中的一段话，这是我在上文中故意搁下不谈的。恩格斯的这段话虽然是他对经济因素“归根到底”是决定性因素的立论问题所作出的理论解答，但它实际上却是与恩格斯用来反对“经济主义”教条主义的马克思主义论点无关的。

无疑，这只是一封普通的书信。但是，由于它在对公式化和对经济主义的批驳中是一份关键的理论文件，由于它因此而扮演了并且还可能要扮演历史的角色，我们最好还是公开承认，这段话的立论根据不能符合我们批判的需要。

恩格斯的解答从分析的两个不同方面引出了同一个公式。

第一方面：恩格斯指出，上层建筑远不是经济的单纯现象，它有自己的特殊效能：“在许多情况下主要决定着这一斗争〔历史斗争〕的形式的，还有上层建筑的各种因素。”这里提出的问题是：上层建筑具有真实的但又是相对的效能，经济因素“归根到底”是决定性因素，在这种情况下，应该怎样来思考这个具有两种不同效能

① 本文系《矛盾与多元决定》的附录，至今尚未发表过。恩格斯致布洛赫的信写于 1890 年 9 月 21 日。

的统一性？怎样思考它们之间的关系？怎样在这个统一性中确定经济因素的"最后决定"的作用？恩格斯回答说："这里表现出这一切因素间的交互作用，而在这种交互作用中归根到底是经济运动作为必然的东西通过无穷无尽的偶然事件（即这样一些事物，它们的内部联系是如此疏远或者是如此难以确定，以致我们可以忘掉这种联系，认为这种联系并不存在）向前发展。"由此得出以下的解释性公式："上层建筑的各种因素"通过交互作用产生出无穷无尽的结果。这些结果就是无穷无尽的偶然事件（它们的数量是无限的，它们的内部关系是如此疏远和如此难以认识，以致可以被忘掉），而"经济运动"则通过这些偶然事件而向前发展。这些结果是偶然的东西，经济运动是必然的东西，是偶然的必然。我暂且把偶然和必然的公式及其前提假设搁下不谈。恩格斯这段话的独到之处，就在于他赋予上层建筑的各种因素的作用：似乎上层建筑的各种因素的交互作用一旦开始后，这些因素就要负责去产生出无穷无尽的结果（恩格斯说：事物），而经济则通过这些不同的结果、这些偶然事件而大踏步地前进。换句话说，上层建筑的因素虽然是有效的，但这种效能在某种程度上被无限地分散了，分散成无穷无尽的结果和偶然事件，而当效能达到无限小这一极端时，人们就能认为这些结果的内部联系是不可思议的（由于过分地难以确定），因而也是不存在的。无限分散的结果使上层建筑在它宏观存在中得到承认的效能在微观非存在中消失了。当然，这种非存在是认识论的非存在（人们可以把微观联系"当作"非存在；这并不是说它不存在，而是它对认识说来不存在）。但无论如何，宏观的必然性"归根到底"正是在这种无限的微观多样性中"向前发

展”，即取得胜利。

这里有两点需要指出：

第一点。这个公式没有向我们提供真正的解答，我们所得到的只是解答的一部分。我们了解到，上层建筑通过各种因素的交互作用把自己的效能分散成无穷无尽的“事物”，即无穷无尽的“偶然事件”。我们看到，解答的论据只能建立在这些偶然事件的基础之上，因为这些偶然事件的任务是要引出经济因素归根到底是决定性因素这一必然性的反概念。但问题至此只解决了一半，因为这些偶然事件与这一必然性之间的关系既没有被确定又没有被阐明，因为恩格斯甚至把这一必然性当作完全是这些偶然事件外部的东西（作为在无穷无尽的偶然事件当中向前发展的一种运动），这就等于否认了这一关系以及由此提出的问题。于是，我们就不知道这种必然性是否就是这些偶然事件的必然性。假如是的，那又为什么是呢？这个问题依旧悬而未决。

第二点。恩格斯在这封信里把上层建筑的形式当作无穷无尽的微观事件（它们的内部联系是不可思议的，因而是可被忘掉的）的根源，这是令人吃惊的。因为，一方面，如果说上层建筑的形式是如此，人们同样可以说经济基础也是如此（确实可以说，微观经济事件的细微末节是不可思议的和可被忘记的！）。尤其，在另方面，上层建筑的形式之所以是无穷无尽的微观事件的根源，恰恰因为这些形式是现实的本原，也是它们的结果可被理解的本原。这些形式完全是可被认识的，因而它们是从属它们的各种事件的明显理由。恩格斯把这些形式以及它们的本质和作用一笔带过，却只研究它们的结果，即可被忘记的和不可思议的细微事件，这究竟为何道理呢？更进一步说，这种把上层建筑的形式降低为无数细小的偶然事件的做法，难道不是与这些形式的真正职能和认识论职能绝对矛盾的吗？既然恩格斯举了《路易·波拿巴的雾月十八日》为例子，那么，马克思在这篇文章里又说了些什么呢？马克思无非对这些"不同因素"的交互作用作了分析，对它们的结果作了完全可以理解的分析。不过，马克思之所以能够进行这番"论证"，只是因为他没有把这些因素的历史结果与它们的微观结果相混淆。上层建筑的形式固然是无穷无尽的事件的起因，但所有这些事件并非都是历史事件（伏尔泰说，所有的孩子都有父亲，但所有的"父亲"不一定都有孩子）；只有由所谓"因素"在所有的事件中特意挑选出来的那部分事件才是历史事件（试举一例：任何当政的政治家无不根据其政策和手段对事件进行一番选择，并把其中的某些事件抬高到历史事件的地位，即令那只是对一次示威的镇压！）。对第一方面作个小结，我认为：1. 我们还没有得到真正的解答；2. 所谓上层建筑的形式的效能"分散成"无穷无尽的微观结果（不可思议的偶然事件），这种说法不符合马克思主义关于上层建筑性质的观点。

第二方面：确实，在恩格斯进行第二方面的分析时，我们看到他抛开上层建筑而把他的公式应用于另一个对象，即个人意志的组合，这个对象符合于马克思主义关于上层建筑性质的观点。我们还看到，恩格斯向我们提供了偶然事件与必然性之间的关系，即找出了这一关系的根据，从而对问题作出了解答。他说："历史是这样创造的：最终的结果总是从许多单个的意志的相互冲突中产生出来的，而其中每一个意志，又是由于许多特殊的生活条件，才成为它所成为的那样。这样就有无数互相交错的力量,有无数个力的平行四边形,而由此就产生出一个总的结果,即历史事变,这个结果又可以看作一个作为整体的、不自觉地和不自主地起着作用的力量的产物。因为任何一个人的愿望都会受到任何另一个人的妨碍,而最后出现的结果就是谁都没有希望过的事物。所以以往的历史总是像一种自然过程一样地进行,而且实质上也是服从于同一运动规律的。但是,各个人的意志——其中的每一个都希望得到他的体质和外部的、终归是经济的情况(或是他个人的,或是一般社会性的)使他向往的东西——虽然都达不到自己的愿望,而是融合为一个总的平均数,一个总的合力,然而从这一事实中绝不应作出结论说,这些意志等于零。相反地,每个意志都对合力有所贡献,因而是包括在这个合力里面的。"

我很抱歉引了这一长段引文,但我不得不这样做,因为它包括了对问题的解答。在这里,必然性作为偶然事件的总结果而建立在偶然事件的基础上;因此,它真的是这些偶然事件的必然性。在第一方面的分析中所没有得到的解答,我们在这里得到了。但我们是在什么条件下得到了这个解答呢?条件就是我们改变了对象,我们的出发点不再是上层建筑及其交互作用和微观结果,而是在力量关系中相互冲突和相互组合的个人意志。因此,这个被应用于上层建筑的效能的公式看来确实是从它的真正对象,即我们这里所说的个人意志的活动中借来的。人们从此懂得,这个公式不符合它的第一个对象,因为那不是它的真正对象,但它却能应用于第二个对象,因为那才真正是它的对象。

那么又如何进行论证呢?基本的论据是力的平行四边形的物

理学公式：有多少单个的意志就有多少股力量；在简单的情形下是两个力量相对抗，它们的合力是与原来的两个力量既不同又共同的第三个力量，原来的两个力量在第三个力量里都认不出自己，虽然它们是第三个力量的组成力。因此，我们从一开始就看到，合力高于组成力；这一根本现象具有两重性，一方面合力是与组成力各自的强弱程度相对而言的，另方面是与这些力量在其自身的反映相对而言的（即它们的意识，因为这里所说的力量是意志）。这就意味着：1.合力的强弱程度将完全不同于每个组成力的强弱程度（组成力相合则合力较强；组成力相逆则合力较弱）；2.合力在其本质上将是无意识的（它与每个意志的意识不相符合；同时，它是没有主体的力量，客观的力量，而且它从一开始就不是任何一个人的力量）。所以，它最终就变成总的合力，即可被看作是“一个作为整体的、不自觉地和不自主地起着作用的力量的产物”。显然，我们已经为经济决定因素这个归根到底要获胜的力量找到了来源和根据，在这里，经济决定因素不再是在偶然事件中向前发展的外在力量，而是偶然事件的内在本质。

我想指出的是：1.我们现在真正接触到了恩格斯的公式的真正对象；2.由于公式与对象相符合，恩格斯确实回答了他所提出的问题，并真正向我们提供了他所提出的问题的解答；3.问题和解答的存在仅仅以公式与对象是否相符合为转移；4.由于这个对象不存在，问题和解答也全不存在；5.必须为整个这套凭空的推理寻找理由。

我故意把恩格斯谈到自然过程的那句话撇在一边。由于他所用的公式本身是个物理公式（在霍布斯以及后来许多其他作家的著作中都可以找到这个公式的例子,我特别要提到霍尔巴赫,他举的例子特别贴切),这个公式能使我们从历史转而想到自然界,这是不足为怪的。但这不是论证,而是同义反复(我要指出,这里仅仅涉及恩格斯用的那个公式,自然辩证法显然与此无关,因为自然辩证法属于另一个问题)。就认识论而言,同义反复是无效的,但它毕竟也起一点有益的作用。我们可以放心地直接从历史转而想到自然界,这也不成问题(霍布斯早就说过,人们在政治上争个你死我活,而在勾股定理和落体定理方面却融洽无间)。

我想仔细研究的是恩格斯的论证。粗粗地看,他的论证十分完美地实现了公式和对象的协调一致。但仔细一研究,事情又如何呢?那只是公式和对象的暂时协调;而在暂时的此岸和彼岸,协调就是一个没有得到求证的假设,而代替协调的就是不确定性,从认识的观点看,也就是空白。

此岸。当我们想到力(单个的意志)的平行四边形时,我们觉得它的内容是显而易见的;但如果再问(恩格斯也向自己提出过这个问题)单个意志的规定性从何产生(产生的原因),它的内容就不再是显而易见了。因为这种追问可以一直追到无穷。“其中每一个意志,又是由于许多的生活条件,才成为它所成为的那样。”当单个意志被当作绝对的开端时,它是简单的;但它又能变成无穷无尽的微观情况的产物,其中有的属于“体质”情况、“外界”情况、“个人”情况,有的属于“一般社会性的情况”、外部的“终归是经济的情况”,所有这些情况混杂在一起叙述,使一些纯属偶然的和个别的决定性因素竟与一些普遍的决定性因素(特别是归根到底起决定作用的经济情况)相提并论。显然,恩格斯在这里把两种类型的解释搞混了。

第一种解释不是马克思主义的解释，但它适合于它现在的对象和它的假设，这种用无穷无尽的情况或偶然事件所作的解释（这种方式在爱尔维修和霍尔巴赫那里可以找到）可能有批判的价值（例如，它在十八世纪可用于批驳对神的乞灵），但从认识的角度看，它是空洞的。它使自己成为无穷无尽的、空无内容的解释，成为没有条理的抽象概括。

第二种解释是马克思主义的解释，恩格斯把那些既是一般的又是具体的规定性，即社会情况和归根到底起决定作用的经济情况，列入到无穷无尽的情况（它们在本质上是微不足道的）中去。但这种解释不符合其对象，因为它本来就是需要求证的那个解答（即要得出经济因素归根到底是决定性因素这个概括）。我小结一下：或者我们不脱离开对象以及恩格斯所提出的问题，那么，我们面临的就是无穷无尽不确定的解释（也就是认识论的真空）；或者我们在这里把对所问问题的解答（这一解答是具有充实内容的）作为原始命题接受下来，那么，我们也就没有了对象和问题。

彼岸。我们遇到的是同样的选择。因为，在第一个平行四边形提出后，我们只得到一个形式上的合力，它不等于是最终的合力。最终的合力将是无穷无尽的合力的合力，即平行四边形无限增殖的产物。在这里也一样，或者人们相信通过无限性（即不确定性，即认识论的真空）能在最后的合力中产生出人们想得到的合力，即与经济因素归根到底是决定因素相巧合的那个合力；换句话说，或者人们相信真空能产生出充实（例如，如果单是从形式上遵守力量组合的公式，恩格斯固然看到对垒的各种力量可以互相抵消或互相妨碍……但在这种情形下，谁能够向我们证明，总的合力一定就不等于零？谁能够向我们证明，总的合力一定是人们所希望的经济因素，而不是政治因素、社会因素或其他什么因素？从形式上讲，人们对所有合力和任何一种合力的内容都没有任何把握）。或者，人们就把自己期待的结果——经济——偷偷地塞进最终的合力中去，这就完全等于在单个意志的情形下一开始就把宏观决定性因素塞进微观决定性因素中去。我不得不重复我刚才在谈到此岸时所说的话：或者我们不脱离开恩格斯向其对象（单个的意志）所提的问题，那么，我们就会陷入到无穷的平行四边形及其合力的认识论真空中去。或者我们直截了当地采用马克思主义的解答，那么，我们的解答就没有了根据，因而也不必再去寻求这个解答。

所以，现在的问题是：为什么在涉及单个的意志时，恩格斯的论证十分清楚和协调，而在单个的意志的此岸和彼岸，论证就变成空洞无物或同义反复？既然问题提得很好，并且同它的对象十分符合，为什么一旦离开它的原始对象，它就不能得出解答？这是因为问题的原始对象既决定着问题是否提得清楚，又决定着问题能否得出解答；如果看不到这一点，这个问题将始终是个难解的谜。

的确，恩格斯的全部论证就取决于单个意志这个十分特殊的对象，而单个意志又是在力的平行四边形的物理公式中发生相互关系的。这才是恩格斯的方法论和理论的真正前提假设。在这里，公式才具有意义：人们可以赋予它某种内容并加以使用。它“描述”竞争、对抗、合作这些显然是人与人的“基本的”双边关系。于是，人们就可以得出这样的印象，似乎在一些并不显眼、但可被看得到的真实统一体中，重新抓住了微观原因原先具有的无限多样性。于是，偶然事件变成了人，原先的运动变成了有意识的意志。这正是全部推理的起点，正是从这里出发，人们才能开始推理。不幸的是，这个如此可靠的立论根据竟证明不了任何东西，这个如此可靠的原则只能引向茫茫黑夜。它至多只能证明它自己，只能作为固定不变的根据反复肯定自己的显而易见。这种显而易见究竟是什么呢？必须承认，它无非是传统的资产阶级意识形态和资产阶级政治经济学的前提假设。确实，无论霍布斯关于自然倾向的组成、洛克和卢梭关于公意的推广、爱尔维修或霍尔巴赫关于普遍利益的产生、斯密或李嘉图关于原子说的表现（这类著作很多），传统的资产阶级意识形态的出发点恰巧正是所谓个人意志的冲突；这种说法的出发点不是现实，而是对现实的想象，是一种旨在使资产阶级的目标在自然界中确立其地位（永恒的地位）的神话。马克思曾经批判过这个明显的前提假设，说它是经济的人的神话。那么，恩格斯怎么可能会这样天真地把这个神话作为自己的论据呢？可是，恩格斯为了向我们说明，单个意志的合力，即合力的合力，确实具有普遍的内容，并真正体现着经济归根到底的决定作用，他如果不用资产阶级经济学的这个乐观主义的虚构，不用这个离洛克和卢梭较近而离马克思较远的虚构，又有什么别的办法呢？（这里我不禁想到卢梭，他竭力想通过一次领导得很好的选举，使互相脱离的个人意志共同组成和产生公意这一神奇的密纳发女神！）十八世纪的思想家们（卢梭除外）并不要求他们的前提假设得出自身以外的结论，他们只要求这些假设确立自身所体现的价值。所以，对他们说来，同义反复是有意义的。可是，恩格斯所要确立的却是这项假设的逆定理,因而同义反复对他显然是行不通的。

所以,到了最后,恩格斯信里说的那段话几乎不能说明任何问题。除了一个公式和一番“论证”以外,还有什么呢?那无非是说,从整个合力体系看,最后出现的合力包括了每个独特的个人意志:“每个意志都对合力有所贡献,因而是包括在这个合力里面的。”如果换一个场合,这个思想可能使那些担心能否把握住历史的人,或者使那些已不信上帝、担心能否认识自己的历史品格的人感到放心。我几乎想说,这是一种有益的绝望思想,因为它的绝望同时也是希望(萨特尔在恩格斯的问题的基础上,同样使用了哲学的论据,对产生和形成“无名的”历史必然性的问题进行了研究:虽然两人的思想出发点不同,但都追求着同一个目的。这绝不是偶然的)。

恩格斯还说了什么呢?他还说,最后的合力不再是经济的长时段的决定性,而是“历史事件”。个人意志居然能产生历史事件!但如果仔细研究起来,人们勉强可以承认,这个公式能向我们提供产生事件的可能性(只要有人与人的对抗,总有可能出现什么事情,即使任何事情也不发生,那也是个事件:这就是我们常说的“无事生非”),但绝不提供产生历史事件的可能性,绝不提供用以区分历史事件同人们日常遇到的默默无闻的无数小事的理由。问题应该倒过来提(仅此一次!),或者用另一种方式来提。谁如果硬要从非历史事件的不确定的可能性中产生历史事件,他就永远不能解释历史事件,即使援引从量变到质变这条规律也是枉然。某个事件之所以成为历史事件,这并不是因为它是个事件,而恰恰是因为它具有历史的形式和历史事实的形式（结构和上层建筑的形式），这些形式同恩格斯在放弃其原来的公式时所采用的关于无穷无尽的结果这个不恰当的公式毫无关系，它们是完全可以被认识和被确定的（马克思反复说过，历史形式是可被认识的；在马克思以后，列宁也用经验科学，即非哲学的科学，证明了这一点）。一个事件，只要它具有历史的形式，可能具有历史形式或可能包含这样的形式，只要它同历史形式有关（加强或动摇，造成或被造成），就是一个历史事件。因此，正是历史形式决定了一切，它事先就包含着恩格斯所提出的那个不成问题的问题的答案；其实，恩格斯并不掌握问题的答案，因为除了他从纯意识形态的前提假设出发提出的问题外，根本没有提出过任何其他问题，也就是说，因为根本不存在问题！

当然，还应该说，在资产阶级意识形态看来，表面上确实是存在问题的。那就是要从本原出发去重新发现历史的世界，这些本原（经济的人及其政治的和哲学的化身）不但不是科学解释的本原，相反却反映了资产阶级意识形态对世界的认识，它的要求和它的理想纲领（一个可以被还原为本质的世界：有意识的个体意志，个体的行动和计划……）。没有资产阶级的意识形态，这个问题本来是绝不会被提出的；但是，资产阶级意识形态既然已被马克思所清除，这个问题怎么又被提了出来，也就是说，怎么还是一个问题？

为了结束这番过于冗长的评论，请允许我再指出两点看法，一是有关认识论的看法，另一点是有关历史的看法。

关于恩格斯的公式，我想指出，任何科学都有一定的范围，就在这个范围里，这门科学的概念可以取得某种内容（概念如果没有内容，就成为没有内容的概念，也就不成其为概念）。马克思的历史理论的范围，就是结构、上层建筑以及它们的分门别类的概念的范围。但是，当某一门学科从另一门学科的范围出发，从一个不能构成任何科学知识的范围出发（以我们讨论的问题为例，就是从无穷无尽的情况出发产生个人意志，从无数个平行四边形出发产生最后的合力），企图产生出自己的对象及其相应的概念，这一学科就势必陷入到认识论的真空之中，或者被误认为处于哲学的充实之中。这就是恩格斯在他致布洛赫的信中的立论尝试的命运。人们而且可以看到，在这里要区分认识论的真空和哲学的混乱是不可能的，因为它们完全是一回事。在我们以上引用的那段话里，恩格斯借用了自然科学的公式为论据（结果，自然科学成了这些论据的唯一的、纯属道义上的担保），以自然科学的形象为形象，但他只以哲学家的身份而出现，他所使用"公式"是为了哲学的目的。他计划要证明的命题也首先是哲学的命题。我特意强调这一点，因为我们最近有另一个例子，即萨特尔，他也企图用哲学来奠定历史唯物主义的认识论概念（在这方面，萨特尔比恩格斯强些，因为他知道并说出了自己的企图）。只要翻翻《辩证理性批判》的某些段落（例如，第68—69页），就可以看到，萨特尔虽然不接受恩格斯所提供的解答和使用的论据，而实质上却是赞同恩格斯的尝试的。他们之间只是在采用什么手段的问题上有争执，但即使在这一点上，他们也是由共同的哲学任务而团结在一起。只要把恩格斯为萨特尔开辟的道路堵住，人们就能阻止萨特尔开辟自己的道路。

因此，人们必定要问为什么在恩格斯的某些著作中会出现这

种哲学诱惑的问题。为什么在恩格斯身上,人们除了看到天才的理论直观以外,还能看到这种后退(即退回到低于马克思主义对一切哲学意识形态的批判的水平)的例子?这个问题只能在研究了马克思的思想和“哲学意识形态”的关系的历史,以及马克思的发现所孕育的新的哲学理论(即不是意识形态的)以后,才能得到答案。这显然不是我在这里所能讨论的问题。但是,为了使自己具有正确地提出并解决这一问题的愿望和手段,也许首先必须使自己相信这个问题的存在。

四、皮科罗剧团，贝尔多拉西和布莱希特

（关于一部唯物主义戏剧的笔记）

我想在这里为米兰皮科罗剧团1962年7月在民族剧场的精彩演出说几句公道话。首先，因为贝尔多拉西的剧本《我们的米兰》受到了巴黎评论界的普遍责难，使得不少应该去看演出的观众也都不去看了。其次，因为斯特累勒没有搬个早已叫人看厌了的旧戏来供我们消遣，而是挑选和导演了这个剧本，使我们一下就抓住了现代戏剧问题的中心。

请允许我先扼要地讲讲贝尔多拉西[1]的剧本情节，以便大家能理解后面的论述。

这部三幕剧的第一幕发生在十九世纪九十年代米兰的蒂沃利：平民们光顾的、破破烂烂的游乐场被笼罩在秋天傍晚的浓雾中，这雾气迷漫的意大利已不再是我们神话中的意大利了。那些意大利人——失业工人、小手工业者、多半靠乞讨为生的人、拉客

① 十九世纪末米兰的剧作家，由于他坚持创作一些在风格上与众不同的“写实剧”，不能取得注重“戏剧趣味”的资产阶级观众的欢心，因此其戏剧生涯十分平淡。

的妓女、求人施舍几个小钱的老人、喝得醉醺醺的丘八、受警察追捕的小偷……他们在混过一天以后，就到游乐场的矮木棚、算命摊、马戏团以及其他各种诱人场所来闲逛。他们也不再是我们神话中的意大利人了。他们属于无产阶级的最下层。在晚饭前（他们不是所有人都能吃上晚饭）或在天黑前，他们就这样消磨各自的时间。三十多个剧中人在空旷的舞台上来来往往，不知等着什么。也许什么事情就要发生，戏剧将从这里开始？不是，他们并不跨进故事的大门。也许他们的生活中将出现什么波折？什么波折也没有发生，他们在等待。可是，就在这一幕即将结束的时候，突然闪电般地出现了“故事”的轮廓，命运的形象。一个名叫尼娜的姑娘正从马戏团帐篷的破缝里聚精会神地观看小丑的惊险表演，她的面庞在灯光的照射下显得分外俏丽。黑夜已经到来，有一秒钟工夫，时间似乎停止了前进。坏小子杜加索早已窥伺着她，正打她的主意。调戏、躲闪、逃开，一瞬间就过去了。一个老头——“吞火人”、姑娘的父亲——在旁边全部看到。情节形成了，也许会是一场悲剧。

是悲剧吗？第二幕早已把悲剧忘得一干二净。时间现在换成了白天，地点在一所宽敞的平民饭铺，人物也不是原来的了，但还是一群在困苦和失业中苟且偷生的贫民，一群穷极潦倒、命运乖蹇的可怜虫：几个小手工业者、几个乞丐、一个马车夫、一个老加里波第党人、几个女人，等等。此外还有几名建筑工人，他们同这群流氓无产者形成鲜明对照：他们的言谈已涉及工业、政治，甚至未来，虽然谈得十分有限和很不得体。国王和教皇稳坐在他们的宝座上，人民陷于极度的贫困中：这是罗马被攻克和意大利独立二十年后米兰的真相。的确,第二幕的白天正是第一幕黑夜的真实情况:这些穷苦人在生活中并不比在睡梦中有更多的真实经历。对他们说来,生活无非是延续生存而已。他们在吃着(只有工人在汽笛的呼唤下离去),吃着和等待着,过的是死水一潭般的生活。第二幕即将结束,尼娜似乎无缘无故地回到舞台,她的出场带来了悲剧。我们知道小丑已经死了。男女剧中人纷纷下场。杜加索突然出现,强迫姑娘拥抱他,要她交出所有的零钱。没有几个动作,父亲赶到了。(尼娜倚在长桌的一头正抽抽搭搭地哭着。)他不吃饭,只喝酒。经过一番凶残的格斗,他用刀杀死了杜加索。他被自己的行为所惊呆,茫然地赶紧逃跑。那也是在长时间的静态后像闪电一样瞬时发生的。

第三幕发生在黎明时分的妇女收容所里。几个老太婆靠在墙边坐着,时断时续地在唠叨。一个身强力壮的农妇将回到乡下去。几个不明身份的女人,总是那么几个,正穿梭般地来来回回。收容所所长在等钟响,好领她的全班人马去望弥撒。接着,舞台空了出来,悲剧重又出现。尼娜睡在收容所里,父亲在入狱前最后一次来探望她。为了尼娜,为了她的贞操,他杀了人,尼娜对此至少是明白的……突然,一切都颠倒了过来:她把满腔怨恨泼向她的父亲,她恨父亲向她灌输了种种谎言和幻想,恨父亲将为这虚构的神话而死去。因为她自己,在万不得已时她将只身逃命。她将离开这黑暗和贫困的世界,投身于纸醉金迷的另一个世界。杜加索说得对,她将付出必要的代价,她可以卖身,但她将生活在另一个世界,自由和真实的世界。汽笛响了。父亲拥抱了女儿,拖着疲乏的身躯悄然离去。汽笛在长鸣,尼娜昂首挺胸迎着朝阳走了。

以上用寥寥数笔介绍了这个剧本的主题和前后情节。总的说来，剧情十分简单，但这已足以引起误解，但也足以澄清误解；透过误解的外表，我们可以发现剧本惊人的深刻寓意。

第一个误解自然是关于“悲天悯人的情节剧”的指责。但只要“身历其境”地看了演出或思考了剧本的整体结构，误解也就会打消掉。因为剧本虽然包含有情节剧的成分，整个悲剧却正是对情节剧的批判。尼娜的父亲确实按照情节剧的方式安排了女儿的一生，不仅是女儿的偶然遭遇，而且主要是父女相依为命的关系。他为女儿制造了一个虚构的环境，让她在感情的幻想中长大成人；他拼命想把他向女儿灌输的幻想变成有血有肉的现实。他决心使女儿不受他向她掩盖的世界的任何沾染，当着他为自己不能被女儿理解而感到失望时，他便把带来邪恶的杜加索杀死了。因此，他真正成了为使女儿免受现实世界规律的支配而编造的神话的集中体现。因此，父亲是情节剧的形象，是“情感规律”对“现实规律”的僭越。尼娜所不能接受的正是这种蓄意的无意识。她对世界有自己的真实体验。小丑的死打破了她青年时代的幻梦。杜加索使她睁开了眼睛，把她孩提时代的神话连同父亲的神话一扫而光。他的粗野行为也使她突破了训诫和义务的束缚。她终于看到了这赤裸裸的世界，在这残酷的世界上，任何道德都是谎言。她已经懂得只有依靠自己的双手来解救自己，只有把自己唯一的财产——少女的肉体——化为金钱才能进入另一个世界。第三幕结束时的戏剧冲突不仅是尼娜同她父亲的冲突，而且是赤裸裸的世界同可悲的“感情”幻想的冲突，是真实世界同情节剧世界的冲突。戏剧的精神实质一旦被抓住，人们指责贝尔多拉西和斯特累勒的情节

剧神话也就化为乌有。在剧场里对情节剧有所抱怨的那些观众完全可以在剧本中发现对情节剧的批判。

还有第二个更深刻的理由可以消除这个误解。我在概括叙述这个剧本的“场景”时，曾指出了它在“时间”上的奇怪节奏，我想第二条理由就在这里。

的确，这是一部以其内部结构的分离而与众不同的剧本。读者一定已注意到，这三幕戏具有同样的结构和几乎同样的内容：一段空白的、过得很缓慢的长时间和一段充实的、转瞬即逝的短时间同时并存；一个由偶然或暂时的关系相联结的许多人物出场的空间和一个以殊死冲突为纽结的、由父亲、女儿和杜加索三个人物出场的空间同时并存。换句话说，这个剧总共有四十多个人物出场，而悲剧只涉及其中三个。更有甚者，在上述两种时间之间或两种空间之间没有任何明显的联系。静态时间中的人物同瞬间时间中的人物似乎毫无关系：前者有规律地让位给后者（他们似乎是被戏剧的急风暴雨逐出舞台的），当与他们的节奏无关的瞬间过去时，他们又在下一幕以别的面目重新出场。只要深入了解这种分离的潜在含义，人们就能抓住剧本的中心。因为，当观众从第一幕看到第三幕，从困惑不解到惊异再到感情上产生共鸣时，他们正在经历着这样的深化。我在这里只想研究一下这个被观众亲身经历的深化过程，并且把这种使观众不由自主地受到感动的潜在含义明确说出来。根本的问题在于：剧本内在结构的分离怎么能产生如此巨大的感染力，这种感染力究竟是什么？观众怎么能从无关系中悟出有一种潜在关系在充当无关系的根据和理由，而这种无关系又究竟是什么？这两种表面上似乎无关的、但却由一种真实

关系联系着的时间形式怎么能同时并存?

以上问题的答案在于这样一条悖理,即无关系正是真正的有关系。正因为剧本形象地和真实地表现了这种无关系,它才具有独特的含义。总之,我认为这个剧并不是仅限于描述1890年米兰平民生活的情节剧,而是一种被十九世纪九十年代米兰下层无产阶级的生活所批判的情节剧意识。没有这种生活,人们就无从知道批判的是哪一种情节剧意识;没有对情节剧意识的这种批判,就无从知道米兰下层无产阶级的生活中所潜伏着的悲剧,即他们的无能为力。三幕戏基本上就是平铺直叙地描述了这种不死不活的贫苦生活,这种平铺直叙究竟意味着什么?为什么在平铺直叙的这段时间里出场的是一群既有典型性、却又是无名无姓的、可以替换的人物?为什么表现偶然会见、简短交谈和无谓争吵的这段时间恰恰是空白的时间?为什么随着戏剧从第一幕、第二幕逐渐发展到第三幕,这种空白时间变得越来越沉寂和停滞(第一幕舞台上还有一点生活气息和活动;第二幕中每个人都坐着,有几个人已经沉默无语;第三幕中的老太婆简直成了墙壁的一部分)?这一切正是为了说出这个可悲的时代的实在内容:这是一个没有事件发生、没有希望、没有前途、没有发展变化的时代(时间)。在这段空白的时间里,只是固定不变地重复过去(老加里波第党人的形象),只能从建筑工人的模糊政治议论中勉强露出一点未来;人物的动作既没有下文又没有结局,全部舞台活动只是闲聊日常琐事,间或发生的争吵或者不了了之,或者由于人们意识到争吵的毫无用处而草草收场。[①] 总

① 这群小市民有整整一套默契,用以排解纠纷,和缓过于剧烈的创痛(例如那对失业的年轻夫妇的痛苦),从而使生活由波澜和动乱重新回到现实:沉默、静止和虚无。

之，这是一个不发生任何堪称历史事件的、真空的、虚度的和停滞的时代，也是剧中人生活的时代。

在这方面，第二幕的舞台设计真是最出色不过的了，因为它恰好给了我们对**这一时代的直接感知**。在第一幕，人们或许还可以怀疑，蒂沃利的空地是否仅仅为了使那些失业者和无所事事的人在混过一天以后能怀着某些诱人的幻想和希望来溜达闲逛。到了第二幕，人们不能不看到以下明显的事实：平民饭铺这个真空的和密闭的立体正是剧中人生活的那个时代的形象。在一堵久未粉刷的大墙下方，直到人手几乎够不着的地方，贴满了各种规章布告，由于年深月久，字迹有点模糊，但仍依稀可见。两张大长桌沿着舞台边缘，一前一后地平行放着。桌子后面紧靠墙的地方，横有一根铁扶手，表明这是饭铺的出入口。男女顾客就从这里进来。在右边，一道板壁与两排长桌相垂直，把饭厅和厨房隔开，板壁上开有两个窗口，一边卖酒，另一边卖饭。板壁后面的厨房里，锅子冒着热气，厨师只顾忙忙碌碌。偌大的屋里只放两张长桌，显得空空荡荡，舞台深处就是无边无际的墙，这一场景使人产生难以忍受的凄凉和空虚的感觉。几个人稀稀拉拉地坐在桌旁，面对或背对着观众。他们都坐着，说话时也不转过身来。这个空间对他们说来实在太大了，他们永远也填不满它。他们开始聊了起来，但他们休想离开他们的座位，休想同邂逅的邻桌之人坐到一起，桌子和板凳就像一道不可逾越的无声禁令把他们互相隔开，他们永远也打不破这道禁令。这一空间正是他们生活的时间。根据斯特累勒的调配，他们各就各位，这里一个，那里一个，吃一会，停一会，接着又吃。这些动作本身充满着含义。我们看到，坐在舞台前方、面对观

众的那人正小心翼翼地双手端着汤盘,脸刚从汤盘上方露出。他慢慢地勺满一匙汤,把它送到嘴边,又抬起望望,生怕洒掉一点一滴,这动作之慢简直就像没有完了的时候。好容易把嘴巴装满,他还掂斤把两地把嘴里的东西吐出吞进,然后才肯咽下喉去。背对观众的其他人也做着同样的动作:胳膊抬得老高,使后背也倾斜了。看着这些人神不守舍地吃饭的样子,人们不禁想到米兰和世界各大城市中的其他神不守舍的人,他们正做着同样的神圣动作,因为这就是他们的全部生活,因为他们的时代不允许他们不这样生活。(只有建筑工人露出匆忙的神色,因为汽笛决定着他们生活和劳动的节奏。)我从没有见过任何别的演出,在空间的结构上、在地点和人物的布局上、在人物基本动作的延续上、在人物同生活时代的内在关系上,能够有如此鲜明的形象性。

然而,根本的问题还在这里:有另一种时间结构,即"悲剧"的时间结构,在同这种"缓慢"的时间结构对立着。因为,悲剧的时间(尼娜出场)是充实的:几个瞬时动作构成了纽结,即"戏剧性"时间。这段时间有一股不可抗拒的力量从内部推动着它,自己产生出自己的内容,因而不可能没有故事发生。这是一种典型的辩证时间,它把另一种时间及其空间表现的结构一起取消。当剧中人纷纷离开饭铺,舞台上只留下尼娜、父亲和杜加索时,似乎有什么东西突然消失了,好像顾客们随身把布景(斯特累勒把两幕戏并成一幕,并使不同的两幕剧在相同的布景下演出,这是他的天才表现)、墙壁和桌子的空间以及这些场所的含义和逻辑一起带走,好像唯一的冲突使这种可见的真空空间被不可见的、密集的、不可抗拒的、单维的空间所代替,而这另一种空间又将使冲突必定转化为悲剧,就像悲剧业已存在一样。

正是这一对立赋予贝尔多拉西的剧本以深刻的寓意。一方面是没有故事发生的、没有能促使情节发展的内在必然性的非辩证时间,另方面是出现冲突的时间,即剧情的发展和结果由内在矛盾所推动的辩证时间。《我们的米兰》的与众不同之处就在于:戏剧的辩证法是从侧面、用旁白、在舞台的一角和在每一幕戏的结尾表现的。观众迫切地等待着辩证法的来到(这在任何戏剧作品中似乎都是不可缺少的),而剧中人却并不着急。辩证法慢条斯理地等到一幕的末尾才终于出现:第一幕是在鸱鸺凄鸣的深夜;第二幕在日已偏西的午后;第三幕在朝阳刚刚升起的黎明。这一辩证法总要等到所有剧中人都已离开舞台后才肯来到。

应该如何理解辩证法的"姗姗来迟"?这同黑格尔和马克思所说的意识的姗姗来迟是否相似?但辩证法又怎么能姗姗来迟?这就需要有一个条件,即这种辩证法必须是意识的代名词。

在《我们的米兰》一剧中,辩证法之所以用旁白、在舞台的一角表现出来,这是因为它无非是一种意识的辩证法,即尼娜父亲的意识以及他的情节剧意识。所以,这种意识的破灭是一切真正的辩证法的前提条件。这里,我们不妨回顾马克思在《神圣家族》中对欧仁·苏塑造的人物所做的分析。① 这些人物戏剧行为的动力

① 马克思在《神圣家族》中没有对情节剧下明确的定义。但他以欧仁·苏为例向我们雄辩地阐述了情节剧的起源。

1)我们在《巴黎的秘密》中可以看到,宗教和道德是贴附在"自然"人(这些人尽管穷极潦倒、命乖运蹇,但仍然是"自然"人)身上的一种虚饰。作者为此真是煞费了苦心!他不得不写了鲁道夫的毒辣手段和神父的道德说教,并且以警察局、监狱、收容所等等为衬托……人的"天性"最终作了让步:它从此将受到异己意识的支配(为了使"天

是要他们符合资产阶级道德的神话。这些不幸的人们在道德信仰和宗教信仰的束缚下经受苦难生活的煎熬;道德和宗教的华丽辞藻掩盖着他们的艰苦处境。在这个意义上,情节剧确实是贴附在

性”得到拯救,将出现种种灾难)。

2)这种“虚饰”的由来是显而易见的:正是鲁道夫把这种“异己意识”强加于这些“无辜者”。鲁道夫既不是平民又不是“无辜者”。但他决心(道理自明)“拯救”平民,要他们懂得人有灵魂、天上有神等等。总之,他要平民把资产阶级道德奉为楷模,而不管他们愿意与否,以便使平民安分守己。

3)马克思说:“欧仁·苏书中的人物必须把他这个作家本人的意图充作他们自己思考的结果,充作他们行动的自觉动机。”我们可以猜到,欧仁·苏的小说是作者意图的自供状:他要给“平民”一种以文学出现的神话,这种神话既是对平民进行的信仰教育,又是平民为充当平民(即“被拯救的”、驯服的、麻木不仁的人,总之,是有道德和信宗教的人)而应有的信仰。直截了当地说,这就是资产阶级为平民制造的情节剧神话:资产阶级在把这种神话(通过连载故事和廉价“小说”)供给或强加给平民的同时,还向平民提供收容所、赈济所等等。总之,这是一整套相当聪明的防范性慈善措施。

4)大多数有地位的评论家都装模作样地对情节剧嗤之以鼻,他们似乎已经忘记,资产阶级正是依靠他们才发明了情节剧;这种扭捏作态,我们看了实在觉得好笑!不过,我们应该老实承认,这一发明是由来已久的事:今天向平民们散布的神话和发放的施舍已和过去大不相同,而且要巧妙得多。我们还应该承认,这种发明其实是为别人准备的;如果让慈善事业坐在宴会桌的首席或让它登台自由表演,那当然就很不雅观了!例如,今天能否让言情小报(当代的平民“神话”)跻身于统治思想之列?这是不可想象的,尊卑雅俗的次序不应该打乱。

5)不许别人做的事情——例如,更换地位——,自己当然是可以做的(在他们看来,这正是过去“大人物”的风度)。由于逢场作戏,贵人们也可以走一趟后楼梯(后楼梯是给仆役使用的)。关键是要让人领会这种反常的、暂时的和有限度的做法的言外之意,让人领会这种手法的讽刺意味,从而表明(难道还有此需要吗?……)人们完全没有搞错,那不过是欺骗别人的手段而已。总之,对为平民而编造和散布的(或出售的)神话,他们也愿意借来使用,但有个条件,即要对这类低级玩艺儿进行适当的加工和改造。在这方面,有人是加工的能手(布吕昂、彼亚夫等),有人加工得拙劣(雅古兄弟)。为了显出自己的高贵,他们把自己装作平民。因为他们要平民安于充当“神话”中的和带有情节剧味道的平民,他们便假装是(而其实不是)平民。可是,情节剧毕竟登不了大雅之堂(即不能在真正的剧院中演出),它只能在小酒铺里作酒酣饭饱后的余兴。

6)我的结论是:健忘或讽刺、厌恶或屈尊,都不能算是批判。

现实环境上的异己意识。情节剧意识的辩证法只有付出以下的代价才能存在：一方面这种意识必须是从外部世界借来的（资产阶级道德的冠冕堂皇和谎言），另方面它必须是在一定环境中生活的人（下层平民）的真实意识（尽管这是完全异己的意识）。因此，在情节剧意识和情节剧人物的存在之间，严格说来不可能有矛盾。情节剧意识同这些条件是不矛盾的；它是从外部强加于在一定环境中生活的人、但又同这种环境没有辩证关系的意识。所以，这种意识只是在无视其真实条件并坚持其神话的情况下，才能是辩证的意识。情节剧一旦脱离开真实的世界，便产生出各种千奇百怪、扣人心弦的冲突和此起彼伏的闹剧，它把这种喧闹当作命运，把这种紧张当作辩证法。辩证法在这里不起实际的作用，因为它只是同真实世界隔绝的空洞的辩证法。这种异己意识虽然同它的条件不矛盾，但它不能由自己、由它的“辩证法”所产生。它必须进行一次决裂，即要发现这种辩证法的非辩证性，并承认这种辩证法的虚无性。

以上这些在欧仁·苏的小说中是永远也找不到的，但我们在《我们的米兰》中却看得到。最后的戏剧场面终于说明了剧本及其结构何以奇特的理由。当尼娜同她父亲发生冲突时，当她把父亲连同他的幻梦一起驱逐到黑暗中去时，她同父亲的情节剧意识以及同这种意识的辩证法都断绝了关系。对她说来，这些神话以及由神话引起的冲突从此一去不复返了。她把父亲、意识、辩证法统统抛弃掉，跨进另一个世界的门槛。这似乎是为了表明，她从此将过真实的生活，一切将从头开始，并且已经开始，因为她抛弃的不仅是这苦难世界的贫困，而且是她心灵中的虚妄幻想。这种辩证法只占剧情的一小部分,只占故事的一个枝节,它永远也不能贯穿于整个故事,也不能左右故事的发展;它恰好形象地表现了虚假意识和真实环境之间几乎毫无关系。这种最终被逐出舞台的辩证法,根据与意识内容相异的真实经验的要求,批准了必然的决裂。当尼娜走出大门去迎接光明时,她还不知道她未来的生活将会如何,也许她会失败。但我们至少知道,她将走向真实的世界,这个世界无疑是金钱的世界,但也是制造贫困并使贫困意识到"悲剧"的世界。马克思说,必须抛弃意识世界的虚假辩证法,转而去体验和研究另一个世界,即资本的世界;他讲的不也就是这个意思吗?

说到这里,有人也许要打断我,指责我对剧本的思考超出了剧作者的意图,说我把应该属于斯特累勒的功劳算在贝尔多拉西的账上。我认为这种反驳是没有意义的,因为我们这里涉及的问题不是别的,而是剧本的潜在结构。贝尔多拉西有何明确的意图,这并不重要;除了剧本的台词、人物和舞台活动以外,真正重要的是剧本结构的各基本要素之间的内在关系。更进一步说,不论贝尔多拉西在安排这个结构时是有意识还是无意识,结构毕竟是剧本的本质所在,只有它才能使我们懂得斯特累勒的解释和观众的反应。

观众被剧本的结构所感动,这是因为斯特累勒对这种特殊结构的内在含义具有敏锐的感觉,[①]因为他使舞台设计和演员的表

① "剧作的主要特点恰恰表现为一种尚未确定的真理在剧中多次突然出现……《我们的米兰》是一部近似无声的悲剧,剧情发展一再被推迟和重新思考,就像点燃了的一根长长的灰色导火索那样时隐时现。也许正由于这个原因,尼娜和她父亲的几声悲怆的呼叫表现了特别强烈的悲剧效果……为了突出剧本的这个秘密结构,导演局部地调整了剧本的布局。贝尔多拉西原定的四幕由于第二幕和第三幕的合并而压缩成了三幕……"见《剧情介绍》。

演服从了这个结构。观众之所以受感动，不仅是由于剧本细致地描述了平民的生活，由于平民生活的困苦（他们过一天算一天，听凭命运的摆布，有时以笑解嘲，间或也互相帮助，但更多地是默不作声），也不仅是由于剧本描述了尼娜、她父亲和杜加索三人的瞬时悲剧，而更主要的是由于观众无意识地感觉到了剧本的这种结构及其深刻寓意。这个结构在剧本的任何地方都没有明说，无论独白或对话都对此只字未提。观众不能像看到人物和剧情发展那样直接从剧中感到这种结构。然而，它在群众场面和悲剧场面的不言而喻的关系中，在二者的相互不平衡和不断“交替”中，以及最终在对它们的真实的而又令人沮丧的批判中存在着。这种感人的潜在关系，这种表面上令人大惑不解而其实意味深长的紧张状态，正是斯特累勒的导演功夫使观众隐约感觉到，但却不能用清晰的意识语言直接说出来的东西。的确，观众赞扬剧本在演出中有一种为观众，甚至为剧作者所意识不到，但由斯特累勒所赋予的深刻寓意；这种寓意比台词和动作更加深刻，比剧中人的直接命运更加深刻，因为剧中人虽然亲身经历这样的命运，但从不能思考它。即使在我们看来代表着决裂和开端、体现着另一个世界和另一种意识的尼娜，她自己也不明白自己的行为意味着什么。这里，我们确实可以恰如其分地说，意识是落后了。因为，即令这依然是盲目的意识，它终究面向着真实的世界。

如果以上的想法可以成立的话，我们就能根据它来研究其他剧本，并弄清它们的含义。我这里想到的是由布莱希特的伟大剧作所提出的问题；尽管布莱希特使用了史诗戏剧和间离效果的概

念，这些问题在本质上也许还没有得到完全的解决。我十分惊奇地看到，贝尔多拉西的剧本所具有的那种不对称的和批判的潜在结构，基本上也正是《大胆妈妈》和《伽利略》等剧本的结构。在这些剧作中，我们也看到了两种相互分离、互无关系、同时并存、交错进行但又永不会合的时间形式；我们还看到了由局部的、单独的、似乎凭空出现的辩证法作总结的真实事件。结构的内在分离性和不可克服的相异性是这些剧作的显著特点。

由于剧作有这种特殊的潜在结构为动力，特别是由于辩证时间和非辩证时间同时并存而又没有明显的关系，人们就能用有待人们承认的、令人困惑不解的现实对意识的幻觉（这种意识始终自认为是辩证的）和对虚假的辩证法（冲突、悲剧等等）进行真正的批判，因为这种现实正是意识和辩证法的底蕴。例如在《大胆妈妈》中，战争同大胆妈妈的盲目（由此造成了个人悲剧）和贪婪（由此产生了虚假的需要）相对立。又如在《伽利略》中，故事比急于追求真实的意识发展得更慢，由于意识在故事的短暂生命中永远不能持续地“扎根”，意识对故事也感到困惑不解。正是意识（这种意识按照辩证和戏剧的方式体验其自身的地位，并认为整个世界由意识的动力所推动）和现实（这种现实在意识辩证法看来是无关的和异己的，显然是非辩证的）之间的这种含而不露的对抗，才使对意识幻觉的内在批判成为可能。至于这种批判是否用言词说出来（在布莱希特的剧本中，批判是以格言或韵文的形式说出来的），这并不重要。因为，批判归根到底不是由言辞进行的，而是通过剧本结构各要素间的内在关系和非内在关系进行的。真正的批判只能是内在的批判，而在成为有意识的批判前，首先应

该是真实的和物质的批判。因此，我觉得也许可以把这种不对称的、离心的结构看作是唯物主义戏剧尝试的基本特点。如果我们对这个条件作进一步的分析，我们将能得出以下的原则（这在马克思著作中是个根本的原则）：在意识的任何意识形态形式中，不可能有由其内在的辩证法而离开自身的成分，严格说来，能够在其自身矛盾的作用下而达到现实的意识辩证法是不存在的，总之，任何黑格尔含义上的“现象学”都不能成立。因为，意识不是通过它的内在发展，而是通过直接发现**它物**才达到真实的。

正是在这个十分确切的含义上，我们可以说：当布莱希特不再用自我意识的形式来表达剧本的意义和潜在意义时，他推翻了传统戏剧的总问题。我想说的意思是，为了使观众产生出一种新的、真实的和能动的意识，布莱希特的世界必定要打消任何想以自我意识的形式充分地发现自己和表现自己的念头。传统戏剧（应该把莎士比亚和莫里哀作为例外，并说明其理由）把反映在一个中心人物的思辨意识中的剧情以及剧情的条件和“辩证法”统统交给我们；也就是说，传统戏剧通过一种意识，即通过一个有言论、有行动、有思考和有变化的人，来反映剧情的整体含义，这种整体含义对我们说来就是戏剧本身。如果“传统”美学的这项明确条件（戏剧意识的中心“整一性”支配着其他各项著名的“整一性”）同它的物质内容有着紧密的联系，这显然不是偶然的。我想在这里指出，传统戏剧的素材或题材（政治、道德、宗教、名誉、“荣誉”、“激情”等等）恰恰正是意识形态的题材，并且这些题材的意识形态性质从没有受到批判或非议（同“义务”和“荣誉”相对立的“激情”本身只是意识形态的装饰品，它从不是意识形态的真正解

体)。具体地说,这种未经批判的意识形态无非是一个社会或一个时代可以从中认出自己(不是认识自己)的那些家喻户晓和众所周知的神话,也就是它为了认出自己而去照的那面镜子,而它如果要认识自己,那就必须把这面镜子打碎。一个社会或一个时代的意识形态无非是该社会或该时代的自我意识,即在自我意识的形象中包含、寻求并自发地找到其形式的直接素材,而这种自我意识又透过其自身的神话体现着世界的总体。如果不是如此,那还能是什么呢?我这里不想提出这些神话(作为意识形态)为什么在古典时期**一般**没有受到怀疑的问题。我只要能得出这样一个结论:一个没有真正自我批判的时代(这个时代在政治、道德和宗教等方面没有建立一种真正理论的手段和需要)必然倾向于通过非批判的戏剧(这种戏剧的意识形态素材要求具有自我意识的美学的明确条件)来表现自己和承认自己。然而,布莱希特之所以能够同这些明确条件决裂,那仅仅因为他已同它们的物质条件决裂了。他要在舞台上表现的东西,正是对自发意识形态环境的批判。所以,他必定要把自我意识这个意识形态美学的明确条件(以及它在古典戏剧中的派生物“三一律”)从他的剧本中排除出去。在他的剧本中(这里说的都是指“大型戏剧”),任何人物都不以自觉的形式包括戏剧的全部条件。总体的、透明的自我意识,作为整个戏剧的镜子,始终只是意识形态信仰的形象,它虽然把整个世界纳入到自己的戏剧中去,但这个世界只是道德、政治和宗教的世界,神话和毒药的世界。正是在这一意义上,布莱希特的剧本具有离心性,因为它们不能有中心,因为尽管布莱希特把充满幻想的天真意识作为出发点,但他不愿让这种意识成为它想要成为的世界中

心。所以,我大胆认为,在他的剧本里,中心始终是偏斜的,既然这些剧本的目的是要破除自我意识的神话,它们的中心便在克服幻觉走向真实的运动中始终姗姗来迟和落在后面。由于这个根本的原因,剧本所真正产生的批判关系就不能单独表现自己:因此,任何人物本身都不是“历史的道德”,除非在演出结束后,有一个人物走到前台,撤掉化装,向观众“总结”剧本的教益(但在这种情况下,这个人物就成了在演出之外进行思考或延长演出的观众),并说:“我们已经尽了最大的努力,现在该轮到诸位去探索了。”

由此可见,讨论剧本潜在结构的动力问题是必要的。我们必须讨论剧本的结构,因为一个剧本的批判力归根到底既不在于它的演员又不在于演员所表现的关系,而在于被自发意识形态所异化了的自我意识(大胆妈妈、她的儿子们、厨师、牧师等等)同这些人物所生活的真实环境(战争、社会)之间存在的生动关系。这种关系本身是抽象的(在自我意识看来,它是抽象的,因为这种抽象是真正的具体),它之所以能够表现为各种人物,以及人物的动作、行为和故事,那仅仅因为它既包含这一切,同时又超越这一切,换句话说,只是因为它促使抽象的结构要素(例如《我们的米兰》中的不同时间形式——群众角色的外在性等)以及要素的不平衡和动力发挥作用。这种关系必然是一种潜在关系,因为它不能由任何人物所充分体现,否则就会破坏全部批判计划。所以,它虽然包含了所有人物的全部行动、生活和动作,却又是以上这一切的深刻寓意。它先于人物的意识而存在,因而它在人物的眼中是模糊的;它对演员说来是不可见的,但它对观众说来却是可见的,因而这种可见方式不是演出给予的感知,而是观众通过思考而取得的

感受，它是观众从包藏着和孕育着感受的黑暗中所摸索出来的。

以上的说明或许能使我们对布莱希特的间离效果理论所提出的问题有比较明确的认识。布莱希特想用间离效果在观众和演出之间建立一种新关系：批判的和能动的关系。传统的戏剧形式要求观众把注意力集中在“主角”的命运上，并把自己的感情力量倾注到戏剧的“净化”中去。布莱希特却要同这种使观众和剧本达到共鸣的戏剧形式相决裂。他使观众同演出保持一定的距离，但又不是远离剧情或单纯欣赏。总之，他要使观众成为把未演完的戏在真实生活中演完的演员。可是，人们往往只根据间离效果的技术要素来解释布莱希特的这个深刻的论点，似乎这个论点只是主张：不考虑演员的一切演出“效果”，取消一切抒情和“夸张”；表现宽广的“社会背景”和设置简陋的舞台布景，似乎它故意使观众对任何布景不特别注目（例如在《大胆妈妈》一剧中，阴沉和灰暗的大地，“平淡的”光线，投影字幕使观众集中注意外部的现实环境，等等）。也有人把注意力集中于共鸣现象和戏剧主角，并从心理学的角度来解释这个论点。他们把取消主角（不论是正面角色或反面角色，他们都是感情共鸣的承受者）当作间离效果的前提条件（没有主角，也就没有感情共鸣——取消主角同布莱希特的“唯物主义”观点也是有联系的，因为历史的创造者是群众，而不是“英雄”）。我觉得，这些解释还只是停留在一些虽然重要但并非决定性的一般概念上。我们应该越过技术条件和心理条件，进而懂得这种十分特殊的批判必须在观众的意识中形成。换句话说，为了使观众和剧本之间出现距离，必须使这种距离首先在剧本内部产生，而不能停留于对剧本的技术处理上或人物的心理状态

上（这些人物是否真的是主角还是并非主角？在《大胆妈妈》中，爬在屋顶上的哑巴姑娘被敌人的火枪射死，因为她拼命击鼓，警告毫无警惕的城里人敌军正向城市冲来。难道她不正是个“正面的主角”？难道人们不暂时地对这个次要角色产生感情共鸣？）。正是在剧本的内部，在剧本内部结构的推动下，产生和出现了这个距离，它既是对意识幻想的批判，又是对意识的真实条件的阐述。

为了提出观众同演出的关系问题，我们必须首先承认，正是剧本本身的潜在结构产生了观众同演出之间的距离。这里，布莱希特又一次把既定规则倒了过来。在传统的戏剧中，一切都似乎是简单的：“主角”的时间性是唯一的时间性，其余一切都从属于主角，即使主角的对手也以主角为转移（为了能够同主角相匹敌，他们不能不如此）；主角对手活动的时间和节律是主角的时间和节律，对手受主角的制约，并且仅仅是主角的附庸。对手是主角的敌对方面，他在冲突中就像属于自己一样地属于主角。他是主角的替身、映象、对立面和影子，是对主角的诱惑，也是主角反过来反对自己的无意识。黑格尔说得对，对手的命运是以敌对意识而出现的自我意识。因此，冲突的内容同主角的自我意识是一致的。既然观众同主角在感情上相共鸣，也就是说，既然观众同主角在时间和意识上相一致（因为这是剧本向观众提供的唯一的时间和意识），观众在观看演出时也就自然而然地好像“亲历其境”一样。在贝尔多拉西的剧本以及在布莱希特的大型戏剧中，这种感情交融却由于剧本的分离结构而成为不可能了。我甚至认为，并不是布莱希特把主角排除在剧本之外，因而使主角不再出现，而是剧本中虽然有主角，但剧本本身使主角不能存在，剧本把主角连同主角

的意识以及这种意识的虚假辩证法统统消灭了。主角地位的降低不是戏剧行动本身的结果，也不是安排了某些群众角色（根据“也不要神仙和皇帝”的主题）的结果，甚至不是戏剧故事“悬而未决”的结果。它不是由剧本的细节或连贯性，而是由剧本的结构动力这个更深刻的因素所造成的。

请读者注意，我们以上只谈到了剧本，现在就来谈观众的意识。我想简单地指出，这并不如人们所想象的那样是个新问题，这还是原来的老问题。不过，为了承认这一点，我们必须先同意把妨碍思考观众意识的两个传统公式否定掉。第一个有害的公式仍然是自我意识，但这里涉及的是观众的自我意识。这个公式承认观众必须同“主角”保持距离，不再同他发生感情共鸣。但这样一来，观众不正是站在剧本之外对剧本进行评判、估价和引出结论的人吗？以《大胆妈妈》为例，台上表演的是大胆妈妈，台下评判的是观众。台上出现的是盲目的形象，观众席上坐着的是清醒的形象，两小时的演出把无意识引导到有意识。但这种分工等于把演员所不能完成的任务交给观众去完成。其实，观众没有任何资格充当为剧本所不能容忍的绝对自我意识。正如剧本不包含对自己的“故事”的“最后裁决”一样，观众也不是剧本的最后裁决者。观众本身也是按照一种不可靠的虚假意识来观看和体验剧本的。观众同剧中人一样生活在意识形态的神话、幻觉和典型形式之中，观众是剧中人的亲兄弟。虽然观众由于剧本的安排而同剧本保持距离，但这不是为了使观众免受剧中人的命运而成为剧本的裁决者；相反，这正是迫使观众进入到这种表面的间离状态和“异己”状态之中，使观众成为仅仅起着能动的和活生生的批判作用的间离状态本身。

此外,我们显然还要否定有关观众意识的第二个公式,即感情共鸣的公式。这是一个不可避开而只能正视的公式。为了思考观众意识的地位,人们援引感情共鸣(观众同主角)的概念,这是否有牵强附会的危险?虽然我不能真正回答这个问题,但我想在这里把它明确地提出来。感情共鸣的概念严格地说是个心理学概念,或更确切地说,是个心理分析的概念。我丝毫不想怀疑坐在舞台前的观众具有实在的心理过程。但应该承认,在观众的心理状态中可以观察、描绘和确定的投射现象和升华现象单独并不能如实地反映观看演出这样一个特殊的复杂行为。这个行为首先是一种社会行为,一种文化的和美学的行为,因而也是观念的行为。这种复杂行为超出了具体的心理过程(例如,在严格的心理学含义上的共鸣、升华、解除压抑等等)的范围,弄清这些心理过程在复杂行为中的体现当然是一项重要的任务。但为了不陷入心理主义,我们不能因这第一项任务而取消第二项任务,即确定观众的自我意识本身的特殊性。假如这种自我意识不等于单纯的心理意识,假如它是社会的、文化的和观念的意识,人们就不能仅仅以心理共鸣的形式来思考观众同演出的关系。的确,观众在心理上同主角发生共鸣前,他的自我意识在剧本的观念内容中以及在这一内容特具的形式中已得到了承认。演出在造成共鸣(与以它物出现的自我共鸣)前,它在根本上已经承认了自己是文化的和观念的意识。[①] 这

① 我们切莫以为,这种自我承认可以摆脱人的要求的支配,因为正是人的要求最终决定着观念的命运。因为,艺术既是人的自我承认,也是自我承认的意愿。为了使我们的讨论局限在一定的范围之内,我这里先假定观众和剧本基本上具有共同的神话、主题和愿望(这是使演出可能成为文化现象和观念现象的根据),这种同一性从一

种自我承认在本质上意味着有一种基本的同一性(它使心理共鸣过程本身作为心理过程而得以存在)把在同一个地点和同一个晚上集合起来的观众和演员联结成一个整体。的确,我们首先被演出联结在一起,但更深刻地被强加于我们的神话和主题,以及被自发地体验的意识形态联结在一起。的确,尽管《我们的米兰》是一部表现穷苦人的剧本,但我们过的是同一种生活,有着共同的愤慨、反抗和狂热(至少在头脑中盘旋着对不久将来的希望),都为死水一潭般的时代而感到苦恼。和大胆妈妈一样,我们或者正经历着战争,或者离战争已近在咫尺,我们由于同样的原因而陷入了可怕的盲目之中,并为此吃到了同样的苦头。在我们的无意识中,我们和剧中人过着相同的日日夜夜,面临着相同的无底深渊。总之,我们和剧中人确实是共命运的,这是全部问题的出发点。所以,从本质上看,我们早已置身在剧本之中,虽然我们知道剧本的结局,但这并不重要,因为归根到底它无非表现了我们自己,表现了我们生活的世界。所以,共鸣这个虚假的问题从一开始起,甚至在它被提出以前,就已经被自我承认的现实所解决了。唯一需要回答的问题是:这种不言而喻的同一性和这种直接的自我承认,它

开始起既是已经确立的同一性,又是为人们所要求或拒绝的同一性。换句话说,在戏剧世界或更广泛地在美学世界中,意识形态本质上始终是个战场,它隐秘地或赤裸裸地反映着人类的政治斗争和社会斗争。大家知道,纯心理过程(如共鸣)的效果有时完全是悬空的。大家还知道,有些观众(职业的和非职业的)不等幕布打开就对演出怀有成见,或者在开幕后拒绝设身处地地去领会剧本和演出的内容。我承认,在这种情况下,如果用纯心理过程(例如共鸣)来说明观剧这个行为,那就十分奇怪的了。以上的情况到处都可见到,我们不举别的例子,单就贝尔多拉西而言,十九世纪末的资产阶级拒绝接受他的剧作,使他生不逢时和处处碰壁。在目前,即在1962年6月的巴黎,他和斯特累勒也没有被左右“巴黎”观众好恶的评论家们所真正理解,并受到了种种责难,虽然这个剧本已被意大利广大的平民观众所接受和承认。

的命运是什么？作者怎样描绘了这一命运？在戏剧大师布莱希特或斯特累勒的指导下参加演出的演员将怎样表现这一命运？这种观念的自我承认最后的结局是什么？它将在自我意识的辩证法中徒劳地挣扎（不断地加深对自我意识的批判，但又永远不能摆脱它）？将把这面无限的镜子作为演出的中心？或者它将转移这面镜子的位置，把它搁在一边，若弃若取，若即若离，让它在远处的异己力量的作用下，最后如同一块玻璃被远处的物理震动震破一样，突然成为落在地上的一堆碎片？

总而言之，我们以上试图阐明自我意识，其实只是为了更好地提出问题。我们可以看到，剧本本身就是观众的意识，其根本理由是：观众除了剧本的内容（这一内容事先把观众同剧本结合在一起）以及这一内容在剧本中的展开以外，没有别的意识。观众的意识是剧本从自我承认出发而产生的新结果，剧本则又是这一自我承认的形象和表现。布莱希特说得对：如果戏剧的目的只是对这种固定不变的自我承认和自我不承认进行评论（即使是“辩证的”评论），那么，观众在看戏前早就知道了这是陈腐的老调，即他们自己的老生常谈。相反，如果戏剧的目的是要触犯自我承认这一不可触犯的形象，是要动摇这静止不动的、神秘的幻觉世界，那么，剧本就必定在观众中产生和发展一种新意识。这种新意识是尚未完成的意识，它在这种未完成状态、这种由此产生的间离状态以及这种源源不断的批判的推动下，通过演出而创造出新的观众。这些观众是在剧终后开始演出的演员，是在生活中把已开始的演出最后演完的演员。

回头一看，我不禁猛然想到，以上几页漫无边际的拙劣文字不

正是表明了,《我们的米兰》在我的头脑中继续在追逐它的未完成的含义吗?这个不出名的剧本是在六月的一个夜晚上演的,现在演员早已离开了舞台,布景早已被拆除,但它的无声的台词却在我的思想中萦回不息。

1962 年 8 月

五、卡尔·马克思的《1844年手稿》（政治经济学与哲学）

《1844年手稿》的出版[①]是一件了不起的大事。我想提请《思想》杂志的读者注意这件大事。

首先，这是著作界和评论界的大事。在这以前，法语读者只能通过科斯特出版社的译本（莫里多尔译，《哲学文集》第六卷）阅读《1844年手稿》。那是一个漏洞百出、谬误丛生的节译本，凡不得不使用那个译本的人都有切身的体会，它不能真正作为研究的工具。现在，全靠艾·波蒂热利的帮助，我们有了一个新版本（这是最新的版本，因为波蒂热利使用了莫斯科马克思恩格斯研究院向他提供的关于解释和勘误的最新材料），他的巨大功绩是应该予以肯定的。这个版本的特点是译文严谨细密，编排合理（按MEGA原文版编排），并附有注释。我还要指出它在理论上的可靠（只有在译者不单是一名翻译的情况下，即在译者不仅能吃透作者的原意，而且还熟悉作者生活的观念环境和历史环境的条件下，才可能出现一个好的译本，这个条件今天已经具备了），这一点十分重要。

① 该书由艾米尔·波蒂热利翻译、撰写前言和作注，由社会出版社出版。

其次,这在理论界也是件大事。我们面对的这部著作,在三十年来攻击和保卫马克思的论战中,曾经起过头等重要的作用。波蒂热利清楚地说明了这场大论战中论敌双方的阵营。这部重要著作之所以风靡一时,开始是由于社会民主党人(最早的出版人兰茨胡特和迈耶尔)的捧场,接着是由于唯灵论、存在主义和现象学哲学家的捧场;但是,正如人们所能想象的,这些人的思想出发点同认识马克思,甚至同简单地了解马克思的思想形成过程,都是格格不入的。在他们看来,这部经济学哲学手稿使人们可以从伦理学、人本学(二者是一回事)的观点,乃至从宗教的观点来解释马克思的思想。他们认为,如果用今天的观点来"客观"地评价《资本论》,这部著作无非是对马克思青年时期的一种直观作了进一步的阐述;而《1844 年手稿》,特别是其中异化、人道主义、人的社会本质等概念,则是这种直观的主要哲学表述。大家知道,马克思主义者很晚才开始作出反应,而且他们的反应往往与他们的恐惧和急躁成正比:他们往往喜欢全盘地肯定马克思,并接过他们论敌的论点去为《资本论》辩护,从而过分地抬高了《1844 年手稿》的理论地位。关于这个问题,波蒂热利提出了一些出色的见解(第 9 页,第 39 页)。他要求确定一个全新的和严格的研究方法,一个不同于简单地把前后概念进行比较的研究方法(第 10 页),而这个要求是任何严肃的评论家所不能回避的。既然《1844 年手稿》成了战斗的论据、争执的口实和防守的堡垒,我们就可以而且应该用确有把握的方法去加以论证:即把手稿当作马克思思想形成过程中的一个阶段看待,它同思想发展的其他各阶段一样,虽然预示着未来的发展,但也确定了一个不可变更的、独特的现在。可以毫

不夸张地说，波蒂热利这个无懈可击的译本向我们提供了一个极好的研究对象，它对于马克思主义者具有双重的理论意义，因为它不仅关系到马克思的思想形成和转变，而且它还给了马克思主义关于意识形态的理论一个运用和验证其方法的最好机会。

最后，我还要指出，译文前面有一篇介绍历史和理论背景的重要前言，它不仅使我们能立即抓住主要问题，并且阐明了这些问题的地位和意义。

与马克思早先的著作相比较，《1844 年手稿》有什么特点呢？它有什么真正的新东西呢？问题的答案在于以下的事实：《手稿》是马克思接触了政治经济学的结果。固然，正如马克思自己所说的，他"不得不"就经济问题发表意见，这并不是第一次（例如，早在 1842 年，关于盗窃林木的问题就涉及封建土地所有权的全部情况；又如，同样在 1842 年，关于书报检查令和出版自由的文章涉及"工业"的现实，等等）。不过，以前他所接触的经济学，只是由政治辩论而涉及的一些经济问题。总之，他并没有直接触及政治经济学，而只是接触到某种经济政策的某些后果或导致社会冲突的某些经济条件（《黑格尔法哲学批判》）。到了 1844 年，马克思开始研究政治经济学本身。恩格斯对英国的"天才的描述"为马克思开辟了道路。和恩格斯一样，马克思不得不在政治范围之外去寻找在政治范围内不可解决的冲突的理由，这就促使他去研究政治经济学。如果不看到这是马克思同政治经济学的第一次接触，《手稿》就很难被理解了。在这方面，马克思在巴黎的那段时间（1844 年 2 月至 5 月）是个关键，他那时着重研究了古典经济学家（萨伊、斯卡尔培克、斯密、李嘉图），作了大量的笔记，这在《手稿》

里可以找到痕迹(《手稿》的第一部分有大段大段的引文)。他这样做似乎是为了要确认一项事实,但是,就在他确认这一事实的同时,他发现这个事实竟没有任何根据,至少在他阅读的那些经济学家的著作里找不到任何根据,他发现这一事实竟是悬空的,它没有自己的本原。因此,马克思同政治经济学的接触也是对政治经济学的批判,是孜孜以求地要找到政治经济学的根据。

马克思何以得出了政治经济学缺乏根据的信念呢?这是因为马克思研究了为政治经济学所承认、记录、接受甚至加以美化的矛盾,特别是研究了劳动者日益贫困化与现代世界中出现少数人暴富(政治经济学对此表示庆贺)相对立这个主要矛盾。这就恰好打中了这门论据贫乏但又一味乐观的科学的要害和弱点。这是政治经济学的耻辱,而马克思正是要通过给政治经济学提供它所缺乏的本原来洗雪这个耻辱,这个本原将既是对政治经济学的澄清又是对它的判决。

这里,《手稿》露出了它的另一个面目:哲学。波蒂热利正确地指出,马克思同政治经济学的这一接触也是哲学同政治经济学的一次接触。当然,这不是随便什么哲学,而是马克思通过他的全部实践经验和理论经验所建立的哲学(波蒂热利叙述了这一哲学的主要阶段:开始是唯心主义,这种唯心主义比较接近康德和费希特,而不十分接近黑格尔;接着是费尔巴哈的人本学),是经过同政治经济学的这次接触而得到了修改、纠正和扩展的哲学。但总的说来,这种哲学依旧带有费尔巴哈总问题的深刻烙印(波蒂热利,第 39 页),并且始终为是否从费尔巴哈倒退到黑格尔那里去而犹豫不决。正是这一哲学从一个关键的概念出发,即从异化劳动的概念出发，思考了政治经济学的矛盾，并通过这一矛盾思考了整个政治经济学以及政治经济学的全部范畴，从而解决了政治经济学的矛盾。我们在这里才真正处于问题的中心，并且很容易受从唯心主义到轻率的唯物主义的各种诱惑……因为，乍看起来，我们是站在熟悉的土地上，我想说的是，在这块土地上，我们可以看到私有制、资本、货币、分工、劳动者的异化、劳动者的解放，以及劳动者的未来——人道主义等许多熟悉的概念。我们在《资本论》里将可以找到所有这些范畴，或几乎所有这些范畴；因此，我们可以把它们当作《资本论》的先声，《资本论》的草稿，或《资本论》的草图。这幅草图虽然已初具规模，但毕竟还没有完全画好。油画家们就有这样的画作；由于它们是在灵感奔放时的神来之笔，它们往往比完成了的作品更加宏伟。《手稿》的引人入胜，它的不可抗拒的逻辑（波蒂热利正确地谈到了《手稿》“严谨的推理”和“不可动摇的逻辑”），它的严肃可靠的辩证法，都有这种宏伟的气势。不过，我们在《手稿》中也还看到信念的存在，看到逻辑和推理赋予概念的含义，以及这种逻辑和推理本身的含义，即依然是哲学的含义，我这里所说的哲学是马克思后来予以彻底否定的那种意义上的哲学。因为对任何严格的推理和任何辩证法说来，它们的价值无非就是它们所服务的和说明的那个含义的价值。对于这个问题，我们今后还必须进行详细的研究，并作出逐字逐句的解释。必须考察异化劳动这个关键概念的理论地位和理论作用；研究这一概念的范围；承认这一概念确实起到了马克思当时赋予它的作用，即原始基础的作用；但是，它要起到这个作用就应该具备一个条件，即必须从马克思关于人的观点出发去接受这项使命，并且从人

的本质中得出我们熟悉的经济概念的必然性和内容。总之,我们必须在这些必定要改变含义的术语中,发现使它们仍旧受哲学束缚的含义,因为哲学对它们还施加着最后的权威。我不打算随意提早作出这种推论,但我几乎要说,在这方面,即在哲学对即将成为绝对独立的内容的绝对统治方面,离马克思最远的马克思正是离马克思最近的马克思,即最接近转变的那个马克思。马克思在同过去决裂以前和为了完成这一决裂,他似乎只能让哲学去碰运气,去碰最后一次运气,他赋予了哲学对它的对立面的绝对统治,使哲学获得空前的理论胜利,而这一胜利也就是哲学的失败。

波蒂热利的前言使我们接触到这些问题的中心。我认为,波蒂热利考察异化劳动的理论地位的有关段落写得最出色,他把《手稿》中的经济概念同《资本论》中的经济概念作了比较,并提出了马克思于1844年所接触的政治经济学在当时具有什么理论性质这样一个根本问题。他说:"在马克思看来,资产阶级的政治经济学是一种现象学"(第41页),我觉得这句话虽然简单,但它与以下的事实具有同等的重要性:马克思在这里原封不动地把政治经济学接受了下来(第67页),丝毫没有触动政治经济学各个概念的内容和体系。触动政治经济学的内容和体系是马克思后来的事情。因为正是经济学的这种"抽象"才使另一种"抽象",即哲学的"抽象"成为可能,而哲学的"抽象"则被用来为前一种"抽象"奠定基础。所以,如果承认了在《手稿》中起作用的那种哲学,我们势必就回到了我们的起点,即回到马克思同政治经济学的那次接触,同时迫使我们提出以下的问题:马克思透过这种经济学所接触到的究竟是什么现实?是经济学本身,还是同经济学家的理论不可分割的一种经济意识形态，也就是像上面所说的，是一种"现象学"？

最后，我还补充一点意见。某些人或许对我的这种解释感到困惑，但这是因为他们把马克思思想形成时期的政治立场和理论立场搞混淆了（应该承认，这是我们当代人所难免的，因为他们过去一直不必分清这些不同的作用）。波蒂热利清楚地认识到了这个困难，并勇敢地迎接了这个困难，他指出：《黑格尔法哲学批判》（1843 年）"标志着马克思已经拥护无产阶级的事业，拥护共产主义。但这并不意味着历史唯物主义业已制定。"由此可见，对于马克思青年时期的著作，我们可以从政治角度和从理论角度去阅读。例如《论犹太人问题》在政治上是一篇主张为共产主义奋斗的文章。但同时，这又是一篇"意识形态"色彩十分浓厚的文章。因此，从理论上讲，它同马克思后来的著作是不能相比拟的，只有这些后来的著作才确立了历史唯物主义，才说明了 1843 年共产主义运动的实质，而马克思参加的这一共产主义运动，早在这些著作产生前，已经独立地成为真正的运动。何况，根据我们自己的经验，我们也知道，一个人可以是"共产主义者"，而不一定是"马克思主义者"。为了避免受到政治的诱惑而把马克思的理论立场同他的政治立场混淆起来，或用政治立场为理论立场作辩护，作出这个区分是完全必要的。但是为了作出这个区分，我们立即就面对着波蒂热利所规定的要求。我们应该设计出"另一种方法"来解释马克思思想的形成过程，解释他思想的各个"时期"、"阶段"和"时段"，总之，解释他的思想演变过程：即要说明这个过程是一种奇异的辩证法，而《手稿》显然是这种辩证法中间的一个最奇异的插

曲。马克思生前从没有发表过这些《手稿》；也许正因为如此，这些《手稿》使我们清楚地看到了在马克思最后转变成为马克思的时候，在他实行既是最后一个又是**第一个彻底**转变的时候，他的既是胜利的又是失败的思想。

1962 年 12 月

六、关于唯物辩证法
（论起源的不平衡）

“……凡是把理论导致神秘主义方面去的东西，都能在人的实践中以及对这个实践的理解中得到合理的解决。”

卡尔·马克思：《关于费尔巴哈的提纲》第八条

如果必须用一句话来概括人们对我提出的批评，我应该说，这些批评虽然承认我的论文值得重视，但又认为它们在理论上和政治上是危险的。

这些内容不尽相同的批评，归纳起来主要有两方面：

1. 说我“强调了”马克思与黑格尔之间的“中断”。结果是：黑格尔辩证法的合理内核、辩证法本身、《资本论》以及我们时代的基本法则，也就统统不能成立。[①]

2. 说我提出了“多元决定”的概念，从而用“多元”史观代替了马克思主义的“一元”史观。结果是：历史的必然性、历史的统一

① R. 加罗迪：“……应该认识到，如果低估了马克思继承的黑格尔遗产，就有可能不仅把马克思青年时期的著作，把恩格斯和列宁的著作，而且把《资本论》本身，全都抛得一干二净。”R. 加罗迪：《论1844年手稿》，《共产主义手册》1963年3月号第118页。

性、经济的决定作用以及我们时代的基本法则，也就统统不能成立。①

如同我的论文一样，这些批评意见涉及两个问题。第一个问题是关于黑格尔的辩证法：马克思承认黑格尔具有的“合理性”究竟是什么？第二个问题是关于马克思的辩证法：把马克思的辩证法与黑格尔的辩证法严格区分开来的那个特殊性究竟是什么？两个问题其实只是一个问题的两个方面，因为这两个方面都是为了更加透彻明了地去理解马克思的思想。

关于黑格尔的辩证法及其“合理性”，我以后再谈。这里，我想着重研究问题的第二方面（它决定着第一方面），即关于马克思主义辩证法的特殊性问题。

请读者相信，我将尽量赋予我用的概念以严格的含义；为了理解这些概念，必须注意它们的严谨性，而假如这种严谨性确有道理

① G.米利：“有人说，路易·阿尔都塞之所以吵吵嚷嚷，是因为他采用了一个新概念来阐述为马克思和恩格斯所认识的一个真理。这个说法似乎并不合理。比较接近事实的是，阿尔都塞认为必须强调指出，在属于经济基础的决定因素和属于上层建筑的决定因素之间，存在着一条不可逾越的鸿沟。也许正是这个原因，他拒不同意马克思的观点，不愿把市民社会当作矛盾的主要方面和把国家当作这一本质的现象，不愿把黑格尔确认的市民社会与国家之间的矛盾的两个对立面颠倒过来。由于他在历史辩证法中人为地制造了这个‘中断’，他就不可能看到，资本主义的内在本质如何必然地通过自身的发展，而在自己的特殊矛盾中产生出帝国主义的最高阶段、发展的不平衡和最薄弱环节……”（《思想》杂志 1963 年 4 月，《唯物主义和极端经验主义》，第 49 页）。R.加罗迪：“不论中间媒介是何等复杂，人的实践是统一的，人的实践的辩证法是历史的动力。如果用‘多元决定’的（真实）多样性来抹煞这一点，人们就看不到，马克思的《资本论》首先就是研究资产阶级社会发展这个主要矛盾和这条根本法则。既然如此，怎么还可能设想，我们时代发展的根本法则，即向社会主义过渡的法则，会是一个客观存在呢？”（第 119 页）。

的话，请读者予以赞同。理论如果不具有其对象所要求的严谨性，就不成其为理论，或者说，就不是严格意义上的理论实践。重申这一点，也许不是多余的吧？

（一）实践解答和理论问题。为什么需要理论？

我在上一篇文章里提出了一个理论问题，这个问题是：马克思对黑格尔辩证法的“颠倒”，究竟颠倒了什么？把马克思的辩证法和黑格尔的辩证法区分开来的特殊性究竟是什么？

我说这是个理论问题，意思是说这个问题的理论解答应该给我们一个同马克思主义理论的其他认识有机地联系着的新认识。我说这是个理论问题，这还意味着，这个问题不是个虚构的难题，而是以问题的形式提出的、真实存在的难题，也就是说，问题的提出必须先具备以下的条件：确定提出问题时的理论认识环境；确定提出问题时的具体场合；确定为提出问题所需要的概念。

只有去提出、考察和解决这个问题，也就是说，只有去进行我们下面从事的理论实践，才能够证明这些条件得到了尊重。

可是，我们这里要用理论问题和理论解答的形式加以表述的，在马克思主义的实践中已经存在。马克思主义的实践曾经遇到过这个“难题”，证实过这个“难题”是真实的，而不是虚构的；不仅如此，它还在自己的有限范围内，实际上已经“清算”了和克服了这个“难题”。很久以来，我们的理论问题的解答已经以实践状态在马克思主义实践中存在着。因此，提出和解决我们的理论问题，结果就成了从理论上去阐述业已以实践状态存在的“解答”，这个解答就是马克思主义的实践对在其发展过程中所遇到的一个真实难题所作的解答，马克思主义实践指出了这个难题的存在，并自认为已经对它进行了清算。①

因此，这里只是要在一个具体问题上弥补理论与实践之间的“差距”，而绝不是向马克思主义提出任何主观的和虚构的问题，不是要求马克思主义去“解决”“极端经验主义”的“问题”，更不是要求马克思主义去解决马克思所说的哲学家在与某个概念发生个人关系时所感到的困难。这里提出的问题，②是由马克思主义实践指出其存在的、以难题形式出现的问题。马克思主义的实践已经对它作出了解答。因此，我们只要对这一解答进行理论的阐述。可是，对一个在实践状态中业已存在的解答进行理论阐述，却并不是那么简单：它要求我们开展真正的理论工作，不仅要制定出这一实践解答的特殊概念或认识，而且要通过彻底的批判，破除一切可能存在的意识形态混乱、幻想和错误（直到它们的理论核心）。由此可见，这一简单的理论“阐述”竟意味着同时要产生一种认识和批判一种幻想。

人们或许会问，为什么要花九牛二虎之力去阐述一个早已被

① 清算是《政治经济学批判》序言（1858 年）的用语。马克思在序言中回顾了过去，追忆了他与恩格斯 1845 年春在布鲁塞尔的会见和撰写《德意志意识形态》的情况，他谈到了把我们从前的哲学信仰“清算一下”。《资本论》第二版序公开记录了这次清算。通过清账，马克思诚实地承认欠了一笔债，即黑格尔辩证法的“合理方面”。

② 当然，这个问题在这里不是第一次被提出。苏联的马克思主义研究人员目前对这个问题有许多论著。据我了解，在罗马尼亚、匈牙利、民主德国以及意大利，也就这个问题写出了一些具有重大科学意义的历史著作和理论著作（德拉·沃尔帕、罗西、柯莱蒂、梅尔开，等等）。

“认识”了的“真理”呢?① 我们这里就根据词的严格含义来作出回答:这一真理的存在是早已被发现和被承认了,但它并没有被认识。因为在实践中承认某个真理的存在并不等于认识了这个真理(不等于上升成为理论),只有思想糊涂的人才把二者混淆起来。如果人们要问:既然问题的解答早已以实践状态存在着,我们在理论上提出这个问题还有什么用处?既然到目前为止,实践解答没有理论阐述也完全可以过得去,我们为什么非要去进行理论阐述呢?这种“思辨”的研究对我们究竟能有什么好处呢?

关于这个问题,我们可以用列宁的一句话来回答:“没有革命的理论就没有革命的实践。”同时,我们还可以把这句话加以引申:理论对于实践,对于它帮助产生或发展起来的实践,对于由它作为理论而加以总结的实践,是至关重要的。但是,单说这句话完全符合事实显然还不够,我们还需要找出这句话所以正确的根据,也就是要提出以下的问题:这种对于实践至关重要的理论究竟是什么?

我想就这个题目作最起码的研究。我建议先确定以下几个定义作为研究的前提。

关于实践,我们一般指的是任何通过一定的人力劳动,使用一定的“生产”资料,把一定的原料加工为一定产品的过程。在任何这类实践中,过程的决定性时段(或要素)既不是原料,又不是产品,而是狭义的实践:是人、生产资料和使用生产资料的技术在一

① G.米利恰好就说过:“有人说,路易·阿尔都塞……采用了一个新概念来阐述为马克思和恩格斯所认识的一个真理,这个说法似乎并不合理。”

个特殊结构中发挥作用的加工阶段。实践的这个一般性定义本身包含着特殊性的存在,因为实践尽管有机地属于同一个复杂的整体,但不同的实践毕竟有不同的特点。例如,“社会实践”作为特定社会中存在的各种实践的复杂统一体,包含着许多具有不同特点的实践。我们将能看到,“社会实践”这个复杂统一体具有一定的结构,而在其中最后起决定作用的实践,就是现有的人在一定的生产关系范围内、通过有计划地使用一定的生产资料、把一定的实物(原料)加工成为日常用品的那种实践。除了生产以外,社会实践还包括其他的基本实践。这里有政治实践:马克思主义政党从事的政治实践不再是自发的,而是根据历史唯物主义的科学理论去组织的,它把一定的社会关系作为原料加工成一定的产品(新的社会关系);有意识形态实践:意识形态不论表现为宗教、政治、伦理、法律或艺术,也都在加工自己的对象,即人的“意识”;还有理论实践。人们往往并不真正把意识形态的存在当作一种实践,然而承认这一点正是一切意识形态理论的不可缺少的条件。至于理论实践的存在,人们更不以为然了。可是,承认理论实践的存在,对我们了解马克思主义如何认识理论,以及认识理论与“社会实践”的关系,更是一个不可缺少的前提条件。

接着谈第二个定义。关于理论,我们指的是实践的一种特殊形式,它也属于一定的人类社会中的“社会实践”的复杂统一体。理论实践包括在实践的一般定义的范围之内,它加工的原料(表象、概念、事实)由其他实践(“经验”实践、“技术”实践或“意识形态”实践)所提供。理论实践的最广泛的形式不仅包括科学的理论实践,而且包括先于科学的,即“意识形态的”理论实践(构成科学的史前时期的“认识”方式以及它们的“哲学”）。任何科学的理论实践总是同它史前时期的、意识形态的理论实践划清界限：这种区分的表现形式是理论上和历史上的“质的”中断，用巴什拉的话来说，就是“认识论的断裂”。我们这里暂且不谈在出现“断裂”的过程中起了作用的辩证法，换句话说，暂且不去论述为促使断裂出现而进行的理论加工工作，断裂的每次出现都使科学同它过去的意识形态相脱离，揭露科学的过去是意识形态，从而创建科学。为了抓住主要问题，我们将集中分析断裂后的那个阶段，即科学业已建成的阶段，并且将采用以下的术语：我们将把具有*科学*性质的一切理论实践叫作*理论*。我们将把真实科学的特定*理论体系*（它的基本概念在一定的阶段既是矛盾的，又是统一的）叫作“理论”（带引号的），例如万有引力理论、波动力学理论……或者历史唯物主义“理论”。任何一门科学的“理论”都通过它的概念的复杂统一体（这种统一性多少带有盖然性）反映它的理论实践的结果，而这些结果又将成为这一理论实践的条件和手段。我们将把一般的理论，即一般实践的理论叫作**理论**（大写的），这种**理论**本身是以（各门科学的）现有理论实践为出发点而制定的，而现有的理论实践则把现有的“经验”实践（人的具体活动）的产物加工为“知识”（科学真理）。这种**理论**就是与辩证唯物主义浑成一体的唯物辩证法。为了对以下的问题作出确有理论根据的答复，确定以上的定义是必需的：从理论上去阐述一个业已以实践状态存在的解答，对我们究竟有什么用处？

当列宁说“没有革命的理论就没有革命的实践”时，他指的是带引号的“理论”，即关于社会形态发展的马克思主义科学（历史

唯物主义)。这句话出自列宁的《怎么办?》,列宁在这部书里探讨了1902年俄国社会民主党的组织措施和奋斗目标。他当时反对充当群众“自发行动”尾巴的机会主义政策,他要求改变这项政策,并从事建立在“理论”基础上的革命实践,这项理论就是关于社会形态(即当时的俄国社会)发展的马克思主义科学。但是,列宁在阐述这个论点时,把话说过了头。他想指出马克思主义的政治实践需要有为实践充当基础的“理论”,而他阐述的那个论点实际上却指的是**理论**,也就是一般实践的**理论**,即唯物辩证法。

理论对于实践的重要性具有双重的意义。“理论”对于它自己的实践的重要性是直接的。但“理论”一旦同它的实践发生了关系,只要这种关系一旦被人们所思考和阐述,它就会涉及一般**理论**本身(辩证法)。而在一般**理论**中,我们可以看到一般理论实践的本质的理论表现,进而看到一般实践的本质的理论表现,再进一步又看到一般事物发展变化的本质的理论表现。

我们重新回到对实践解答的理论阐述这个问题上来。我们看到,这个问题涉及**理论**,也就是涉及辩证法。对辩证法作确切的理论阐述,首先关系到马克思主义辩证法在其中起作用的那些实践,因为这些实践(马克思主义的“理论”和政治)在它们的发展过程中需要有关于它们的实践的概念(辩证法的概念),以免在这一发展的质的新形式(新的形势、新的“问题”)面前陷于无能为力的地步,或者为了避免一而再、再而三地在理论上和实践中落到形形色色的机会主义泥坑中去。这些“意外”和“偏向”最终都只能归罪于“意识形态的错误”和理论上的失着,它们造成的损失总是很大很大的。

理论对于那些实际上还不存在马克思主义理论实践的领域也有十分重要的意义。这些领域在大多数情况下并不像《资本论》那样问题已经得到“解决”。在认识论、科学史、意识形态史、哲学史、艺术史等方面,马克思主义的理论实践大部分还有待开创。这并不是说没有马克思主义者在这些领域里工作,也不是说他们在这些领域没有取得真正称得上重要的经验,而是说他们还没有能取得与《资本论》和一百年来马克思主义者的革命实践相提并论的成果。他们的实践大部分还有待于他们去进行、制定和开创,也就是说,有待于建立在正确的理论基础之上,从而使这种实践能够有真实的对象,而不是虚假的或意识形态的对象,能够真正成为理论实践,而不是技术实践。为此,他们需要有**理论**,即需要有唯物辩证法,来作为唯一能使他们在从事理论实践前初步确定其必备条件的方法。在这种情况下,使用**理论**不等于把唯物主义和辩证法的说法应用于某个早已存在的内容。列宁自己就曾经责备恩格斯和普列汉诺夫从外部把辩证法应用于自然科学的“例子”。[①] 从外部硬搬概念的做法从来不能和理论实践画等号。硬搬的概念除了名称以外丝毫改变不了它是外来的真理的性质,这种做法对取得这一名称的真理不能起任何作用。例如,把辩证法的“法则”应用于物理学的某项成果就不是理论实践;这对物理学的理论实践的结构和发展不但不能改变一丝一毫,更糟的是,这还会成为一种意识形态的桎梏。

---

① 弗·依·列宁:“不能原封不动地应用黑格尔的逻辑;不能把它现成地搬来。要挑选出其中逻辑的(认识论的)成分,清除掉它的神秘观念:这还是一项巨大的工作。”见《哲学笔记》,《列宁全集》中文版第三十八卷第293页。

然而，仅仅抛弃在运用辩证形式中的教条主义和相信现有理论实践的自发性是不够的（这是马克思主义的一个根本论点），因为我们知道，纯粹的理论实践是不存在的，任何科学在其历史过程中不可能由于上帝的恩典而永远不受唯心主义的威胁和玷污，即不受包括它的各种意识形态的威胁和玷污。我们还知道，纯科学只是在不断清除唯心主义的条件下才能存在，科学只是在不断摆脱那些窥伺、袭击和缠绕它的意识形态的条件下，才能成为在历史的必然中的自由科学。为了实现以上的条件，科学就必须同意识形态即唯心主义进行不懈的斗争，在这一斗争中，**理论**（唯物辩证法）能够说明科学的道理和目标，并作为世界上最好的方法论为科学指引方向。那么，我们应该如何看待那些发展迅猛的先进学科的自发性呢？严格地说，这些学科只是具有一定实用价值的学科，但算不上是科学，不过由于它们使用着一些"科学的"方法（这些方法是脱离它们假定的对象的特殊性而独立确定的）而自称是科学罢了。它们如同任何真正的科学一样，自以为有一个对象，其实，它们研究的对象无非是某个特定的现实，而且这个现实还是许多互相竞争的"科学"你抢我夺的对象：这是没有构成科学事实、因而不具有统一性的一堆现象而已。这些先进学科就它们目前的形式而言，不能成为真正的理论实践，因为它们往往只具有技术实践的统一性（例如，心理社会学、社会学以及心理学的许多门类）。[①] 只

① 理论实践产生知识，而知识又可以作为手段，为技术实践的目标服务。任何技术实践都由它的目标所规定：有什么样的对象和什么样的情况，必定会产生什么样的结果。手段服从于目标。任何技术实践都利用知识为手段，以达到自己的目的。这些知识或者是从外部向现有的科学所借用的，或者是由技术实践本身所产生的。无论如

有**理论**才能提出这些学科是否具有科学资格这个前提问题，才能批判意识形态的各种假面具，包括把技术实践伪装成为科学的假面具在内。这种**理论**是（不同于意识形态实践的）理论实践的**理论**，是唯物辩证法或辩证唯物主义，是马克思主义辩证观的独特之处。

因为，如果问题是要保护真正存在的科学免受意识形态的侵犯；是要分清什么是真正的科学和什么是真正的意识形态，而不是如人们有时看到的那样，把科学成分当作意识形态，或把意识形态成分当作科学成分……；是要批判占统治地位的技术实践冒充为科学，并为我们的时代、社会主义和共产主义所日益需要的真正理论实践奠定基础（这在政治上十分重要）；如果问题是要完成以上的任务，而完成这些任务又都需要马克思主义辩证法发挥作用，那么我们显然不能满足于公式化**理论**（也就是唯物辩证法），因为这样的公式化会出现不确切的缺点，甚至会像黑格尔的辩证法理论那样很不确切。对此，我们的意见都是一致的。我完全懂得，这种不确切性在一定程度上可能同现实相符合，因而具有某种实践的

何，技术与知识的关系是一种外在的关系，而不是互为补充的关系，它完全不同于科学与知识之间的那种内在的、互为补充的关系。列宁关于必须把马克思主义理论输入到工人阶级的自发政治实践中去的论点正是建立在这种外在性的基础之上。自发的（技术）实践如果单靠它自己，只能产生它所需要的"理论"，这种"理论"作为达到技术实践所应达到的目的的手段，无非是这个未经批判、未被认识的目的在实现目的的许多手段中的反映，也就是说，是技术实践的目的反映于这些手段的一个副产品。任何"理论"如果是某种目的的副产品，却又不去怀疑这种目的，它就脱离不了这一目的的束缚，脱离不了使目的成为目的的"现实"的束缚。例如心理学的许多门类，社会学，乃至经济学、政治学、艺术学等等都是这种情况。这一点对我们是个关键，如果我们想看到，最大的意识形态危险正是一些假理论的建立和统治，它们同真理论毫无关系，而只是技术活动的副产品的话。盲目相信技术的"自发"理论作用是产生这种意识形态的根源，这也正是技术主义思想的本质所在。

意义，并能不仅在教学中，而且在斗争中充当方位和路标（列宁说："恩格斯也这样做过"，但"这是为了通俗化"。《哲学笔记》，《列宁全集》第三十八卷，第 407 页）。为了使一种实践能够使用一些相近的说法，这种实践至少必须是"真"实践，它必须有时能脱离**理论**阐述，并在一种不确切的**理论**中能够认出自己的概貌。但是，如果实践实际上还不存在，还有待去建立，不确切就真的成了一种障碍。那些在意识形态理论（法学、伦理学、宗教学、艺术、哲学）、科学史和科学的意识形态史前期理论、认识论（数学理论实践的理论、其他自然科学的理论）等险象丛生但又引人入胜的先进领域从事探索的马克思主义研究工作者，那些在马克思主义理论实践（历史的理论实践）的领域中提出棘手问题的马克思主义研究工作者，以及那些致力于研究以崭新形式出现的各种政治难题（非洲问题、拉丁美洲问题、向共产主义过渡的问题，等等）的革命"研究工作者"，假如他们运用的唯物辩证法只是黑格尔的辩证法——即令这种辩证法已摆脱了黑格尔的意识形态体系，即令已宣布被"颠倒"了过来（如果这种颠倒只是把黑格尔的辩证法运用于真实，而不是运用于观念）——，那他们就肯定搞不出什么名堂！不管我们是要开创一种真正的实践，还是要在真正的实践领域中探索新问题，我们都需要有真正的唯物辩证法。

（二）一场正在进行中的理论革命

我们先来研究马克思主义辩证法本身所参与的实践，即马克思主义的理论实践（甲）和马克思主义的政治实践（乙）。

甲、马克思主义的理论实践。

理论实践是确实存在的。理论是一种特殊的实践,它作用于特殊的对象,并制造特殊的产品,即认识。就其本身而言,任何理论工作都要有一定的原料和一些"生产资料"("理论"概念,以及概念的使用法,即方法)。由理论工作加工的原料,如果属于一门新兴科学,可能具有浓厚的"意识形态"性质;如果属于一门业已建立或已经很发达的科学,就可能是已经经过理论加工的原料,是一些已经形成的科学概念。简单地说,理论工作的"生产资料",即"理论"概念和方法,是从事理论工作的前提条件,也是理论实践的"活跃"方面,即过程的决定性要素。从理论实践的普遍意义上去认识理论实践的过程(即把理论实践当作实践的具有真实特殊性的特殊形式,而实践本身又是"事物发展"的一般演变过程的特殊形式),这是**理论**(即唯物辩证法)所从事的初步理论工作。

可是,真正的理论实践(产生认识的理论实践)完全可以履行自己的理论职责,而不一定需要把自己的实践及其过程加工成为**理论**。大多数科学都属于这种情况:它们虽然也有"理论"(它们的全部概念),但这不是它们理论实践的**理论**。理论实践的**理论**阶段,即当"理论"感到需要有自己实践的**理论**时,也就是一般所说的方法论阶段,总是在事后才出现,以便帮助克服实践的困难或"理论"的困难,帮助解决一些由盲目的实践所解决不了的问题,或者去对付更加深刻的危机。可是,科学却能够长时间地履行自己的职责,产生出一些认识,而不需要把它的实践,把它的实践的理论和"方法"上升为**理论**。请以马克思为例。他写了十部著作,又写了《资本论》这部巨著,但他从没有写关于辩证法的书。他曾说过要写这样的书，但从没有动笔。他一直抽不出时间。这就意味着，他不把这件事放在心上，因为关于他自己的理论实践的**理论**，对发展他的理论和丰富他的实践，在当时都不是最紧要的事。

然而，这部关于辩证法的书如果写成了，对我们就会有很大的意义，因为它是马克思理论实践的**理论**，也就是说，正好是对我们正在探讨的问题——马克思主义辩证法的特殊性问题——的解答（它以实践状态存在着）的一个具有决定意义的理论形式。这个实践解答，这种辩证法，就在马克思的理论实践中存在着，并且在那里起作用。马克思在他的理论实践和科学研究中用以把他的“材料”加工成为认识的方法，正是马克思的辩证法。这种以实践状态出现的辩证法包含着对马克思和黑格尔的关系问题的解答，包含着所谓“颠倒”的真相。马克思在《资本论》第二版跋中曾向我们指出并提请我们注意，他通过这一“颠倒”清算了他同黑格尔辩证法的关系。所以，对于马克思并不感到需要因而没有写出的这部《辩证法》，我们今天可能会感到十分遗憾，尽管我们明明知道，它的内容已经以实践状态存在于《资本论》和马克思的其他理论著作之中。以实践状态出现的“辩证法”固然十分重要，但它毕竟不是以理论状态出现的“辩证法”啊！[①]

关于这一点，恩格斯和列宁全都明白。[②] 他们知道，马克思的

---

① 只有在一个问题上明显是个例外，关于这个问题，我们下面再讲。

② 列宁：“虽说马克思没有遗留下‘逻辑’（大写字母的），但他遗留下《资本论》的逻辑，应当充分地利用这种逻辑来解决当前的问题。在《资本论》中，逻辑、辩证法和唯物主义的认识（不必要三个词：它们是同一个东西）都应用于同一门科学，而唯物主义则从黑格尔那里吸取了全部有价值的东西，并且向前推进了这些有价值的东西。”《黑格尔辩证法（逻辑学）的纲要》。见《列宁全集》第三十八卷，第 357 页。

辩证法在《资本论》中存在着，但它只是以实践状态存在着。他们也都知道，马克思没有给我们留下以理论状态出现的“辩证法”。除非在泛泛而谈的叙述里，或在特定历史条件下根据理论的紧迫需要，他们从没有而且也不可能把马克思用以表明他同黑格尔的关系业已清算而所作的提示同关于这个解答的认识（也就是同关于这个解答的理论）混淆起来。马克思就“颠倒”所作的“提示”可以在意识形态领域中确定一般的方位和充当路标：它们确实表明了和实际上承认了解答的存在，但绝不等于说对解答有了确切的认识。因此，马克思的提示可以而且应该促使我们去研究理论，促使我们尽可能确切地阐述我们从马克思的提示中已经知道其存在的实践解答。

乙、马克思主义的政治实践。

马克思主义关于阶级斗争的政治实践也是同样的情况。我在上篇文章里举了1917年革命为例子，但大家都知道，类似的例子还可以举出成百个。就在我举的那个例子里，我们看到了马克思的“辩证法”在发挥作用和经受检验（二者是一回事），我们在其中还看到，使马克思区别于黑格尔的那个“颠倒”也在发挥作用和经受考验，但也是以实践状态而出现。这一辩证法确实是马克思的辩证法，因为布尔什维克党的实践是以《资本论》的辩证法和以马克思主义的“理论”为根据的。在1917年革命的阶级斗争实践中，在列宁的思想里，我们的确看到了具有特殊性的、但以实践状态出现的马克思主义辩证法。我们还看到，这种具有一定原料、工具和方法的政治实践，如同任何实践一样，也产生出一些变革（这些变革不是认识，而是社会关系中的一场革命），这种实践也完全

可以独立存在和发展，而不需要（至少在一段时间里不需要）把自己的实践加工成理论和把自己的“方法”加工成**理论**。如同任何实践一样，这种实践可以在没有理论的情况下存在、继续存在，甚至向前发展，直到它的对象（它所要改造的现存社会）向它进行反抗，迫使它去弥补实践与理论之间的差距，去思考和研究自己的方法，从而产生出恰当的解决方案以及产生这些方案的手段，特别是要在作为实践基础的理论（关于现存社会形态的理论）中产生出适应发展新“阶段”的内容的新认识的时候为止。这些“新认识”的例子是：在帝国主义时代中世界大战期间的理论贡献，即人们所说的列宁主义；或者在当前时期中所需要的理论贡献，即所谓“不发达”国家在它们进行民族独立斗争的范围之外为争取实行和平共处而采取的革命新形式，这种新形式现在还没有名称。

说阶级斗争的实践没有以方法论或以**理论**的形式进行思考，读者读到这里也许会感到惊奇，因为列宁关于这方面的重要著作大概就有十部，而《怎么办?》不过是其中最有名的一部而已。就拿《怎么办?》为例，这部著作虽然确定了俄国共产党人实践的理论基础和历史基础，并据此制定了一个行动纲领，但它并不真正是对政治实践的理论思考。它并没有把政治实践的方法上升为**理论**意义上的理论，因为这不是它的任务。所以，尽管马克思主义辩证法肯定在其中起了作用，但它毕竟不是论述辩证法的著作。

为了更好地理解这一点，我们还是举列宁关于1917年革命的文章为例。我曾引证过这些文章，或者提供过引文的确切出处。[①]

① 我本应该详细地引用这些文章，而不是往往满足于提供一个出处，即使这个出处是正确的。

关于这些文章，这里必须把它们的情况作进一步的说明。这不是历史学家的著作，而是一位政治领袖抓住斗争的间隙，向参与斗争的人们讲述斗争和解释斗争意义的作品。因此，这是一位从事革命的人在根据自己切身的经验而思考自己的实践经验时撰写的具有直接政治用途的著作。有人指责我在形式、细节、表述等方面都原封不动地照搬了列宁的思想，不愿意通过真正的历史分析对这些思想加以“扬弃”；[①]对此，我只能感到莫大的荣幸。列宁在回顾促使革命取得胜利的许多不寻常的条件时，他的想法表面上确实完全像是人们所说的“多元论”、“极端经验主义”、“因素论”等等。[②] 我原封不动地照搬了列宁的思想，我考虑的不是它们的表面，而是它们的实质，不是它们“多元论”的表面，而是这种“表面”的深刻理论意义。的确，列宁这些著作的意义不在于对某种特定形势的简单描述，也不在于对各种奇特的或特殊的因素的罗列；相反，它们都是具有理论意义的分析。它们所涉及的现实对于政治实践是绝对重要的，是我们为认识这一实践的特殊本质所必须加以思考的。这些著作是一位马克思主义领袖把他在1917年革命中从事的政治实践作为具体例子，对一般政治实践的环境、结构、

① 参见米利的同一篇文章，第47页。

② 见列宁《远方来信》的第一封信：“革命所以能够这样迅速……地取得胜利，只是因为在当时那种异常奇特的历史形势下汇合起来、并且是十分‘和衷共济地’汇合起来的，有两个完全不同的潮流，两种完全异样的阶级利益，两种完全相反的政治倾向。”以上的着重号是列宁加的。列宁随后又说：“事情就是如此，并且也只是如此。一个政治家如果不害怕真理，善于冷静地权衡革命中社会力量的对比关系，善于在估计任何‘形势’时不只看到它今天的特性，而且看到它更深远的底蕴，看到俄国和全世界各国无产阶级利益和资产阶级利益的更深远的相互关系，他就应当如此并且也只会如此观察问题。”（这里的着重号是我加的。——路易·阿尔都塞）

对象所作的分析,或者用我们前面用过的术语来说,是对一般政治实践的特殊原料所作的分析。

根据这种理解,列宁的分析从实践上回答了以下的理论问题(列宁的分析是以实践状态出现的解答):什么是政治实践?政治实践和其他实践有何不同?如果用传统的方式来提问,那就是:什么是政治行动?通过列宁的这些著作,我们就能够对这个真实问题作出初步的理论解答,这个解答是同黑格尔的思辨论断相对立的。黑格尔认为,具体的政治形势是必然性赖以实现的"偶然性"(黑格尔的思辨论断是从以往的意识形态那里继承得来的,这样的论断在博胥埃的著作中比比皆是)。我们看到,列宁的政治实践显然并不以世界史为对象,甚至也不以帝国主义通史为对象。帝国主义史是其他活动领域——马克思主义理论家的领域,马克思主义历史学家的领域——的对象,在这种情况下,它才是理论实践的对象。列宁在政治实践中所遇到的帝国主义,是以现实存在的形式,即作为具体的现在而出现的。历史理论家或历史学家所接触的帝国主义,则是以另一种形式,即以非现实和抽象的形式而出现的。因此,政治实践的特殊对象也属于历史,理论家和历史学家也要进行研究,但这毕竟是另一领域的对象。列宁完全懂得,他要改造的社会现实是帝国主义发展的产物;否则,他就不是马克思主义者了。但是,他在 1917 年革命中的对象不是一般的帝国主义,他面对的是俄国的具体形势和环境,是据以确定他的政治实践的"现阶段"。研究帝国主义的历史学家,为了原封不动地根据列宁的经验和理解去认识帝国主义世界,不得不从一个剖面去看这一世界,因为如同现在的世界一样,这是当时存在的唯一具体的世

界。在这个世界里,在这个唯一可能存在的具体世界里,在这个“现阶段”的真实世界里,列宁分析了这个世界的特殊结构,分析了决定着一切革命实践胜败存亡的主要纽带、环节和战略要害,分析了一个特定国家(既是帝国主义国家,又是半封建半殖民地的国家)在主要矛盾已处于一触即发的情况下各种矛盾的典型态势和典型关系。列宁这些著作的不可替代的价值在于,它们分析了一个具体环境的结构,并把这个结构中的各种矛盾转移和压缩成一个奇特的统一体,而这个统一体就是 1917 年 2 月到 10 月的政治行动即将进行改造的那个“现阶段”。

如果有人想用长时段的历史分析所得出的无懈可击的结论来替代或反对列宁的这些著作,[1]说列宁的“现阶段”不过是被纳入到一个早已开始的过程中的瞬间,并且是将被这个过程的未来现实所超越的瞬间(这种用帝国主义来解释一切的历史分析固然十分正确,但在革命实践中拼命研究问题和分析问题的可怜的列宁却几乎就被一系列的历史论证所赶上、驱逐和抛开了),这样的历史分析真是叫人有口难辩。照这么说来,似乎列宁认为,帝国主义不是现实的矛盾以及这些矛盾的结构和相互关系,似乎这种有结构的现实矛盾不是他的政治行动的唯一对象!似乎人们只要用一句话,就可以奇迹般地用历史学家的实践去取消革命家的实践(革命家的实践,他们的生活、痛苦、牺牲、奋斗,总之,他们的具体历史是不可代替的,而历史学家的实践是建立在革命家的实践基础之上的另一种实践,即是一位科学家对必然的既成事实必然进

① 例如米利,参见前引文,第 47—48 页。

行思考的实践)！似乎人们可以把历史学家的理论实践同革命领袖的实践混同起来！须知前者的任务是分析过去，而后者的任务是在现在中思考现在，思考必将实现的必然，思考实现必然的手段和思考推行这些手段的战略部署，总之，思考他自己的行动，因为他思考的对象是具体的历史！他的错误或成功不单单作为八开本的历史书在国立图书馆中编目造册，而要在具体的生活中用具体的名称固定下来：一九〇五年革命、一九一四年革命、一九一七年革命、希特勒、佛朗哥、斯大林格勒，中国、古巴。区分这两种实践，是问题的根本所在。因为列宁比任何人都更加清楚，他所分析的矛盾，包括这些矛盾的种种奇怪的表现在内，都是在一个帝国主义国家中产生的。可是，正因为他知道这一点，他对矛盾的研究不停留于一般的历史知识。根据已被证明了的科学，他懂得，他可以切实地注意别的东西，注意他的实践对象的结构，注意俄国矛盾的典型性，注意这些矛盾的转移和压缩，注意由矛盾的“融合”而导致的革命爆发，总之，注意由这些矛盾所构成的“现阶段”。所以，“最薄弱环节”的理论也就是“决定性环节”的理论。

在看到了这一点以后，我们就可以不慌不忙地回过来再看列宁。不论意识形态的理论家们如何想方设法用历史分析的论证把他压倒，他们的努力都属枉然，这位身材矮小的列宁将始终以他那不朽的“现阶段”出现在历史上和我们的生活中。他继续在平静地和满怀激情地讲话。他继续在对我们讲述他的革命实践、阶级斗争的实践等这些平凡的事情，讲述那些能在当时的历史中影响人类历史发展的事情；他谈到了矛盾的特殊性，谈到了辩证法，谈到只有这种特殊性才能使我们不是在事后对“不可避免的”革命作出说明和解释，而是在当时去从事这场革命，或者如马克思所深刻地指出的，[①]不是把辩证法当作解释既成事实的理论，[②]而是把它当作一种革命的方法。

总而言之，以上提出的问题——马克思对黑格尔辩证法的“颠倒”究竟指的是什么？区分马克思的辩证法和黑格尔的辩证法的特殊性是什么？——已被马克思的实践所解决，不管这是马克思的理论实践还是阶级斗争的实践。问题的解答在马克思主义的著作中已经存在，不过是以实践状态存在而已。现在我们需要做的，是以理论的形式去阐述这一解答，换句话说，是要把存在于大多数“著名的引言”[③]中的实践认识上升为理论认识。

这种区分可以使我们避免走进最后一条死胡同中去。因为，人们很容易把承认对象的存在当作对它的**认识**。这种图省事的办法往往使人们把“著名的引言”的全部或一部当作论据或当作理论依据的等价物，并用以反对我的论据。这些“著名的引言”当然是十分宝贵的，因为它们表明了问题的存在和问题已经得到解决！它们指出，马克思通过对黑格尔辩证法的“颠倒”已经把问题解决了。可是，“著名的引言”并没有向我们提供关于这一颠倒的理论认识。其证据十分清楚，就是人们若要思考这一表面上似乎是显而易见的颠倒，就必须作出巨大的理论努力。事实上，关于这一颠倒的“说明”虽然多如牛毛，但它们只限于用另一种说法来重复

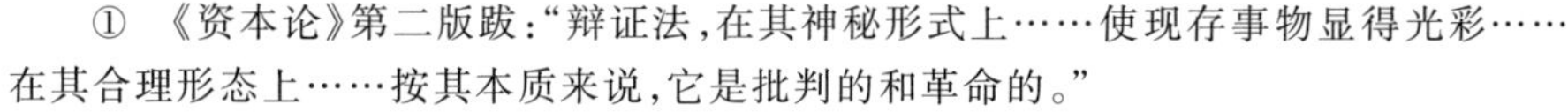

① 《资本论》第二版跋：“辩证法，在其神秘形式上……使现存事物显得光彩……在其合理形态上……按其本质来说，它是批判的和革命的。”

② 它也可以是解释一场已经过去了的革命的既成事实。

③ 为简便起见，我就用这个名称代替有关的马克思主义经典名著。

“著名的引言”的内容（这不等于是解释），只限于把“颠倒”、“合理的内核”等概念（这是一些既清楚又糊涂的概念）同真正的、严格的马克思主义概念混淆起来，似乎后者在理论上的清晰通过传染能够使前者的模糊变得清晰起来，似乎只要把已知与未知或不知混在一起，就能从中产生出认识，[1]似乎只要依靠一两个科学概念的帮助，就足以把对“颠倒”、“核心”的存在的承认变成对它们的认识！如果这样做，那还不如明确地为自己的论点承担责任，直截了当地宣布马克思关于“颠倒”所说的那句话是一种真正的认识，大胆地把这个论点交给理论实践去检验，并考察其结果。这样的尝试还是有意义的，因为这是一次真正的试验，因为它的结果是一种反证法，它告诉大家，除非彻底歪曲马克思的思想，否则就不能使马克思承认，他通过“颠倒”确实给了我们一种认识。[2]

这些尝试和这一试验都分别以自己的方式证实，不应该通过确认解答的存在而求得解答的理论。解答以实践状态存在是一回事，认识这一解答是另一回事。

我已经说过，马克思没有给我们留下关于辩证法的著作。这种说法不完全确切。他给我们留下了一篇关于方法论的第一流的文章，这篇文章可惜没有写完，即1859年的《政治经济学批判导

---

① 马克思说：“于是就产生了一个问题：在共产主义社会里国家制度会发生怎样的变化呢？……这个问题只能科学地回答：否则，即使你把‘人民’和‘国家’这两个名词连接一千次，也丝毫不会对这个问题的解决有所帮助。”《哥达纲领批判》（1875年）。见《马克思恩格斯选集》第三卷，第20—21页。

② G.米利作了这样的尝试，见《思想》108期的同一篇文章。

言》。马克思在文章里没有提到"颠倒"这个字眼,但它实际上谈到了这个问题,也就是说,他谈到了科学地使用政治经济学的概念的有效条件。我们只要思考一下这些概念的科学使用,就可以从中得出辩证法的基本成分,因为这种使用无非就是以实践状态出现的辩证法。

我还说过,列宁对于在他自己的政治实践中发挥了作用的辩证法,没有进行过理论阐述;或更广泛地说,他没有给我们留下一部著作,从理论上来阐述在马克思主义的阶级斗争实践中发挥作用的辩证法,这项工作还有待我们去进行。这个说法也不完全确切。列宁在他的《哲学笔记》里给我们留下的一些段落是辩证法的素描。毛泽东 1937 年在他同中共党内教条主义倾向作斗争时写下的《矛盾论》这篇重要文章又进一步作了发挥。

我想指出,关于什么是马克思主义辩证法的特殊性这个问题,我们在列宁和毛泽东的这些著作中可以找到问题的理论解答,因为这些著作在形式上已经相当完善,我们只要进一步思考、追根究源和加以发挥就可以了。

(三)理论实践的过程

"具体总体作为思维总体、作为思维具体,事实上是思维的、理解的产物;但是,绝不是处于直观和表象之外或驾于其上而思维着的、自我产生着的概念的产物,而是把直观和表象加工成概念这一过程的产物。"

卡尔·马克思:《政治经济学批判导言》(1859 年)

毛泽东从矛盾的“普遍性”出发来论述矛盾，但他基本上只谈到了阶级斗争实践中的矛盾，他的根据也正是这样一条“普遍”的原则：普遍性存在于特殊性之中。毛泽东通过以下的普遍形式思考了矛盾的这条原则：矛盾始终是特殊的，特殊性普遍地属于矛盾的本质性。人们或许会嘲笑毛泽东赋予普遍性的这个“前提”，似乎普遍性需要有一种附加普遍性才能够产生出特殊性，人们甚至会把这个“前提”当作黑格尔的“否定性”的前提。可是，真正懂得什么是唯物主义的人都知道，这个“前提”不是普遍性的前提，而是对作为前提的普遍性提出的前提，其目的和结果恰恰是要禁止这一普遍性抽象化或产生“哲学的”（意识形态的）欲念，并强迫它回到自己的地位上来，即回到具有科学特殊性的普遍性地位上来。假如普遍性应该具有这种特殊性，我们就不能说哪一种普遍性能够不是这种特殊性的普遍性。

马克思在《政治经济学批判导言》中论述了辩证唯物主义的这个根本要点，他指出，科学的理论实践虽然不能不使用一般的概念（例如：“生产”、“劳动”、“交换”等概念），但这最初的一般同科学工作的产物却不相吻合：它不是科学工作的成果，而是科学工作的前提。这种最初的一般（我们称之为“一般甲”）是科学的理论实践将用以加工成特殊“概念”的原料，而这些特殊“概念”则是另一种“具体的”一般（我们称之为“一般丙”），即认识。那么，科学所加工的理论原料，即“一般甲”，究竟是什么呢？同经验主义或感觉论的意识形态幻想（这并不是“天真的”幻想，不是普通的“荒唐”，而是必要的和有据可依的意识形态）相反，科学从不把以单纯的直接“感觉”和独特“个体”为其本质的存在物当作加工对象。

科学所加工的始终是“一般”，即使当“一般”以“事实”的形式出现时也是如此。当一门科学刚建立时，例如伽利略创建了物理学，马克思创建了社会形态发展的科学（历史唯物主义），它总是以现有的概念，即属于意识形态性质的“一般甲”为加工对象。它不“加工”纯粹的客观“材料”，也不加工绝对的“事实”。相反，它的工作是要通过对由以往的意识形态理论实践所确定的意识形态“事实”的批判，确定它自身的科学事实。确定它自身的事实，也就是确定它自身的“理论”，因为科学事实（不是所谓纯现象）只是在理论实践过程中才能够被确定。当一门业已建立的科学发展时，它加工的原料（“一般甲”）或者仍然是意识形态的概念，或者是科学“事实”，或者是已经过科学加工、但仍属于前科学阶段的概念。因此，科学的工作和生产就是把“一般甲”加工成为“一般丙”（认识）。

可是，究竟谁在工作？说科学在工作，这是什么意思？大家知道，任何加工（任何实践）都意味着用一定的生产资料把某种原料加工成产品。在科学的理论实践中，哪个阶段、方面和领域相当于生产资料呢？如果我们暂且把人从这些生产资料中抽象出来，那么它就是我们称之为的“一般乙，”[①]它由一些概念所构成，而这些

① 由“理论”这个概念所确指的一般乙，显然值得我们作更深入的研究，这项研究我在这里就不能去进行了。简单地说，我称之为“理论”的一般乙，它的统一性很少在一门科学中以统一的理论体系的形式而存在。至少在实验科学中，它不仅包括单纯以理论形式而存在的概念，而且包括大部分理论概念在其中活动的技术领域。纯属理论性的和公开以理论形式出现的那部分概念，本身很少以不矛盾的形式统一起来。它们往往在一些局部性理论中构成局部的统一体，并在一个复杂和矛盾的整体中共存，而这个整体具有未经理论思考的统一性。正是这个极其复杂和矛盾的统一体，每次都以特殊的方式在每种科学的理论生产工作中发挥作用。例如，在实验科学中，它把“现象”确定为“事实”，把现有的困难以问题的形式加以提出，并通过设置理论和技术的临时概念（即传统的唯心主义称之为“假设”的概念群）去解决提出的问题。

概念的矛盾统一体构成科学在特定历史阶段中的“理论”，而这一“理论”则规定科学的任何“问题”必然在什么场合被提出（也就是说，科学在其对象中，在其“事实”和“理论”的对照中，在其原有的“认识”和“理论”的对照中，以及在其“理论”和新认识的对照中所遇到的“困难”将在什么场合以问题的形式被提出）。我们先满足于这些简要的提示，而不去详细讨论这项理论工作的辩证法。这些提示足以使我们懂得，理论实践通过“一般乙”对“一般甲”的工作，产生出“一般丙”。

它们足以使我们懂得以下两个重要的命题：

1. 在“一般甲”和“一般丙”之间，从不存在本质的同一性，而只有真实的转化性，即或者由意识形态的一般转化为科学的一般（巴什拉把这种转化的表现形式称之为“认识论断裂”），或者产生出一种新的科学一般，它既“包含”旧的科学一般，又否定旧的科学一般，也就是说，它规定着旧的科学一般的“相对”真理性和局限性。

2. 把“一般甲”加工成“一般丙”，即由“抽象”转化到“具体”（这里暂且把“一般甲”和“一般丙”的根本区别略过不谈），这项工作只涉及理论实践的过程，即完全“在认识过程中”进行。

当马克思说，“正确的科学方法”是要从抽象出发，最后在思维中导致具体的出现时，[①]他讲的正是这第二个命题。我们必须

---

① 马克思说：“从实在和具体开始……似乎是正确的。但是，更仔细地考察起来，这是错误的……后一种〔从一般概念转移到具体概念的经济学体系所采用的方法〕显然是科学上正确的方法。具体之所以具体，因为它是许多规定的综合，因而是多样性的统一。因此它在思维中表现为综合的过程，表现为结果，而不是表现为起点……〔在科学的方法中〕抽象的规定在思维行程中导致具体的再现……从抽象上升到具体的方法，只是思维用来掌握具体并把它当作一个精神上的具体再现出来的方式……”（《政治经济学批判导言》，见《马克思恩格斯选集》中文版第二卷第102—103页）。

抓住这一论断的确切含义，以免陷到意识形态的幻觉中去（这些词同意识形态幻觉往往是结合在一起的）：以免误认为抽象指的是理论本身（科学），而具体则指的是实在，即理论认识赖以产生认识的具体现实；以免把两种不同的具体——作为认识的思维具体和作为认识对象的实在具体——混淆起来。产生思维具体（认识）的过程完全在理论实践中展开：它虽然同实在具体有关，但这种实在具体“仍然是在头脑之外保持着它的独立性”（马克思语），永远不可能同另一种“具体”（认识）混淆起来。我们说，思维具体就是对思维对象（实在具体）的认识，这只是对意识形态才是个“困难”，因为意识形态把这种实在改造成所谓的“问题”（认识的问题），并且把由科学实践本身所产生的对象同对它的认识之间的非盖然的关系（作为对一个真实问题的非盖然解答）看作盖然的关系。因此，重要的是绝不能把抽象（“一般甲”）和具体（“一般丙”）的真实区别同抽象化（这是思维、科学和理论的本质）和具体（这是实在的本质）的区别混为一谈。

费尔巴哈恰恰把二者混淆了起来，处于费尔巴哈阶段的马克思也是如此。这种混淆不仅助长了今天十分流行的意识形态陈词滥调，而且使那些轻信意识形态的表面文章的人陷进了毫无出路的理论死胡同中去。为了批判这种混淆，如果只是把属于理论和科学的抽象同实在具体对立起来，那么这种批判仍然是意识形态的批判，因为它否定科学实践的实在性，否定科学实践的抽象化的有效性，因而最终也就否定认识这一理论“具体”的实在性。这个力求“具体”的观点，势必同时力求“真实”，因而力求使自己成为认识；但是，它却一开始就把产生认识的实践的实在性否定掉！它依旧停留在它声称要“颠倒”的那个意识形态中，即不是停留在一般的抽象中，而是停留在特定的意识形态抽象中。①

我们必须经过以上这段艰苦的论证才能在这里承认，在认识过程的内部，过程赖以开始的“抽象”一般和过程赖以结束的具体一般，即“一般甲”和“一般丙”在本质上不是同一种一般；因此，黑格尔关于概念、“辩证”运动（抽象的普遍性由此使自己成为具体）自生的观点的“表象”的根源就在于把在理论实践中发挥作用的不同类别的“抽象”和“一般”混淆了起来。正如马克思所说，当黑格尔“把实在理解为自我综合、自我深化和自我运动的思维的结果”②时，他在两个问题上都搞混了：

1. 首先，黑格尔把产生科学认识的工作当成了“具体本身（实在）的产生过程”。不过，他只是在第二个问题上又有了混淆，才陷入了这种“幻觉”之中。

2. 他把在认识过程开始时出现的普遍概念（例如：《逻辑学》

① 例如，费尔巴哈自己就是如此。所以，在论述费尔巴哈的“唯物主义宣言”时，我们必须十分小心。关于这一点，我已经提醒大家注意。我在一篇论述青年马克思的文章（见《思想》杂志 1961 年 3—4 月合刊第 8 页）里，甚至还用过恰好在这里所批判的某些意识形态概念。例如，由于论战的需要，为了驳斥所谓“超越”黑格尔而使用的“后退”这个概念——这个概念是要说明马克思为挣脱意识形态的束缚，为从神话中解放出来和为直接接触被黑格尔歪曲的原始现实所作出的努力——，是指回到意识形态前的“实在具体”去，它离“实证主义”只有一步之差。又如，对哲学史的可能性的批驳。这个论点的根据是《德意志意识形态》中的一句话，它说，哲学如同宗教、艺术等一样，没有历史。这里，我们又处在实证主义的边缘，如果再前进两步，就会把一切意识形态（包括哲学）降低到某个社会形态的暂时现象（《德意志意识形态》正是跃跃欲试地想这样做）。

② 马克思：《政治经济学批判导言》，见《马克思恩格斯选集》中文版第二卷第 103 页。

中的普遍性概念和“存在”概念）当成了这一过程的本质和动力，当作“自我产生着的概念”；[①]他把将被理论实践加工为认识（“一般丙”）的“一般甲”当成了加工过程的本质和动力！如果从另一种实践那儿借用一个例子来作比较，[②]这就等于说，是煤炭通过它的辩证的自我发展，产生出蒸汽机、工厂以及其他非凡的技术设备、传动设备、物理设备、化学设备、电器设备等，这些设备今天又使煤的开采和煤的无数变革成为可能！黑格尔之所以陷入这种幻觉，正是因为他把有关普遍性以及它的作用和意义的意识形态观点强加于理论实践的现实。然而，在实践的辩证法中，开始的抽象一般（“一般甲”），即被加工的一般，不同于进行加工的一般（“一般乙”），更不同于作为加工产物的具体一般（“一般丙”），即认识（“具体的理论”）。进行加工的“一般乙”完全不是被加工的“一般甲”从自在向自为的简单发展，不是前者向后者的过渡（不论这种过渡何等复杂）；因为“一般乙”是特定科学的“理论”，而作为一种“理论”，它是全过程的结果（从科学创立起的全部科学史），它是一个真正的演变过程，而不是一个普通的发展过程（例如像黑格尔所说的从自在到自为的发展过程），它在形式上表现为能够引起真正质的中断的突变和改组。因此，“一般乙”对“一般甲”进行的加工，无论在科学的创建时期，或在科学史随后的阶段中，都绝不是“一般乙”对自己的加工。在“一般甲”被加工后，它总是产

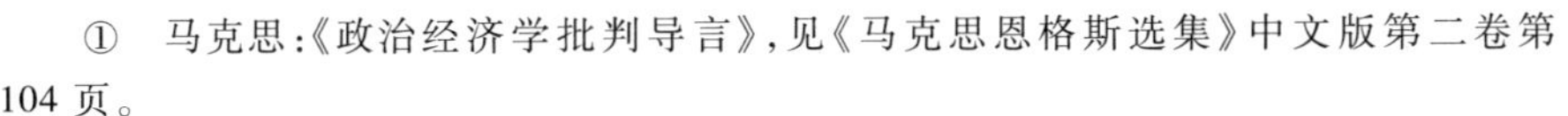

① 马克思：《政治经济学批判导言》，见《马克思恩格斯选集》中文版第二卷第104页。

② 这种比较是有根据的，因为这两种不同的实践都具有实践的一般本质。

生了真正的变革。虽然“一般甲”还保留一般的“形式”,但这种形式不能说明任何问题,因为它已经变成了另一种一般,这后一种一般不再是意识形态的一般,也不是属于科学的过去阶段的一般,而是在质的方面已经焕然一新的具体的科学一般。

理论实践的这个现实,理论实践的这种具体的辩证法,也就是说,在产生认识的连续过程中各种一般(“一般甲”、“一般乙”、“一般丙”)之间出现的质的中断,黑格尔根本予以否认或甚至不加思考;即便他偶尔想到了,他也把这种中断当作另一种现实的现象,即观念运动的现象,这种现实虽然黑格尔认为是基本的现实,但它彻头彻尾是意识形态的现实。黑格尔正是用观念运动去解释科学工作的现实,因而最终把从抽象到具体的整个过程当作是概念的自生,当作原始的自在通过异化的形式发展到它未来的结果,而这个结果无非就是它的开端。由于这个原因,黑格尔不承认真实的质的不同和质的转变,不承认理论实践过程本身在本质上由中断所构成。他硬是要用一个意识形态的公式,即用简单内在性的发展的公式来解释这一切。也就是说,黑格尔下令规定,他强制推行的意识形态一般是在理论实践中发挥作用的三种一般——“一般甲”、“一般乙”、“一般丙”——的唯一根本本质。

只是在这里,马克思对黑格尔的批判的深刻含义才完完全全地明朗化了。黑格尔的根本缺点不仅仅在于“思辨的”幻觉。这种思辨幻觉已经为费尔巴哈所揭露过,它实际上是把思维与存在、思维过程与存在过程、思维“具体”与实在“具体”等同了起来。思辨的罪过就在于此:思辨通过抽象颠倒了事物的顺序,把抽象概念的自生过程当成了具体实在的自生过程。马克思在《神圣家族》

中对此作了清楚的解释，[①]指出了在黑格尔的思辨哲学中，水果的抽象如何通过它的自生自长运动而产生出梨、葡萄和黄香李……费尔巴哈则于1839年已在他对黑格尔的“具体普遍性”的卓越批判中作出了更好的阐述和批判。我们由此看到了黑格尔对抽象的使用不当（唯心主义抽象、思辨抽象），而这正好从反面告诉我们应该如何正确地使用抽象（唯物主义抽象）。我们都懂得，这一切是既清楚，又明白！我们现在就准备通过一次“颠倒”把事情搞端正，就是说，把抽象放在应有的位置上，这种“颠倒”可以使我们得到解放，因为不是水果的一般概念通过自我发展产生了具体的水果，而正是具体的水果产生了水果的抽象概念；这样做，我们的意见不就一致了吗？

不，严格地讲，我们的意见不能一致；我们在由“颠倒”所引起的意识形态混淆这个问题上，意见是不能一致的，而正是意识形态混淆的出现，才使人们注意到“颠倒”。要真正说有颠倒，就必须服从一个前提条件，就要假定马克思原来存在一个根本的意识形态混淆，后来当他不再是费尔巴哈派或者当他不再援引费尔巴哈的用语的时候，当他有意识地放弃经验主义的意识形态（这种意识形态认为，科学概念的产生同关于水果的一般概念的产生完全一样，而水果的一般概念则是由对具体水果的抽象而产生的）的时候，马克思就抛弃了这种意识形态的混淆。马克思在《政治经济学批判导言》中说，一切科学的认识过程都从抽象和从一般开

① 《神圣家族》写于1844年。《德意志意识形态》（1845）和《哲学的贫困》（1847）再次谈到这个问题。

始，而不是从实在具体开始，这句话证明了他确实已经与意识形态以及与仅仅批驳思辨抽象的意识形态前提相决裂。当马克思宣布科学的原料总是以特定的一般（“一般甲”）的形式而存在时，他的这个完全符合事实的简单论断向我们提供了一个新的公式，这个公式同所谓概念由正确的抽象所产生、概念的产生要从具体的水果出发、概念的产生是通过对水果个性的抽象而得出水果的本质这个经验主义公式没有任何关系。就科学工作而言，这一点现在已经清楚了：科学工作的出发点不是“具体的主体”，而是“一般甲”。但是，“一般甲”真的就是科学工作的出发点吗？它难道不是由正确的抽象（黑格尔只是对抽象使用不当而已）所产生的认识的预备阶段吗？遗憾的是，这个论点不属于辩证唯物主义的有机部分，而只是属于经验主义和感觉论的意识形态。这是马克思在批判费尔巴哈在“客体的形式中”，即在无实践的直觉中，得出感知的时候所抛弃的论点。“一般甲”，例如“水果”的概念，不是由一个主体（意识，甚至“实践”这个虚构的主体）进行的一次“抽象行动”的产物，而是一个复杂的制作过程的结果，在这个过程中，总是有属于不同种类的（经验的、技术的、意识形态的）几个不同的具体实践在起作用。（我们还举水果这个浅近的例子。水果的概念，从一开始起，本身就是有关食品的、农业的，甚至巫术的、宗教的和意识形态的不同实践的产物。）只要认识还没有与意识形态断绝关系，任何“一般甲”都深深地带有意识形态的烙印，因为意识形态是一切社会存在的基本实践之一。企图从具体的个体中得出纯本质的抽象行为是意识形态的神话。“一般甲”在本质上同从对象中抽象出来的对象本质不相适应。理论实践通过把

"一般甲"加工为"一般丙",正是揭示和消除这种不适应性。因此,"一般甲"本身就否定了由"颠倒"所假设的经验主义意识形态的公式。

我们来作个小结:如果承认科学实践从抽象出发而产生出具体的认识,那也就是承认,"一般甲"作为理论实践的原料,与把它加工为"思维具体"——即认识("一般丙")——的"一般乙"有着质的不同。否定区分两类一般的差别,不承认(进行加工的)"一般乙"(即"理论")对(被加工的)"一般甲"的领先地位,这就是为马克思所摒弃的黑格尔唯心主义的实质;这是在黑格尔意识形态和马克思主义理论之间作出决定性选择的关键,不过这个选择仍然是以把抽象思辨"颠倒"成具体现实或具体科学这个意识形态外表出现的。其所以关系着马克思主义理论的命运,这是因为,我们大家都知道,产生决裂的深刻原因——不是人们口头承认的原因,而是实在的原因——将永远决定,人们期望从决裂中得到的解放究竟只是等待自由(也就是没有自由)还是取得了自由。

所以,把"颠倒"的概念当作一种认识,就等于同意提出这一概念的意识形态,也就是同意一种甚至否定理论实践现实性的观点。马克思用"颠倒"的概念向我们指出的"清算",不可能是把一种理论(即把概念的自生当作"具体的产生",即实在的产生)颠倒成另一种相反的理论(即把实在的自生当作概念的产生,假如这种对立真正是有根据的,"颠倒"这个术语就可以使用了)。这种"清算"是要把同科学实践的现实毫不相干的意识形态理论抛弃,而代之以另一种不同质的理论,即要承认科学实践的本质,把这一本质同人们企图强加于它的意识形态区分开来,认真地注意它的特性，研究和阐述这些特性，研究和阐述这一承认的实际条件。① 如果做到了这一点，我们就能看到，“颠倒”这个问题归根到底是不能成立的。因为把一种意识形态“颠倒过来”，是得不出一种科学的。谁如果要得到科学，就有一个条件，即要抛弃意识形态以为能接触到实在的那个领域，即要抛弃自己的意识形态总问题（它的基本概念的有机前提以及它的大部分基本概念），从而“改弦易辙”，②在一个全新的科学总问题中确立新理论的活动。我对这些术语的使用是严肃的，作为小小的考验，我提出一个挑战，看谁能举出一门真实的科学为例子，说明只要把意识形态总问题颠倒过来，科学就得以建立，换句话说，科学可以建立在意识形态总问题的基础之上。③ 我对这次挑战只提出一个条件，就是要大家

① 这一决裂工作成了一个人的理论实践的结果，这个人就是卡尔·马克思。这里，我不能重新论述在我的那篇关于青年马克思的文章中所提到的一个问题。应该指出的是为什么马克思的理论实践（它本身也是一项加工工作）在理论中必然以决裂的形式、以认识论断裂的形式而出现。

我认为，当马克思同黑格尔的关系归根结蒂不再是一种颠倒的关系，而是完全不同的另一种关系时，我们也许能够更容易理解列宁觉得奇怪和不可思议的东西（在《哲学笔记》中我们可以看到列宁感到惊奇的直接反应），即人们在黑格尔著作中可以找到一些有用的分析，甚至某些唯物主义性质的论证，虽然这些论证只是个别的现象。我还认为，如果马克思与黑格尔的关系不是颠倒的关系，认识黑格尔辩证法的“合理性”就要容易得多。

② 我在论述青年马克思的文章里，曾经借用过这个“理论形象”，见《新评论》，1960 年 12 月，第 36 页。

③ 我想，这种挑战将在马克思主义者的政治经验中激起反响。因为提出挑战，看谁真的能够不改变原因和不改变决定性的基本结构而改变结果，这同对改良主义的批判十分相像，同共产党人每天向世界所有改良主义者提出的挑战十分相像；改良主义者认为，可以在原有基础上把事物颠倒过来，例如可以在现有社会关系的基础上把社会不平等颠倒成为社会平等，把人对人的剥削颠倒为人与人的合作。劳动者的战斗歌曲唱道：“旧世界要打个落花流水”，这句歌词在理论上是无懈可击的。

从严格的意义上使用术语，而不是采取比喻。

（四）一个“既与的”、有结构的复杂整体

“最简单的经济范畴……只能作为一个既与的、具体的、生动的整体的抽象片面的关系而存在……”

卡尔·马克思：《政治经济学批判导言》

我们离矛盾特殊性这个题目似乎很远了……其实，我们同这个题目还是寸步不离。不过，我们现在已经知道，这一特殊性不是任何一般的特殊性，至少不是意识形态一般的特殊性。它是“一般丙”的特殊性，认识的特殊性。

矛盾的这个特殊性究竟是什么？

辩证法“是研究对象的本质自身中的矛盾”，或者说，“对立统一的学说”。列宁接着又说：“这样一来，辩证法的核心就被抓住，可是这需要解释和发挥。”毛泽东引证了这些论述，进行了“解释和发挥”，并研究了这一“核心”的内容，总之，他为矛盾特殊性确立了定义。

在他所下的定义里，我们一下碰到了三个十分值得注目的新概念。第一个概念是关于主要矛盾和次要矛盾的区别；第二个概念是关于矛盾的主要方面和次要方面的区别；最后，第三个概念是关于矛盾的不平衡发展。毛泽东是以“就是如此”的方式提出这三个概念的。他告诉我们，这三个概念是马克思主义辩证法的基本概念，因为它们体现着马克思主义辩证法的特性。这里就要由

我们从理论上去研究这些论断的深刻道理了。

我们通过第一个区别就一眼可以看到,这个概念直接意味着在同一过程中存在着几个矛盾(否则就不可能把主要矛盾同次要矛盾对立起来)。这就等于说存在的是一个复杂过程。确实,毛泽东说:“单纯的过程只有一对矛盾,复杂的过程则有一对以上的矛盾……”;因为,“一个大事物,在其发展过程中,包含着许多的矛盾”;但是,“在复杂的事物的发展过程中,有许多的矛盾存在,其中必有一种是主要的矛盾……”①第二个区别(矛盾的主要方面和次要方面的区别)只是在每个矛盾的内部反映出过程的复杂性,也就是说,在过程中存在着多种矛盾,其中有一个是主导的矛盾,而我们必须加以研究的,正是这种复杂性。

由此可见,过程的复杂性是这些根本区别的核心。这里,我们又触及到马克思主义的一个基本要点或中心要点,不过从另一个角度去观察而已。毛泽东把“只有一对矛盾的简单过程”撇开不谈,他这样做似乎是为了一些实际的理由,因为简单过程不涉及他所研究的对象,他研究的对象是社会,而社会却包括许许多多的矛盾。但是,他是否同时也不排除“只有一对矛盾的简单过程”的可能存在呢?甚至,人们或许会问,这种“只有一对矛盾的简单过程”是否就是原始的基本过程,而所有的复杂过程无非是简单过程的复杂化和发展了的现象呢?列宁说:已经为斐洛所认识的“统一物之分为两个部分以及对它的矛盾着的部分的认识”“是辩证法的实质(是辩证法的‘本质’之一,是它的主要特点或特征之

① 毛泽东:《矛盾论》,见《毛泽东选集》1969年中文版第一卷第286、295、302页。

一，甚至是它的最主要的特点或特征）”，[①]他的这句话不正是倾向于这个意思吗？列宁在谈到分为矛盾着的两部分的统一物时，他指的不仅是矛盾的一个模式，而且是一切矛盾的“母型”，一切矛盾所表现的原始本质，其中包括最复杂的矛盾形式在内，这难道还不清楚吗？复杂难道不就是简单的发展和现象吗？这个问题的确是决定性的。因为统一体在其中分为两个部分的这一“只有一对矛盾的简单过程”，恰巧正是黑格尔矛盾的母型。

这里，我们可以并且应该对我们的解释再一次进行检验。

当然，毛泽东提到“简单过程”只是为了备忘，他没有举任何的例子。但是，在他全部的分析中，我们接触到的仅仅是一些复杂过程；而这些复杂过程又作为原始过程（不是作为次生过程）产生出一个具有许多不平衡的矛盾的结构。他所列举的任何复杂过程都不是作为简单过程的发展，作为简单现象的复杂化而出现，相反，都是作为一个本身就是复杂过程的结果而出现。因此，复杂过程始终是既与的复杂整体，无论在事实上或在原则上都谈不到把它们还原为原始简单过程的问题。可是，如果我们回过来再看马克思在1857年所写的《政治经济学批判导言》，我们在这里遇到了相同的要求。马克思当时正在对政治经济学的概念进行思考，他以极其严谨的推理指出，不可能追溯“生产”一般的根源，因为“说到生产，总是指在一定社会发展阶段上的生产——社会个人的生产”，[②]也就是说，在一个有结构的社会整体之中的生产。马

① 列宁：《哲学笔记》，见《列宁全集》中文版第三十八卷第407页。

② 卡尔·马克思：《政治经济学批判导言》，《马克思恩格斯选集》中文版第二卷第87—88页。

克思排除了越过这一复杂整体再向上回溯的可能性(这是个原则的否定,因为这不是由于我们的无知而做不到,这是由于生产的本质,即生产的概念,不允许这样做)。马克思还指出,一切“简单范畴”都意味着社会是一个有结构的整体。[①] 不仅如此,更重要的是马克思证明了,简单过程不但不是原始的过程,而且在一定条件下,它无非是复杂过程的产物。正是为了这个唯一的理由,简单过程可以以一个“简单”范畴的形式而存在(而且存在于一个复杂整体之中!)。例如,劳动“似乎是一个十分简单的范畴。它在这种一般性——作为劳动一般——上的表象也是古老的。但是,在政治经济学上从这种简单性上来把握的‘劳动’,和产生这种简单抽象的那些关系一样,是现代的范畴。”[②]个体生产者,或作为生产基本主体的个人,也是同样的情况;虽然十八世纪的神话曾以为他们是社会经济发展的源泉,但他们作为“我思则我在”的经济范畴,在“表面上”也只是在发达的资本主义社会里才出现,也就是在生产的社会性得到最大发展的社会里才出现。又如交换这个典型的简单过程,它“在历史上只有在最发达的社会状态下才表现出它的充分的力量。它(这个范畴)绝没有历尽一切经济关系。”[③]因此,简单过程不是原始过程;相反,正是有结构的整体才能赋予简单范畴以意义,换句话说,正是有结构的整体才能够在一个长过程

---

① 卡尔·马克思:“最简单的经济范畴……它只能作为一个既与的、具体的、生动的整体的抽象片面的关系而存在”。见《马克思恩格斯选集》中文版第二卷第103—104页。

② 卡尔·马克思:《政治经济学批判导言》,《马克思恩格斯选集》中文版第二卷第106页。

③ 同上书,第105页。

的末尾和在例外的条件下产生出某些简单范畴的经济存在。

总之,不论举什么例子,我们在这个问题上总是和黑格尔谈不到一起。“黑格尔论法哲学,是从主体的最简单的法的关系即占有开始的,这是对的。但是,在家庭或主奴关系这些具体得多的关系之前,占有并不存在。”[①]《政治经济学批判导言》无非是长篇地论证了以下的论点:简单过程只存在于复杂的结构之中,简单范畴的普遍存在从不是原始存在,它只是在一个历史长过程的结尾,作为一个错综复杂的社会结构的产物而出现;因此,我们在现实中永远遇不到单纯的简单性(不论是简单的本质或简单的范畴),而只是遇到复杂的、有结构的过程,只遇到存在和“具体”。正是这个根本原则才彻底驳倒了黑格尔矛盾的母型。

因为,如果我们从严格的意义上去认识黑格尔的模式,而不是把它当作一种比喻,我们就会看到,这个模式的确需要具有这种“只有一对矛盾的简单过程”,具有这种在列宁的引言里提到的、分裂为两个对立面的、简单的原始统一体。这个原始统一体在把自己撕裂成为两个对立面的同时实现了自己的异化,使自己成为既是自己又是他物;而两个对立面则在两重性中具有统一性,在外在性中具有内在性。所以,它们各自是对方的对立面和抽象,由于每个对立面是对方的自在形式,它也就不知不觉地成为对方的抽象,这种状况直到对立面恢复了原有的统一性为止。对立面的相互抽象是对原来的统一性的否定,而新的统一体从原有统一体的

① 卡尔·马克思:《政治经济学批判导言》,《马克思恩格斯选集》中文版第二卷第104页。

撕裂和异化中又对这种抽象实现了否定,从而丰富了自己的内容。于是,对立面重归统一,重建起了新的简单统一体,不过,这个新的统一体由于原来的对立面已被否定而比旧统一体的内容更加丰富,这种新的统一体作为一个总体是否定之否定的产物。大家可以看到,黑格尔模式的这个严格的逻辑推理势必把简单性、本质、同一、统一、否定、分裂、异化、对立面、抽象、否定之否定、扬弃、总体等等概念紧密地联系在一起。黑格尔的辩证法在这里就和盘托出了。换句话说,这个辩证法完全取决于一个根本的前提条件,即简单的原始统一体通过否定的作用在自身内部不断发展,而在它的整个发展过程中,在它每次变为一个更加“具体的”总体时,它所恢复的无非还是那个原始的统一性和简单性。

一些马克思主义者有时为了走捷径或为了形象化,完全可能有意无意地援引和使用这个模式;①不过,在严格的意义上,无论马克思主义的理论实践或政治实践都一概排斥这个公式,其理由恰恰在于马克思主义排斥了黑格尔模式关于原始的简单统一体的理论前提。马克思主义所不能接受的,是哲学(意识形态)企图与“根源”吻合一致的狂妄要求,而不论“根源”以何种形式出现(过程的白板、零点;自然状态;开端的概念,例如在黑格尔那里,就是直接等于虚无;简单性,例如在黑格尔那里,就是一切过程在无限地追溯其根源时所要找到的开端,等等)。因此,马克思主义抛弃了黑格尔哲学的这样一种狂妄要求,即黑格尔哲学自称是原始的简单统一体,而这个在过程的每个阶段上重新产生的统一体通过

① 例如,马克思在《资本论》第一卷中故意“卖弄”黑格尔的表达方式,用以教训当时的“愚蠢”哲学。我们今天难道也该受这一番教训吗?

它的自我发展，再产生出过程的全部复杂性，自己却永远不会灭亡，[①]永远不会丧失其简单性和统一性，因为多样性和复杂性始终只是用以表现其自身本质的“现象”。[②]

请大家原谅，我还要再次指出，不能把排斥这一理论前提归结为把前提“颠倒”过来。这个前提不是被“颠倒”了，而是被取消了，完完全全被取消了（是绝对地取消了！不是在扬弃意义上的被取消，因为扬弃仍然“保留”它所取消的东西），是被与第一个前提毫无关系的另一个前提所代替了。马克思主义否定了所谓原始哲学（及其所包含的各种概念）这个意识形态神话，而把承认一切具体“对象”具有复杂结构的既与性上升为原则，并认为正是复杂结构决定着对象的发展，决定着产生其认识的理论实践的发展。因此，不论认识的根源可以向上追溯得如何遥远，我们所找到的也不再是原始的本质，而始终只是一种既与性。不再是任何简单的统一体，而只是有结构的复杂统一体。不再是任何原始的简单统一体，而是有结构的复杂统一体的既与性。如果确实如此，那么黑格尔辩证法的“母型”显然就不能成立，这一辩证法自身的有机范畴，特别是那些为原始的简单统一体充当“论证手段”的概念，如统一体的分裂、异化、联系对立面的抽象（黑格尔含义上的抽象）、否定之否定以及扬弃等等，都从此不能作为理论概念而继续存在，

① 原始的简单统一体的灭亡只是表明这个统一体已接近复活，正如耶稣的蒙难日离耶稣的复活已经不远一样。黑格尔自己就用了这样的比喻。

② 为避免任何误会起见，我们应该指出，正是这种“黑格尔辩证法”以极其纯洁的形式和以不可调和的姿态在马克思的《1844 年手稿》中堂而皇之地占着统治的地位。而且，为了使我们的论证更加完善，我们还要指出，黑格尔的辩证法在这部著作中被严格地“颠倒”了过来。所以，这部严格的著作中的严格不是马克思主义的严格。

在这种情况下，大家对于在马克思的《政治经济学批判导言》（1857 年）和在毛泽东的论文（1937 年）中找不到这些黑格尔范畴的丝毫痕迹，也就不会感到奇怪的了。

当然，人们在意识形态的论战（例如同杜林的斗争）中，或在用以说明某些具体研究成果的含义而进行的一般叙述中，也还可以援引黑格尔的某些范畴。只要是在意识形态斗争和一般性的叙述和说明的范围内，人们使用这些范畴，可以在意识形态实践（斗争）中，在对某种观点的一般阐述中，取得一些真正的成效。但是，这种“阐述”（使用这个或那个例子说明辩证法的法则）仍然不能算是名副其实的理论实践，因为既然是阐述，它就不是能产生新认识的真正的理论实践。相反，假如这是真正能够加工对象和产生真实效果（认识、革命等）的真实践（例如马克思、列宁等人从事的理论实践和政治实践），那么，理论对这些范畴所能容忍的余地便消失了，这些范畴本身也就跟着消失。假如这是经过多年努力才有机地确立和发展起来的真实践，而不是对范畴的简单应用，从而不产生有机的效果，不改变其对象（例如物理学的实践），不影响对象的真正发展；假如这是一位真正从事真实践的人的实践，是一位致力于创建和发展科学的科学家的实践，是一位开展阶级斗争的政治家的实践；那也就不存在和不可能存在把一些不确切的范畴强加于对象这样的问题。在这种情况下，范畴既然不能再说三道四，也就自动或被迫保持沉默。例如，在已经真正确立起来的马克思主义实践中，黑格尔的范畴早已不说话了。这些范畴在马克思主义实践中简直是“罕见的”。也许正由于这个原因，有些人像对待举世无双的古代遗迹那样毕恭毕敬和费尽心机地从八开本

的法文版《资本论》的二千五百页中找出仅有的两句话,[①]拿来向所有人展示。也许也由于这个原因,他们为了加重这两句话的分量,又补充了列宁的另一句话,其实这是列宁的一个附言,一种感叹,列宁十分神秘地要我们相信,由于没有读黑格尔的著作,人们在半个世纪里完全没有懂得马克思……让我们回到以下这个简单的事实:在真正的马克思主义实践中所使用的和发挥作用的范畴,不是黑格尔的范畴,而是另一种范畴,是在马克思的实践中发挥了作用的马克思主义辩证法的范畴。

(五)主导结构:矛盾和多元决定

“物质生产的发展例如同艺术生产的不平衡关系……这里要说明的真正困难之点是:生产关系作为法的关系怎样进入了不平衡的发展。”

卡尔·马克思:《政治经济学批判导言》

我们在马克思主义的实践中,也应该抓住它的要害:矛盾不平衡发展的法则。毛泽东的一句话说得很清楚:“世界上没有绝对

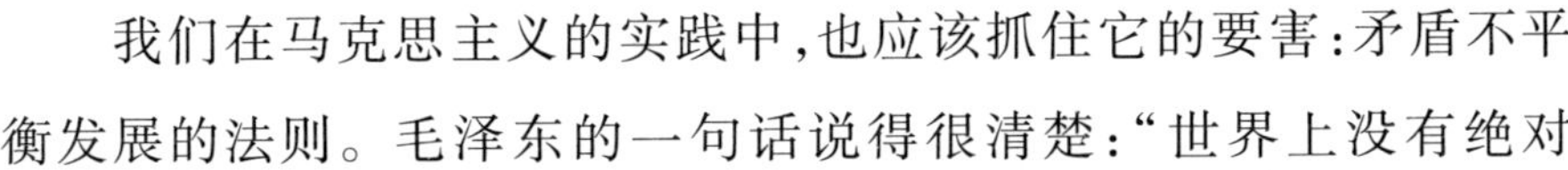

① 一句话是用隐喻来说明否定之否定。另一句话谈到了由量到质的转化。恩格斯在《反杜林论》第一编的第十二和十三章中引证和评述了这两句话。关于否定之否定,我这里再补充说一句。今天,人们众口一词地指责斯大林,说他为了推行教条主义而把否定之否定从“辩证法的法则”中抹掉并进一步背离了黑格尔。同时,有人甚至主张,回到黑格尔那儿去在某种程度上可能是有益的。我们将来也许会对这些说法进行论证。暂且,我认为比较简便的办法是要承认,把否定之否定从马克思主义辩证法的领域中排除出去只能表明作者具有真正的理论敏感。

地平衡发展的东西。”

正如大家所知道的，这条法则不仅关系到帝国主义，而且也关系到“世界的一切存在”。为了理解这条法则的意义和重要性，我们应该回过头来，再次研究马克思主义关于矛盾的几个基本特点：在任何复杂过程中必定有一个主要矛盾，在任何矛盾中必定有一个主要矛盾方面。我在前面只是把这种“特点”当作整体的复杂性的标志，并说，只要在整体中有一个矛盾支配着其他的矛盾，整体就势必是复杂的。我们现在就来考察这种支配本身（不再把它当作一个标志），并阐发由此涉及的各个问题。

说一个矛盾支配其他矛盾，这意味着该矛盾所处的复杂整体是个有结构的统一体，而在这种结构中，各矛盾间存在着明显的主从关系。因为，在马克思主义看来，一个矛盾对其他矛盾的支配，不可能是由于人们把不同的矛盾集合成为一个对象而造成的一种偶然布局。在“包含一系列矛盾”的复杂整体中，人们不能像在体育场的看台上找出比其他观众高出一头的观众那样，“找出”一个支配其他矛盾的矛盾。一个矛盾支配其他矛盾，这不是一个无足轻重的简单事实，它是一个关系到复杂整体本质的事实。所以，复杂整体本质上包含着一个矛盾支配其他矛盾，这种支配从属于复杂整体的结构。因此，断言统一体不是和不可能是原始的和普遍的简单本质的统一体，并不如同追求“一元论”①（“一元论”是同

① 一元论是德国伟大的生物学家、1880—1910年间反宗教和反教会的机械唯物主义的英勇战士海克尔的一个中心概念。这位十分活跃的著作家所写的“通俗”作品传播很广。作为“德国一元论者协会”的创始人，他认为宗教的主张是“二元论”，并以“一元论”来反对宗教。他认为不存在两种实体（上帝与世界、精神与物质或灵魂与物质），而只存在一种实体。在他看来，这种单一的实体具有两种属性（这和斯宾诺莎关

马克思主义毫无共同之处的意识形态概念）的人所想象的那样，是为了迎合“多元论”而牺牲统一性；这是说的另一回事，这是断言，马克思讲的统一性是复杂整体的统一性，复杂整体的组织方式和构成方式恰恰就在于它是一个统一体。这是断言，复杂整体具有一种多环节主导结构的统一性。归根到底，正是这种特殊结构确立了矛盾与矛盾之间、各矛盾方面之间存在的支配关系；毛泽东指出，这种支配关系是矛盾的基本关系。

为了不使马克思主义重新陷入它把我们从中解放出来的混乱中去，也就是说，为了不使马克思主义成为一种认为统一性只存在单一模式的思想（即所谓一个实体、一种本质或一种行为的统一性），为了不使马克思主义陷入机械唯物主义和信仰唯心主义的双重混乱之中，我们必须坚定不移地领会和捍卫以上的原则。假如人们匆忙地把复杂整体的有结构的统一性和总体的简单统一性

于实体具有两种基本属性的说法有些相似）：物质和能量。他把所有的规定性，无论是物质规定性或精神规定性，一概当作实体的形态，并断言实体的形态具有“至高无上的威力”。普列汉诺夫进一步发展了“一元论”的观点，这大概与他的机械论倾向（这种倾向后来遭到了列宁的严厉斥责）不无关系。他比海克尔更加“彻底”，他承认现代的唯心主义也是“一元论”，因为现代唯心主义只用一个实体，即精神，来解释一切。他认为马克思主义是唯物主义的一元论（参见普列汉诺夫：《论一元论历史观的发展》）。G. 贝斯、R. 加罗迪和 G. 米利的文章都用了“一元论”这个词，并说马克思主义实质上主张“一元论”，这也许应该归咎于普列汉诺夫。这个意识形态概念是不确切的，恩格斯和列宁早已对它作了彻底的批驳。我的批评者们有时把它用作较强的含意（如米利），有时用作较弱的含意；他们并不像海克尔和普列汉诺夫那样，把一元论与二元论相对立，而是把一元论与“多元论”相对立。在他们的笔下，一元论这个词可以被认为带有方法论的色彩，但依然是个意识形态的术语。这一概念在马克思主义中起不了积极的理论作用，它在理论上甚至是危险的。它至多具有一种实践的价值，即从反面提醒大家注意“多元论”！它没有任何认识价值。谁如果赋予这一概念以认识价值并从中引出理论结论（米利就是如此），其结果只能歪曲马克思的思想。

等同起来，假如人们把复杂整体单纯当作唯一的、原始的和简单的本质或实体的简单发展，那么，在最好的情况下，人们就会从马克思倒退到黑格尔，而在最糟的情况下，则从马克思倒退到海克尔！因为，这样做恰恰是取消区分马克思与黑格尔的特殊差异，取消马克思的统一性和黑格尔的统一性这两种不同类型的统一性之间的根本不同。“总体”这个概念今天应用得十分广泛，人们用这个词，几乎可以毫无阻拦地从黑格尔谈到马克思，又从形态心理学谈到萨特尔。词还是同一个，但概念却因不同的作家而变了，有时甚至彻底地变了。只要一为总体的概念下定义，就会引起无休止的争论。事实上，黑格尔的“总体”，并不像人们想象那样是个弹性的概念；它是一个由其理论作用所充分确定了的和个性化了的概念。同样，马克思的总体也有明确的和严格的定义。这两种“总体”只有以下的共同点：它们用的是同一个词；它们都是事物统一性的一种含糊的概念；它们有一些共同的理论敌人。除此以外，它们在本质上几乎毫无共同之处。黑格尔的总体是简单统一体和简单本原的异化发展，这一发展本身又是观念发展的一个阶段。因此，严格地说，黑格尔的总体是简单本原的现象和自我表现，而简单本原在其各种表现中，甚至在为恢复简单本原作准备的异化过程中，始终继续存在。因为，简单本原在其异化过程中表现自己的同时，它的统一性产生出以下的结果：出现在黑格尔的总体中的所有具体差异，包括这一总体中的可见“领域”（市民社会、国家、宗教、哲学等）在内，刚刚被肯定便立即遭到否定；这些差异无非是总体的简单内在本原的异化“阶段”，而异化则是在否定简单本原提出的异化差异的同时，才得以完成。甚至，作为简单内在本原的

异化和现象，这些差异一概是“无差异的”，也就是说，它们在本原的面前实际上是平等的，相同的。所以，在黑格尔那里，任何一个特定的矛盾都不是主导的矛盾。[①] 这也就是说，黑格尔的整体具有“精神”的统一性，在这个整体里，差异的被肯定仅仅是为了被否定，为了成为无差异；差异本身永远不存在，它只有独立存在的外表；差异只表现通过差异而自我异化的简单内在本原的统一性，差异作为这一本原的异化现象实际上是一律平等的。这也就是断言：黑格尔的总体仅仅表面是，而并不真正是由“领域”构成的；黑

① 绝不要把黑格尔的理论与马克思对黑格尔的评价混淆起来。无论那些只是通过马克思对黑格尔的评价来了解黑格尔的人可能会感到多么惊奇，黑格尔的社会理论并不与马克思完全相反。在黑格尔历史总体中贯彻始终的“精神”本原绝不能与马克思关于“决定性因素归根结蒂是经济”的公式相提并论。在黑格尔那里，人们找不到“决定性因素归根结蒂是国家或哲学”这类相反的本原。马克思说，黑格尔的社会观其实就是把意识形态当作历史的动力，因为这是一种意识形态的社会观。但是，黑格尔没有讲过任何类似的话。在他看来，在社会这一现存总体中，不存在最后的决定性因素。黑格尔的社会并不因社会内部存在一个基本构造而成为一个统一体，它的统一性不由社会的任何一个“领域”所决定，无论是政治领域、哲学领域或宗教领域。黑格尔认为，决定社会总体统一性的本原不是社会的哪一个“领域”，这一本原对社会的任何场合和团体都没有偏爱；其理由正是因为它寓于社会的所有场合和团体之中，贯穿在社会的所有决定性因素之中，包括政治的、经济的、法律的，直到最精神的决定性因素在内。比如说罗马，在黑格尔看来，使罗马成为一个统一体并决定这一统一性的因素，并不是罗马的意识形态，而是一种“精神”本原（它本身是观念发展的一个阶段），这种“精神”本原通过经济、政治、宗教、法律等各种决定性因素表现出来。它是抽象的法人，而罗马法只是它的许多表现中的一种表现而已。在现代世界里，“精神”本原表现为主体性这个同样也具有普遍性的本原：如同政治、宗教、哲学、音乐等因素一样，经济在现代世界中也以主体性而出现。因此，在黑格尔的社会总体中，本原对于总体既是内在的，又是超验的，但它与社会本身的任何特定现实却又不相吻合。可以说，黑格尔的总体是带有“精神”统一性的总体，在这种统一体中，每个决定性成分都是总体的部分，而可见领域只是内在本原的异化和恢复的表现而已。这也就是说，把黑格尔总体的统一性与马克思总体的统一结构等同起来，是没有任何道理的（即使认为前者是后者的颠倒，也是如此）。

格尔总体的统一性不在于它的复杂性，因而也不在于它的复杂结构；因此，在黑格尔总体中，没有主导结构，主导结构是使实在的复杂整体成为统一体的绝对条件，是使复杂整体真正成为政治实践的对象的绝对条件，而政治实践的宗旨就是要改造这种结构。如果说黑格尔关于社会总体的理论从来不构成某种政治的基础，如果说不存在和不可能存在黑格尔的政治，这绝不是一种偶然。

不仅如此。如果矛盾只是处于具有主导结构的复杂整体中才是矛盾，那么，人们考察复杂整体就不能脱离开矛盾，不能脱离开矛盾间的根本的不平衡关系。换句话说，每个矛盾、结构的每个基本环节、主导结构中各环节间的一般关系，都是复杂整体本身的存在条件。这一命题具有头等的重要意义。它意味着：整体的结构，以及各基本矛盾的“差异”和主导结构，是整体的存在本身；矛盾的“差异”（在任何复杂过程中必有一个主要矛盾，在任何矛盾中必有一个主要矛盾方面）与复杂整体的存在条件结成一个不可分割的整体。说明白些，这个命题意味着：“次要”矛盾不是“主要”矛盾的单纯现象；所谓主要矛盾是本质，次要矛盾是现象，这实际上并不等于主要矛盾可以没有次要矛盾或缺少某个次要矛盾而存在，不等于主要矛盾可以先于或后于次要矛盾而存在。[①] 相反，这个命题意味着，次要矛盾对于主要矛盾的存在十分重要，它确实构成了主要矛盾的存在条件，正如主要矛盾是次要矛盾的存在条件一样。社会这一有结构的复杂整体就是例子。在社会中，“生产关系”并不单纯是生产力的现象，而且也是生产力的存在条件；上

---

① 这种神话最初是由“资产阶级的”社会契约论所阐明的。例如，洛克指出，经济活动具有先于（无论在原则上或在事实上，这并不重要）其法律的和政治的存在条件而存在的性质！

层建筑并不单纯是社会结构的现象,而且也是社会结构的存在条件。从马克思以上阐述的原理中,我们可以推断:在任何地方,没有社会,没有社会关系,就不存在生产;原始的统一体是一个整体,在这个整体中,生产关系以生产为存在条件,而生产本身又以生产的形式,即生产关系为存在条件。这里,请大家切莫误会,"矛盾"的这种互为依存并不取消在矛盾中占统治地位的主导结构(就社会的情况而言,决定性因素归根结蒂是经济)。这种表面上是循环的互为依存的关系,最终并不破坏构成整体复杂性和统一性的主导结构。相反,它在每个矛盾的现实存在条件的内部,恰恰是构成整体统一性的这一主导结构的表现。① 矛盾的存在条件在矛盾内部的这种反映,正是复杂整体统一性的主导结构在每个矛盾内部的反映,正是马克思主义辩证法最深刻的特征,也是我不久前试图用"多元决定"的概念加以确认的特征。②

① 马克思在《政治经济学批判导言》中通过交换分析了生产、消费和分配的同一性,从而最好不过地论证了,主导结构在各矛盾互为依存的循环的外表下具有不变性。马克思说:"这样看来,对于一个黑格尔主义者来说,把生产和消费同一起来,是最简单不过的事"(《马克思恩格斯选集》中文版第二卷第 96 页)。读者或许会认为这是黑格尔的观点……但这完全是误解。马克思又说:"我们得到的结论并不是说,生产、分配、交换、消费是同一的东西,而是说,它们构成一个总体的各个环节,一个统一体内部的差别。生产既支配着生产的对立规定上的自身,也支配着其他要素……因此,一定的生产决定一定的消费、分配、交换和这些不同要素相互间的一定关系。当然,生产就其片面形式来说也决定于其他要素"(同上,第 102 页)。

② 这个概念不是由我杜撰的。我已经说过,这是我从两门现有的学科即语言学和心理分析学那里借来的。它在这两门学科中具有辩证的客观"含义",在心理分析学中尤其如此。这种"含义"和这里确指的内容在形式上十分相仿,因而这不是随意的借用。为了确指一种新的含义,势必需要有个新词。当然,新词是可以创造的,但也可以如康德所说的那样,"输入"一个相仿的概念,以便于大家容易"适应"。何况,这种"相仿的"概念反过来还可以使大家对心理分析学有所了解。

为了真正懂得这一点，让我们回过来再谈谈一个熟悉的概念。当列宁说“马克思主义的活的灵魂：具体地分析具体的情况”时，当马克思、恩格斯、列宁、斯大林、毛泽东指出“一切决定于条件”时，当列宁阐述1917年俄国特有的“环境”时，当马克思（以及全部马克思主义传统）用成千个例子说明在不同的场合由不同的矛盾占支配地位时，他们都用了“条件”这个似乎是*经验*的概念；这些条件既是现有的条件，同时又是特定现象的存在条件。然而，这一概念之所以是马克思主义的基本概念，恰恰因为它不是一个经验的概念，它不是对存在的确认……相反，它是一个建立在对象本质基础上的*理论*概念，是一个始终既与的复杂整体。这些条件实际上无非是整体在特定“阶段”上，即在政治家的“现阶段”上的存在，也就是说，整体结构各环节间相互依存条件的复杂关系。所以，“条件”恰恰说明，“被提上了议事日程的”革命何以只能在此时（1917年、1949年、1958年）此地（俄国、中国、古巴），而不能在彼时彼地爆发和胜利，由资本主义的根本矛盾所决定的革命何以在帝国主义时代到来前不能胜利，而在历史出现断裂的“有利时机”才能胜利，何以不在英法等帝国主义国家，而恰恰在“落后的”俄国（列宁语），中国、古巴（原来是遭受帝国主义剥削的殖民地）这些“最薄弱的环节”取得了胜利，这样说在理论上是讲得通的和合理的。关于条件的这种说法之所以在理论上讲得通，而不至陷于经验论或归结为“就是如此”、“偶然”这类不合理的解释，这是因为马克思主义认为，“条件”是构成历史过程整体的各种矛盾的（实在的、具体的、现实的）存在。所以，列宁在列举俄国的“现存条件”时，并没有犯经验主义的错误：他分析了帝国主义过程这一

复杂整体在俄国“现阶段”上的存在。

如果说条件无非是复杂整体的现实存在，条件同样也是复杂整体的矛盾本身，而每个矛盾反映着它在复杂整体的主导结构中与其他矛盾的有机关系。因为每个矛盾通过自身（通过该矛盾与其他矛盾的特殊的不平衡关系，通过该矛盾的两个矛盾方面之间的特殊的不平衡关系）反映着复杂整体的主导结构、现实存在和现实“条件”，并且与这些“条件”结合成一个不可分割的整体。因此，所谓“现存条件”，也就是复杂整体的“存在条件”。

虽然如此，我们还必须回过头来看黑格尔，以说明在黑格尔那里，“环境”或“条件”最后只是消逝着的现象，因为“环境”或“条件”在名为“必然”实为“偶然”的形式下，从来只是观念运动的表现。所以，在黑格尔那里，“条件”并不真正存在，在观念运动由简单向复杂发展的掩盖下，条件纯粹是一种内在性，而其外在表现就是现象。但是，在马克思主义看来，人类社会“同自然界的关系”属于“存在条件”的有机组成部分；它是主要矛盾（生产力与生产关系的矛盾）中的一项主要成分；它作为整体中“次要”矛盾的存在条件，在次要矛盾及其关系中得到反映；因此，存在条件是复杂整体存在的始终既与的依据和绝对真实的条件，而复杂整体则在其自身结构中反映这些存在条件。这一切和黑格尔的观点完全不同，黑格尔事先赋予条件以一种纯粹的简单内在性，从而既拒绝了有结构的复杂整体，又拒绝了这个整体的存在条件。所以，任何人类社会同自然界的关系，作为该社会的存在条件，在黑格尔那里只起偶然性条件的作用，只是气候、地理这类“无机的关系”（作为三段式的美洲，“它的中项巴拿马海峡很窄”！）的作用，只起黑格尔

的名言“就是如此”的作用，这句名言表明，物质的自然界必定被作为其“真理”的精神所扬弃……确实，如果把存在条件降低为地理条件，存在条件当然就成为被精神所取消、否定和扬弃的偶然性，而精神则成为这种偶然性的必然性，因为地理条件在自然界早已以偶然性形式存在着（由于这个原因，一个小岛可以产生一位伟人）。黑格尔认为，自然的或历史的存在条件从来只是偶然性，这些条件丝毫不决定社会的精神总体。在黑格尔那里，条件（非经验的和非偶然的意义上的条件）既不存在，整体的真实结构、主导结构、基本决定性因素以及由矛盾的“多元决定”所体现的条件在矛盾中的反映，势必也都不存在。

我所以如此强调这种“反映”，并建议称之为“多元决定”，这是因为我们必须把这种“反映”孤立起来，确定其地位，并赋予它一个名称，然后才能根据马克思主义的理论实践和政治实践对我们的要求，从理论上说明这一“反映”的现实。下面我们就来确定这个概念的含义。多元决定在矛盾中具有以下的基本品质：它是矛盾的存在条件在矛盾中的反映，也就是说，是矛盾在复杂整体主导结构中的地位在矛盾中的反映。这不是单一意义上的“地位”。它既不单是“原则”地位（矛盾在因素梯级中和决定性因素相比所占的地位，例如某个矛盾在社会中和经济相比所占的地位），又不单是“事实”地位（矛盾在特定阶段中究竟占主导地位还是占辅助地位），而是“事实”地位同“法律”地位的关系，也就是使“事实”地位具有主导结构的“可变性”和总体的“不变性”的那种关系。

既然如此，我们就必须承认，矛盾不再具有单一的含义（各个范畴的作用和含义不再一成不变），因为矛盾本身和矛盾的本质反映着矛盾同复杂整体不平衡结构的关系。但必须补充的是，矛盾虽然不再具有单一含义，它并不因此而变得“模棱两可”，从而成为任何经验多元论的产物，就像诗人的灵感那样随风飘荡，听从环境和“偶然”的支配。相反，矛盾在不再具有单一含义以后，它的定义、作用和本质就得到了严格的规定；根据有结构的复杂整体赋予矛盾的职能，矛盾从此就有了复杂的、有结构的和不平衡的规定性。请读者原谅我用这一长串修饰词，不过我承认，我更喜欢用一个较短的词：多元决定。

正是这种十分特别的规定性（多元决定）使马克思主义的矛盾具有特殊性，并能够从理论上阐明马克思主义的实践，不论是理论实践还是政治实践。只有多元决定才能使我们不把有结构的复杂整体（例如社会形态，这是迄今以来的马克思主义实践所真正致力的唯一对象）的具体演变看作是外界“条件”作用于一个固定的有结构整体（以及它的范畴、范畴的固定顺序）而产生的偶然演变，而把这种具体演变看作是复杂整体内部的具体的结构调整，每个范畴、每个矛盾以及通过结构调整得到反映的主导结构各环节，都在结构调整中起了本质的“作用”。因此，毋庸赘言，在确定了这种特殊类型的规定性的地位后，如果不掌握它和思考它，也就永远也不可能认识政治活动的可能性，不可能认识理论实践的可能性，不可能认识理论实践和政治实践的对象（原料）的本质，不可能认识进行这些实践的“现阶段”的结构。同样，不理解多元决定，也就不可能从理论上阐明以下的简单事实：当伽利略、斯宾诺莎、马克思等理论家和列宁等革命家不畏艰难，甚至不惜牺牲生命从事非凡的“工作”时，他们所解决的竟是这样一些小“问题”：制

定一种“显而易见”的理论,进行一场“不可避免”的革命,通过他们个人的“偶然性”实现历史的必然性(不论是理论的必然性或政治的必然性),根据这种必然性,未来必定自然而然地代替它的“现在”。

为了进一步说明这一点,我们再一次用毛泽东的术语来解释。如果说所有的矛盾都受不平衡法则的制约,如果说为了成为马克思主义者和能够开展政治活动(以及为了能够进行理论实践),必须不惜一切代价去区分主要矛盾和次要矛盾,区分矛盾的主要方面和次要方面,如果说这种区分对马克思主义的实践和理论具有根本的重要性,这是因为,正如毛泽东所指出的,这种区分对于正视具体的现实,正视人们当时的历史现实,对于阐明由对立面的同一占统治地位的现实是必需的,也就是说:1)矛盾着的双方,依据一定的条件,各向着其相反的方面转化,[①]各矛盾之间和各矛盾方面之间地位的变化(我们把这种交替现象叫作转移);2)对立面在一个真实统一体内的“同一”(我们把这种“融合”现象叫作压缩)。根据实践经验证明,主导结构虽然是固定的,但结构中各矛盾的地位却在变化:主要矛盾变为次要矛盾,一种次要矛盾上升到主要地位;矛盾的主要方面变为次要方面,一个次要方面又变为主要方面。始终存在着一个主要矛盾和一些次要矛盾,但在固定不变的主导结构中,主要矛盾和次要矛盾在各个环节上交换位置。毛泽东说:“不管怎样,过程发展的各个阶段中,只有一种主要的矛盾起着领导的作用,是完全没有疑义的。”但是,这种通过转移

① 毛泽东:《矛盾论》,见《毛泽东选集》1969 年中文版第一卷第 301—302 页。

产生的主要矛盾，只有通过**压缩**（“融合”）才能起到爆炸性的“决定”作用。这一主要矛盾正像列宁所说的那样，是我们在政治斗争中（或在理论实践中）为打碎整个链条所必须紧紧抓住和加以利用的“决定性环节”，或用另一种形象的说法，这是我们为“引起统一物的分解”[①]所必须攻下的战略要点。在这里，我们还必须不为主要矛盾无规律交替的表面现象所欺骗，因为每个主要矛盾都构成复杂整体中的一个阶段（这是历史“阶段性”的基础），因为我们所接触的是复杂过程的辩证法，是作为“阶段”、“时段”、“时期”而存在的多元决定的和特殊的“瞬间”，是标志着每个阶段特点的特殊主要矛盾的演变。发展的节点（特殊阶段），每个阶段的结构的特殊节点，都是复杂过程的存在和现实。主要矛盾的转移和矛盾的压缩无论在政治实践中或对于政治实践说来（显然，理论实践的情况也是如此）都具有决定性的意义，列宁通过对 1917 年革命的分析为我们提供了一个十分清楚和十分深刻的例子（矛盾的“融合”点，几个矛盾**压缩**（“**融合**”）时的临界点，革命的**转折**点）。

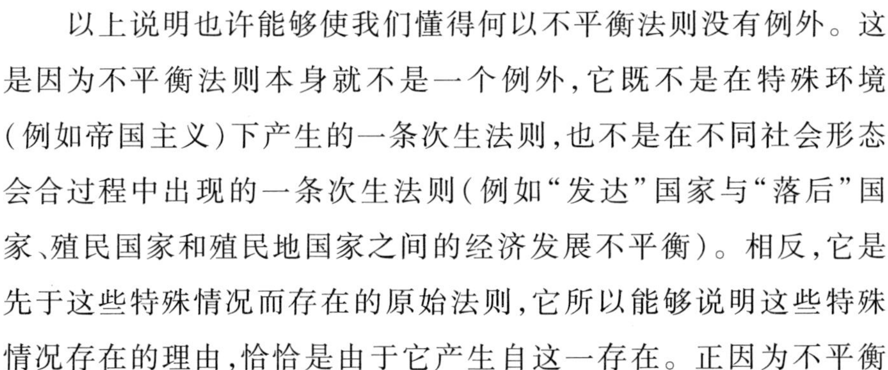

以上说明也许能够使我们懂得何以不平衡法则没有例外。这是因为不平衡法则本身就不是一个例外，它既不是在特殊环境（例如帝国主义）下产生的一条次生法则，也不是在不同社会形态会合过程中出现的一条次生法则（例如“发达”国家与“落后”国家、殖民国家和殖民地国家之间的经济发展不平衡）。相反，它是先于这些特殊情况而存在的原始法则，它所以能够说明这些特殊情况存在的理由，恰恰是由于它产生自这一存在。正因为不平衡

① 毛泽东：《矛盾论》，见《毛泽东选集》1969 年中文版第一卷第 307 页。

贯穿于一切社会形态的全部存在之中，它才贯穿于这一社会形态与在经济、政治、意识形态等方面成熟程度不同的其他社会形态的关系之中，它才使我们能够理解为什么这些关系可能存在。每当不平衡出现时，绝不是外部不平衡确立内部不平衡（例如当几种“文明”会合时）；相反，内部不平衡才是第一性的，内部不平衡确定着外部不平衡在当时社会形态中的作用和效果。凡把内部不平衡现象归结为外部不平衡的任何解释（例如，仅仅把国际关系、俄国与西方之间经济发展不平衡等外部不平衡关系说成是俄国在1917年存在的“异常的”环境）都是犯了机械论的错误，都是本末倒置，都是一种内部和外部相互作用的理论。由此可见，为了抓住外部不平衡的实质，必须到原始的内部不平衡那里去寻找根源。

马克思主义理论和实践的全部历史证实了这一点。不平衡不仅是现有各社会形态相互作用的外部结果，而且它存在于每个社会形态的内部。而在每个社会形态内部，不平衡不仅以简单的外在形式而出现（经济基础和上层建筑的相互作用），而且以社会总体的每个因素、每个矛盾的有机内在形式而出现。真正的马克思主义从不把各因素的排列、每个因素的实质和地位一劳永逸地固定下来，从不用单一的含义去确定它们的关系；只有“经济主义”（机械论）才一劳永逸地把各因素的实质和地位确定下来，不懂得过程的必然性恰恰在于各因素“根据情况”而交换位置。正是唯经济主义事先就一劳永逸地规定，归根到底起决定作用的矛盾必定是占主导地位的矛盾，矛盾的这一“方面”（生产力、经济、实践）必定起主要作用，而另一“方面”（生产关系、政治、意识形态、理论）必定起次要作用，却不了解归根到底由经济所起的决定作用在真实的历史中恰恰是通过经济、政治、理论等交替起第一位作用而实现的。恩格斯在同第二国际的机会主义者进行斗争时，十分清楚地看到了这一点，并指出，这些机会主义者把社会主义的到来仅仅寄托于经济的有效作用。列宁的全部政治业绩证明了这个意义深长的原理：归根到底由经济起决定作用是按过程的阶段为转移的，这既不是偶然的巧合，又不是由于外界的或偶然的原因，而主要是由于内部的和必然的原因，由于矛盾的交替、转移和压缩的结果。

由此可见，不平衡性是社会形态的内在性，因为复杂整体主导结构的不变性本身是构成主导结构的各种矛盾的具体可变性的条件，也就是各种矛盾的转移、压缩、交替……的条件。从另方面讲，因为这种可变性就是不变性的存在。不平衡发展（也就是人们在复杂整体发展过程中可以观察到的这些转移和压缩的现象）不在矛盾之外，它构成矛盾最深刻的内在本质。矛盾“发展”中存在的不平衡，即矛盾过程中的不平衡，就是矛盾的本质。既然不平衡的概念并不意味着外在的数量比较，那我就会说，马克思主义的矛盾是“由不平衡性所规定的”，只要大家愿意承认，这里的不平衡性具有它所确指的内在本质：多元决定。

我们还剩下一个问题需要研究，即关于矛盾在过程发展中的动力作用。如果理解了矛盾，却不理解矛盾的动力，那也还是没有意义的。

通过以上对黑格尔的介绍，我们可以懂得，黑格尔的辩证法在什么意义上是动力，又在什么意义上是“自我发展”。当《精神现象学》以夺目的文采赞颂否定性在事物中的作用、精神在死亡中的滞留以及人们对否定性的普遍焦虑（否定性通过把统一物分为两个部分，产生出由虚无而变为存在的永恒精神）时，所有哲学家在这个深奥莫测的秘密面前，无不感到不寒而栗。然而，否定性只有在它严格地反映黑格尔关于简单的和原始的统一体的理论假设时，才能包含辩证法的动力本原，即否定之否定。辩证法作为否定之否定的抽象，具有否定性，而否定之否定本身又是对恢复异化了的原始统一体的现象的抽象。所以，在黑格尔考察的一切开端中，都有结束在活动着；所以，开端从来只在自身中成长，并通过在自身和在自身的异化中产生出结束。黑格尔关于“异在中保存自在”的概念就是否定性的存在。由此可见，在黑格尔看来，矛盾作为否定性，作为“自在”在“异在”中的单纯反映，作为异化本原的单纯反映，作为简单的绝对观念，是一种动力。

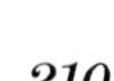

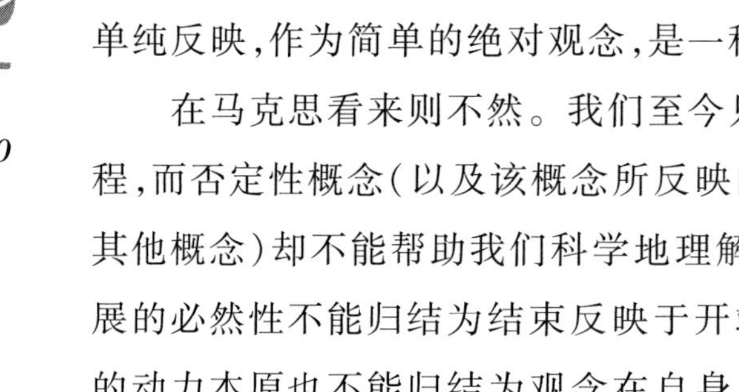

在马克思看来则不然。我们至今只讨论了复杂主导结构的过程，而否定性概念（以及该概念所反映的关于否定之否定、异化等其他概念）却不能帮助我们科学地理解这些过程的发展。正如发展的必然性不能归结为结束反映于开端的观念必然性一样，发展的动力本原也不能归结为观念在自身异化中的发展。因此，在马克思主义看来，**否定性**和**异化**是**意识形态**的概念，它们只能确指本身的**意识形态**内容。然而，抛弃黑格尔含义上的必然性，抛弃黑格尔关于发展的本质，这并不等于说我们就处于主观性、“多元论”或偶然性的理论真空之中。相反，只有在抛开黑格尔的理论前提的条件下，我们才能确有把握地真正躲开这一真空。正因为过程是复杂的和具有主导结构的，我们就有可能真正阐明过程的未来，以及这一未来的各个典型方面。

我这里只举一个例子。“阶级斗争是历史的动力”，怎样才能从理论上去证明这个马克思主义根本命题的正确性呢？也就是说，既然我们确切地知道，决定的因素归根到底是经济而不是政治，怎样才能从理论上证明，人们正是通过政治斗争才“把现存的统一体分为两个部分”？如果脱离开主导结构复杂过程的现实，我们怎么能够从理论上阐明阶级斗争中经济因素与政治因素之间存在的真实差异，也就是说，怎么能够从理论上阐明经济斗争与政治斗争之间的真实差异（这种差异恰恰是马克思主义与各种自发的或有组织的机会主义的最后分界线）？政治因素是个独立的因素，因此，它不是复杂整体的简单现象，而是反映复杂整体的各种因素（经济、政治和意识形态）的真实压缩和战略要点。假如不是如此，我们又怎么能够说明必须经过政治斗争这个独立的和特殊的阶段？假如矛盾的结构使政治实践不可能成为具体的现实，我们怎么能够说明历史必然的实现取决于政治实践？假如矛盾的结构不能使马克思理论的产生成为具体的现实，我们怎么能够说明，马克思的理论的产生是历史的必然呢？

因此，根据马克思主义理论，如果说矛盾是动力，那也就是说：矛盾在复杂整体结构中的某些确定的地点引起了真实的斗争和冲突；冲突的地点可能根据当时各矛盾在主导结构中的关系而有所变化；斗争在某个战略地点的凝聚同主导因素在矛盾中的转移具有不可分割的联系；转移和压缩这些有机现象就是“对立面的同一”的存在，直到这些现象产生出突变或质的飞跃的可见形式为止，那时就正式到了改组整体的革命阶段了。从这里出发，我们才可能在政治实践中对过程的各个独立阶段作出根本的区分，它们

是："非对抗"阶段、"对抗"阶段和"爆炸"阶段。列宁说，矛盾在任何一个阶段里始终在起作用。因此，这三个阶段无非是矛盾的三种存在形式。我更进一步认为，第一个阶段的特点是矛盾的多元决定主要以转移的形式而存在（这个"借喻的"形式与历史学或理论中通用的术语"量变"是同一个意思）；在第二个阶段里，矛盾的多元决定主要以压缩的形式而存在（在社会中表现为尖锐的阶级冲突，在科学中表现为理论危机，等等）；最后一个阶段即革命爆发的阶段，其特点是矛盾的压缩出现不稳定性，从而导致整体的分解和重新组合，也就是说，在质的新基础上全盘改组整体的结构。因此，单纯"累积"的形式（只要这种"累积"仅仅是量的"累积"）就表现为辩证法的次要形式（因为累积只是作为例外才具有辩证的性质）。对于这种次要形式，马克思只是在《资本论》里给我们举过一个例子，这个例子并不作为一种隐喻，而是作为一种例外，恩格斯在《反杜林论》（第一篇第十二章）中曾对此作了著名的评述。

在结束本文以前，我想就本文的内容作个小结；显然，我所做的分析还很不完善，而且在很大程度上还停留在推理的阶段，但请允许我提醒大家，以上的分析只是从理论上阐述了马克思的辩证法在马克思主义的理论实践和政治实践中发挥作用时所表现的特殊性，这种特殊性也就是我们提出的问题的对象，即马克思对黑格尔辩证法的"颠倒"的性质是什么。如果我们的分析没有过于背离我们在本文开始所规定的科学研究的基本要求，那么，由此得出的理论解答理应使我们掌握新的理论细节，即新的认识。

在这种情况下，我将用以下的形式概括我们所取得的理论结果：

马克思主义矛盾的特殊性在于它的“不平衡性”或“多元决定性”，而不平衡性本身又是矛盾的存在条件的反映，换句话说，始终既与的复杂整体的特殊不平衡结构（主导结构）就是矛盾的存在。根据这种理解，矛盾是一切发展的动力。建立在矛盾多元决定基础上的转移和压缩，由于它们在矛盾中所占的主导地位，规定着矛盾的阶段性（非对抗阶段、对抗阶段和爆炸阶段），这些阶段构成了复杂过程的存在，即“事物的发展”。

如果确如列宁所说，辩证法是研究事物本质中的矛盾，是事物发展、停滞、出现、变化和消亡的本原，那么，我们从马克思主义矛盾的特殊性的这个定义中，就能认识到马克思主义辩证法本身。[①]

如同任何理论阐述一样，这个定义只是通过它所能使人想到的具体内容而存在。

同任何理论阐述一样，它应该使人首先想到这些具体内容。

---

① 有人或许会拒绝这个抽象的定义，但他们应当看到，这个定义无非表达了在马克思主义的具体思想和具体行动中所使用的辩证法的本质。有人或许对这个不习惯的定义感到惊奇，但他们应当看到，这个定义所涉及的恰恰正是如何理解现象的“生死”和“发展演变”的问题，而这个问题历来是与“辩证法”一词结合在一起的。有些人或许对这个定义感到困惑不解（因为它把黑格尔关于否定性、否定、分裂、否定之否定、异化、扬弃等等概念全部不作为基本概念），但他们应该看到，抛弃一个不合适的概念，而换上另一个更适合真实实践的概念，得失相比，总还是得胜于失。有人或许对黑格尔关于简单过程的“母型”念念不忘，但他们应该看到，在“某些特定的环境下”（其实是非常例外的场合），唯物辩证法可以在十分有限的领域内提供一种“黑格尔的”形式，但是，正由于这是一种例外，应该归纳的就不应该是这种形式，而是这种形式的条件。因此，马克思主义辩证法使我们能够思考黑格尔辩证法的“关键”，例如“无历史社会”（不论是否属于原始社会）的不发展和停滞，又如真实的“残余”的现象，等等。

除非它能使人想到整个具体内容,包括它由之产生的内容和与它的产生无关的内容,否则它就不能企求成为普遍意义上的**理论**。

我们已经就马克思主义的理论实践和政治实践这两方面的具体内容,阐述了辩证法的这个定义。

为了证实辩证法的这个定义超出我们涉及的具体内容的范围,并能具有放之四海而皆准的普遍理论意义,我们还要把这个定义放到其他的内容和其他实践中去检验(例如自然科学的理论实践,以及认识论、科学史、意识形态史、哲学史等尚未确立的科学的理论实践),从而确有把握地认识这一定义的普遍意义,或在必要时对定义的表述进行修正;总之,我们还要看一看,我们通过对“特殊性”的研究是否真正抓住了体现这一“特殊性”的普遍性。

为此,人们或许可以甚至必须从事新的研究。

1963年3月至4月

七、马克思主义和人道主义

“我的分析方法……不是从人出发,而是从一定的社会经济时期出发……”

卡尔·马克思:《评阿·瓦格纳的〈政治经济学教科书〉》

(一)

社会主义的“人道主义”已经提上了议事日程。

自从开始由按劳分配的社会主义向按需分配的共产主义过渡以来,苏联提出了“一切为了人”的口号,并开始探讨关于个人自由、尊重法制和人格尊严等新论题。各国工人政党纷纷庆贺社会主义人道主义的成就;他们在《资本论》中,并日益频繁地在马克思青年时代的著作中,寻找社会主义人道主义的理论根据。

这是一件具有历史意义的大事。人们甚至可以设想,有了社会主义人道主义这个既令人欣慰又令人神往的命题以后,共产党人就能同社会民主党人进行对话,或者更广泛地同一切反对战争和贫困的“善良”的人们交换意见。今天,人道主义的大路似乎也将通向社会主义。

事实上,历来的革命斗争,其目的始终是为了结束剥削和实现人的解放。但是,正如马克思所预见的,革命斗争在其第一个历史阶段,不能不采取阶级斗争的形式。那时候,革命人道主义只能是“阶级人道主义”,[①]即“无产阶级的人道主义”。人剥削人现象的结束是阶级剥削的结束。人的解放意味着工人阶级的解放,首先意味着无产阶级专政。在苏联,在四十多年的大规模斗争中,“社会主义人道主义”首先表现为阶级专政,然后才表现为个人自由。

随着无产阶级专政的结束,苏联进入了第二个历史阶段。苏联人说:在我国,阶级对抗已经消灭,无产阶级专政完成了自己的职能,国家不再是阶级的国家,而是全民的国家(每个人的国家)。从此,在苏联,人确实被当作个人看待,就是说,不再分阶级。在意识形态中,阶级人道主义的提法也为社会主义的个人人道主义所取代。

十年前,社会主义人道主义只有一种形式,即阶级人道主义。今天则有两种形式:在依然实行无产阶级专政的国家里(如中国),是阶级人道主义;在无产阶级专政已成为过去的国家里(苏联),则是社会主义个人人道主义。两种形式分别适应两个必要的历史阶段。“阶级”人道主义可以在“个人”人道主义中展望已经实现了的自己的未来。

在这一历史变革的启发下,人们的思想也有了某些转变。过

① 这里所说的“阶级人道主义”是指列宁在谈到十月社会主义革命时所赋予的含义(列宁说,十月革命把政权交给工人和贫农劳动者,并使他们能够享受从未享受到的生活条件、活动条件和发展条件,就是说,对劳动者实行民主,对压迫者实行专政),而不是指马克思在其青年时代著作中所用过的含义(无产阶级在其“异化”中反映着人类的本质,而革命则应保证人类本质的“实现”),马克思的这个观点后来又为青年卢卡奇在其《历史和阶级意识》中再次运用。

去，社会民主党人根据资产阶级的个人人道主义反对无产阶级专政，从而使他们和共产党人处于疯狂的对立地位；现在，无产阶级专政在苏联已经过时。人们甚至可以预见，无产阶级专政在西欧将采取和平的和短期的形式。社会主义人道主义和资产阶级的或基督教的自由人道主义这两种个人人道主义似乎有了某种共同点。苏联的“自由化”为自由人道主义提供了保证。至于社会主义人道主义，它可以认为自己不仅批判了资产阶级人道主义的矛盾，而且更重要的是完成了资产阶级人道主义的“最崇高的”愿望。人类终将发现，社会主义人道主义实现了人类几千年来的梦想，即以往基督教的和资产阶级的人道主义作了素描的梦想：人的统治在人的身上并在人与人的关系中最终实现。

由此，马克思在《1844年手稿》中所作的预言将会实现：“共产主义……是由人为了人而对人的本质的真正占有，作为完成了的自然主义，等于人道主义……”

（二）

为了看得比这一事件更远，为了理解这一事件，为了懂得社会主义人道主义的意义，单是承认这一事件或记录下赖以思考这一事件的概念（人道主义，社会主义）是不够的。必须验证概念的理论根据，以便相信这些根据确实为我们提供了对事件的真正科学的认识。

可是，“社会主义人道主义”这个语汇恰恰包含着一个突出的理论不平衡性：在马克思的思想中，“社会主义”是个科学的概念，而人道主义则仅仅是个意识形态的概念。

这里需要说明,我们并非要对社会主义人道主义所应确指的现实提出异议,而是要确定这一概念的理论价值。我们说人道主义是个意识形态的概念(因而不是科学的概念),这是为了肯定,一方面它确指一系列存在着的现实,另方面它不同于科学的概念,因而不提供认识这些现实的手段。它用一种特殊的(即意识形态的)方式确指一些存在,但不说明这些存在的本质。混淆这两种不同的概念,就不能得出任何认识,就会含糊不清,甚至可能会犯错误。

为了把问题说清楚,这里简短地回顾一下马克思的经历。马克思只是对他青年时代(1840—1845)的理论基础——人的哲学——作了彻底的批判后,才达到了科学的历史理论。“理论基础”一词,我是在狭义的意义上来使用的。青年马克思认为,“人”不仅是揭露贫困和奴役的一声呼叫,而且是他的世界观和实践立场的理论原则。“人的本质”(不论它意味着自由和理性或是共同体)同样是严谨的历史理论和连贯的政治实践的基础。

这一观点在马克思处于人道主义时期的两个阶段中都可以看到。

1. 在第一阶段,占主导地位的是离康德和费希特较近而离黑格尔较远的、理性加自由的人道主义。马克思在同书报检查令、莱茵省的封建法律和普鲁士的专制制度作斗争的同时,把政治斗争及其依据——历史理论——建立在人的哲学这一理论基础上。历史只是依靠人的本质,即自由和理性,才能被人理解。自由是人的本质,正如重力是物体的本质一样。人命定是自由的,人是自由的存在。即使人拒绝自由或否定自由,人终究离不开自由:“自由确实是人所固有的东西,连自由的反对者在反对实现自由的同时也实现着自由……可见自由向来就是存在的,不过有时表现为特权,有时表现为普遍权利而已。”[①]这一区分把全部历史都说个明明白白。因此,封建制是自由,不过它以“不合理”的特权形式而出现;现代国家是自由,它以合理的普遍权利的形式而出现。就理性而言,人只有作为理性,才能是自由。人的自由既不是任性,又不是一切由利益所决定;正如康德和费希特所主张的那样,它是自主,是对理性的内在规律的服从。这种“向来就存在,只不过不是永远以合理的形式出现”[②]的理性(例如封建制),到了现时代,终于在权利的国家和法律的国家中以理性的形式存在着。“它〔哲学〕认为国家是一个庞大的机构,在这个机构里,必须实现法律的、伦理的、政治的自由,同时,个别公民服从国家的法律也就是服从自己本身理性的即人类理性的自然规律。”[③]由此规定了哲学的任务:“哲学所要求的国家是符合人性的国家。”[④]这项要求是向国家本身提出的;只要国家承认其本质,国家就会自动进行改革,并成为理性,成为人类的真正自由。在这种情况下,全部政治可归纳为哲学的和政治的批判(用以提醒国家去完成自己的义务);出版自

① 马克思:《第六届莱茵省议会的辩论(第一篇论文)》,见《马克思恩格斯全集》中文版第 1 卷第 63 页。

② 马克思:《摘自〈德法年鉴〉的书信》,见《马克思恩格斯全集》中文版第 1 卷第 417 页。

③ 马克思:《第 179 号〈科伦日报〉社论》,见《马克思恩格斯全集》中文版第 1 卷第 126 页。

④ 同上。

由和人类的理性自由也就成了政治本身。要求以出版自由为绝对条件并且可以归纳为公开的理论批判(即通过报刊途径进行的公开批判)的这种政治实践,就是马克思在《莱茵报》的政治实践。马克思在阐述其历史理论的同时,为其自身的实践奠定了基础和作了辩解:他认为记者的公开批判是典型的政治行动。在这部启蒙哲学中,整个思路一环紧扣一环。

2. 在第二阶段(1842—1845),占主导地位的是另一种形式的人道主义,即费尔巴哈的"共同体的"人道主义。理性国家对理性置之不理:普鲁士国家没有实行改革。历史本身对理性人道主义的幻想作出了这样的判决:德意志的激进青年曾期望王储一旦当上了国王能履行他登基前许下的自由主义诺言,可是,未等王位到手,王储却早已从自由主义滑到了专制主义。既然国家孕育着理性,它终究应该成为理性;可是,国家却又一次生下了非理性。这使激进青年们陷入极度的沮丧,他们经历了一场真正的历史危机和理论危机。马克思由此得出结论说:"政治国家……在它的各种现代形式中包含着理性的要求……而国家还不止此。它到处意味着理性已经实现。但同时它又到处陷入理想的使命和各种现实的前提的矛盾中。"[①]可见,决定性的一步已经跨出:国家的弊端不再被认为是国家与其本质的分离,而是其本质(理性)与其存在(非理性)的真实矛盾。费尔巴哈的人道主义指出了在非理性中存在着理性的异化,而在理性的异化中又存在着人的实现,即人的

① 马克思:《摘自〈德法年鉴〉的书信》,见《马克思恩格斯全集》中文版第1卷第417页。

历史，这就恰恰使思考这一矛盾成为可能。[①]

马克思依旧宣扬人的哲学："所谓彻底，就是抓住事物的根本。但人的根本就是人本身。"[②]可见，正因为人首先是"共同体"、"共同体的人"，才能是自由和理性，他只是在人的普遍关系中，即人与人的关系和人与物的关系中（物是由劳动加以"人化"的外部自然），才在理论上得到完成（科学）和在实践上得到完成（政治）。在这里，人的本质仍然是历史和政治的基础。

历史是理性在非理性中的异化和产生，是真正的人在异化的人中的异化和产生。在其被异化的劳动产品（商品、国家、宗教）中，人不知不觉地实现着人的本质。既然人的异化产生历史和人，那么这一异化就意味着有一种先于人而存在的确定本质。一旦历史结束，已成为非人客体的这个人将只得在财产、宗教和国家中，把自己异化了的本质当作主体保留下来，从而成为总体的人，真正的人。

在关于人的这一新理论的基础上，出现了一种新型的政治行

① 德意志的激进青年被历史抛进了一场理论危机之中，费尔巴哈的出现使他们欣喜若狂。的确，《临时提纲》、《基督教的本质》和《未来哲学原理》的作者对这些知识分子的理论危机作出了理论的解答，费尔巴哈在其异化的人道主义中提出的理论概念，使他们能把人类本质的异化作为实现人类本质的不可缺少的环节，而把非理性（国家的不合理现实）作为实现理性（国家的观念）的必要环节。因此，他们原来把理性和非理性之间的必然联系作为不合理的东西而被迫忍受，如今却能够对这种联系进行思考了。当然，这种关系依旧没有离开自己的基地——哲学人本学；但在理论上，则必须修改人的概念，以理解历史的理性和历史的非理性的历史关系。从此，人不再由理性和自由所规定；即使在"共同体"的原则中，人已成为具体的主体间本位、爱情、博爱、"类存在"。

② 马克思：《〈黑格尔法哲学批判〉导言》，见《马克思恩格斯选集》中文版第1卷第8页。

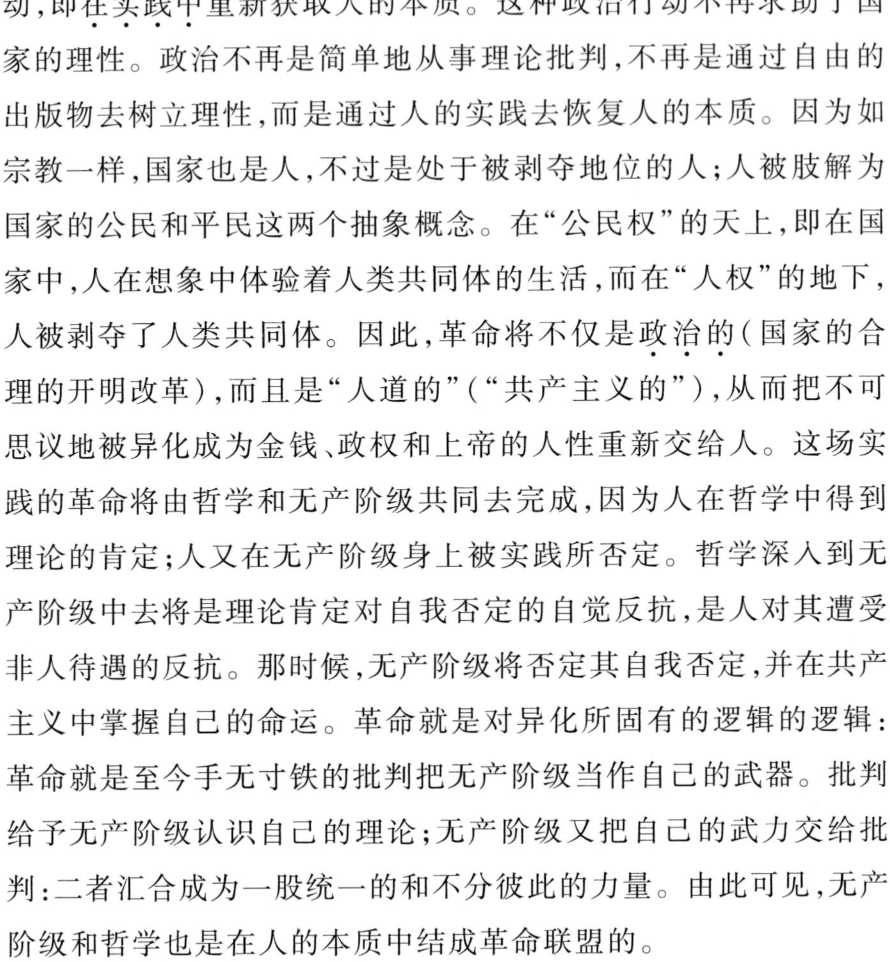

动，即**在实践**中重新获取人的本质。这种政治行动不再求助于国家的理性。政治不再是简单地从事理论批判，不再是通过自由的出版物去树立理性，而是通过人的实践去恢复人的本质。因为如宗教一样，国家也是人，不过是处于被剥夺地位的人；人被肢解为国家的公民和平民这两个抽象概念。在“公民权”的天上，即在国家中，人在想象中体验着人类共同体的生活，而在“人权”的地下，人被剥夺了人类共同体。因此，革命将不仅是**政治的**（国家的合理的开明改革），而且是“人道的”（“共产主义的”），从而把不可思议地被异化成为金钱、政权和上帝的人性重新交给人。这场实践的革命将由哲学和无产阶级共同去完成，因为人在哲学中得到理论的肯定；人又在无产阶级身上被实践所否定。哲学深入到无产阶级中去将是理论肯定对自我否定的自觉反抗，是人对其遭受非人待遇的反抗。那时候，无产阶级将否定其自我否定，并在共产主义中掌握自己的命运。革命就是对异化所固有的逻辑的逻辑：革命就是至今手无寸铁的批判把无产阶级当作自己的武器。批判给予无产阶级认识自己的理论；无产阶级又把自己的武力交给批判：二者汇合成为一股统一的和不分彼此的力量。由此可见，无产阶级和哲学也是在人的本质中结成革命联盟的。

（三）

从 1845 年起，马克思同一切把历史和政治归结为人的本质的理论彻底决裂。这一决裂包括三个不可分割的理论方面：

（1）制定出建立在崭新概念基础上的历史理论和政治理论，

这些概念是：社会形态、生产力、生产关系、上层建筑、意识形态、经济起最后决定作用以及其他特殊的决定因素等等。

(2)彻底批判任何哲学人道主义的理论要求。

(3)确定人道主义为意识形态。

在这一新的概念体系中，整个思路也一环紧扣一环，但这一体系的结构和以往不同：受到批判的人的本质(2)被确定为意识形态(3)，而意识形态的范畴属于社会的和历史的新理论(1)。

马克思同一切哲学人本学和哲学人道主义的决裂不是一项次要的细节，它和马克思的科学发现浑成一体。

它意味着，马克思把抛弃以往哲学的旧假设和采用一种新假设这两件事一气呵成。以往的唯心主义哲学（资产阶级的哲学），其全部领域和阐述（"认识论"、历史观、政治经济学、伦理学和美学等等）都建立在人性（或人的本质）这个总问题的基础上。这个总问题在几个世纪里曾经是个不证自明的原则，任何人都想不到对它提出异议，虽然这个总问题在其内部不断有所调整。

这个总问题绝不是含糊和松散的东西；相反，它是由精确的概念紧密结合而成的连贯的体系。它包括两个互为补充的假定，马克思在《关于费尔巴哈的提纲》第六条中对它们作了这样规定：1. 存在着一种普遍的人的本质；2. 这个本质从属于"孤立的个体"，而他们是人的真正主体。

这两个假定是互为补充和不可分割的。然而，它们的存在和统一却是以经验主义和唯心主义的全部世界观为前提的。为了使人的本质具有普遍的属性，必须有具体的主体作为绝对已知数而存在：这就意味着主体的经验主义。为了使这些经验的个体成为人,他们每个人都必须具有人的全部本质(即使不能在事实上,至少也要在法律上):这就意味着本质的唯心主义。由此可见,主体的经验主义和本质的唯心主义是相辅相成的。这种关系可以在其“对立面”中互相颠倒:概念的经验主义,主体的唯心主义。这种颠倒保持着总问题的根本结构固定不变。

在这个典型结构中,人们不仅可以看到社会理论(从霍布斯到卢梭)、政治经济学(从配第到李嘉图)和伦理学(从笛卡尔到康德)的原则,而且可以看到马克思以前的唯心主义和唯物主义“认识论”(从洛克到康德,再到费尔巴哈)原则。人的本质或经验主体的内容可以变化(例如从笛卡儿到费尔巴哈);主体可以从经验主义转为唯心主义(例如从洛克到康德)。但是,以上术语及其相互关系只是在不变的同一个典型结构内部发生变化,而这个典型结构就是总问题本身:只要有一种本质的唯心主义,就始终有一种主体的经验主义与之相适应(或者,有了主体的唯心主义,就一定有本质的经验主义)。

马克思不再把人的本质当作理论基础,因而也就摒弃了两个假定的全部有机体系。他把主体、经验主义、观念本质等哲学范畴从它们统治的所有领域里驱逐出去。这些领域不仅有政治经济学(破除了关于经济的人的神话,就是说,作为古典经济学的主体而具有特定功能和特定需要的个人),历史学(破除了社会原子说和政治伦理的唯心主义),伦理学(破除康德的伦理观念),而且还有哲学本身,因为马克思的唯物主义排除主体的经验主义(以及它的反面:先验的主体)和概念的唯心主义(以及它的反面:概念的经验主义)。

这场包罗万象的理论革命之所以有权推翻旧概念，是因为它用新概念代替了旧概念。马克思确立了一个新的总问题，一种系统地向世界提问的新方式，一些新原则和一个新方法。这项发现立即被包括在历史唯物主义的理论之中，马克思的历史唯物主义不仅提出了关于社会历史的新理论，同时还含蓄地，但又必然地提出一种涉及面无限广阔的新"哲学"。例如，马克思在历史理论中用生产力、生产关系等新概念代替个体和人的本质这个旧套式的同时，实际上就提出了一个新的"哲学"观。他取消了主体的经验主义和唯心主义以及本质的经验主义和唯心主义这两个旧假定（它们不仅是唯心主义的基础，而且是马克思以前的唯物主义的基础），而代之以实践的辩证唯物主义和历史唯物主义，也就是说，人类实践的各特殊方面（经济实践，政治实践，意识形态实践，科学实践）在其特有联结中的理论，这个理论的基础就是：人类社会既是统一的，但在其各联结点上又是特殊的。用一句话来说，马克思提出了一种关于特殊差异的具体观点，这种观点能够确定每个独特的实践在社会结构的特殊差异中所占的地位；马克思正是用这个观点去代替费尔巴哈关于"实践"的意识形态概念和普遍概念。

为了理解马克思所作出的崭新贡献，必须认识到，不仅历史唯物主义的概念是新的，而且这些概念所造成的和所预示的理论革命是深刻的。只有在这个条件下，才能确定人道主义的地位，即既反对把人道主义硬说成理论，但又承认它具有意识形态的实际职能。

就理论的严格意义而言，人们可以和应该公开地提出关于马克思的理论反人道主义的问题；而且人们可以和应该在其中找到认识人类世界(积极的)及其实践变革的绝对可能性条件(消极的)。必须把人的哲学神话打得粉碎;在此绝对条件下,才能对人类世界有所认识。援引马克思的话来复辟人本学或人道主义的理论,任何这种企图在理论上始终是徒劳的。而在实践中,它只能建立起马克思以前的意识形态大厦,阻碍真实历史的发展,并可能把历史引向绝路。

因为马克思既然否认人道主义是理论,也就必然把它作为意识形态而加以承认和认识。马克思从没有像唯心主义那样想入非非,以为对事物的认识终究可以代替事物本身或消灭其存在。笛卡儿主义明知太阳远在千里之外,却为在百步之内能看见太阳而感到惊奇;他们即使依靠上帝也弥补不了这段距离。马克思从不认为认识货币的本质(一种社会关系)将能破坏货币的外表和存在形式;因为货币和现存生产方式是同等必要的东西,而货币的外表就是货币本身。[①] 马克思从不认为,意识形态一旦被人们所认

① 目前正时髦的所谓"物化论",其基本论点是认为关于资本拜物教的理论是马克思青年时代作品中的,特别是《1844 年手稿》中的异化理论的翻版。在这部手稿中,人的本质的客体化被作为人类恢复人的本质的不可缺少的前提而得到肯定。在客体化的全部过程中,人只是以对象的形式而存在,人就在对象形式中遇到以异己的和非人的本质充当外表的人的本质。这种"客体化"不能叫作"物化",尽管它可被叫作非人化。非人化并不由"物"这个标准模型所表现,而是有时表现为兽性(甚至先兽性:这样的人同自然界甚至不再发生简单的动物关系),有时表现为最高权力、蛊惑、先验(上帝、国家)和金钱,其中金钱是"物"。在资本中,唯一以物的形式(一块金属)出现的社会关系是货币。但是,把货币当作物来看待(也就是说,在货币中混淆了价值和使用价值),并不符合该物的现实。人和货币直接发生关系,这并不意味着他碰到一件普通的物,而是意味着他有权或无权支配物和人。物化论的意识形态处处把人的关系当作"物",它根据货币是物这个样板去思考全部社会关系,从而把社会关系混同于"物"的范畴(这个范畴同马克思是最不相干的)。

识，就可以被取消；因为对这项意识形态的认识既然是对它在特定社会中的可能性条件、结构、特殊逻辑和实践作用的认识，这种认识必定同时是对意识形态必要性条件的认识。因此，马克思虽然否认人道主义是理论，但他毫不取消人道主义的历史存在。无论在马克思以前或以后，人的哲学在真实世界中还是经常出现的。今天，甚至有些马克思主义者也跃跃欲试地在阐述一种新人道主义理论的命题。进一步说，如果联系当时的历史条件，马克思一方面否认人道主义是理论，另方面又承认人道主义作为意识形态的必要性。有条件地承认人道主义的必要性不单纯是为了思辨的目的。马克思主义正是在这个基础上才能建立起对于各种意识形态的政策：宗教、伦理、艺术、哲学、法学，以及在其中占首位的人道主义。马克思主义对于人道主义意识形态的政策，就是说，马克思主义对人道主义的政治立场——它可以在伦理和政治领域内对当代意识形态或者拒绝，或者批判，或者使用，或者支持，或者发展，或者恢复为人道主义——只能建立在马克思主义的哲学基础上，而否认人道主义是理论又是马克思主义哲学的前提；离开这个绝对条件，马克思主义的意识形态政策就讲不通。

（四）

由此可见，归根结底是要认识到，人道主义的本质是意识形态。

这里并不需要对意识形态下一个深刻的定义。我们只要粗浅地知道，意识形态是具有独特逻辑和独特结构的表象（形象、神话、观念或概念）体系，它在特定的社会中历史地存在，并作为历史而起作用。我们暂且不去研究一门科学同它自己的过去有什么关系的问题，我们要指出，作为表象体系的意识形态之所以不同于科学，是因为在意识形态中，实践的和社会的职能压倒理论的职能（或认识的职能）。

这里所说的社会职能，其性质是什么？为了把问题弄清楚，就得研究马克思的历史理论。历史的"主体"是特定的人类社会。它们分别以总体的形式而出现，各总体的统一由某种特殊类型的复杂性所构成；恩格斯把在历史过程中起作用的各个领域概括地分为三类：经济、政治和意识形态。在任何社会中，尽管表现形式可以变化万端，但始终有一种基本的经济活动、一种政治组织和一些意识形态形式（宗教、伦理、哲学等等）。意识形态因此是一切社会总体的有机组成部分。种种事实表明，没有这些特殊的社会形态，没有意识形态的种种表象体系，人类社会就不能生存下去。人类社会把意识形态作为自己呼吸的空气和历史生活的必要成分而分泌出来。只有意识形态的世界观才能想象出无意识形态的社会，才能同意这样的空想：意识形态（并非其某种历史形式）总有一天会被科学所代替，并从世界上消失得无影无踪。这种空想实际上是认为：本质上属于意识形态的伦理学可以为科学所取代或变成百分之百的科学；科学消灭了宗教，在某种程度上也是科学代替了宗教；艺术可以和认识浑为一体或者成为"日常生活"，如此等等。

为了不避开最棘手的问题，历史唯物主义不能设想共产主义社会可以没有意识形态，不论这种意识形态是伦理、艺术或者"世

界的表象”。当然可以预见，在共产主义社会中，意识形态的形式和关系将有重大的变化，甚至某些现有形式可能会消失，或者它们的职能将移交给邻近的形式。根据已有的经验，我们也可以预见到意识形态新形式的发展（例如：“科学的世界观”，“共产主义人道主义”），但在马克思主义理论现状下，严格地说，不能设想共产主义——作为一种新的生产方式并需要具有一定的生产力和生产关系——可以不需要社会生产组织以及与之相适应的意识形态形式。

因此，意识形态既不是胡言乱语，也不是历史的寄生赘瘤。它是社会的历史生活的一种基本结构。何况，只有承认意识形态的存在和必要性，才能去影响意识形态，并把它改造成为用以审慎地影响历史发展的一个工具。

应该说，意识形态属于“意识”的范围。我们对这个说法不要产生误解，虽然它依旧带有马克思以前的唯心主义总问题的色彩。假如意识这个词在所有场合只有单一的含义，意识形态同它的关系确实很少。即使意识形态以一种深思熟虑的形式出现（如马克思以前的哲学），它也是十分无意识的。意识形态是个表象体系，但这些表象在大多数情况下和“意识”毫无关系；它们在多数情况下是形象，有时是概念。它们首先作为结构而强加于绝大多数人，因而不通过人们的“意识”。它们作为被感知、被接受和被忍受的文化客体，通过一个为人们所不知道的过程而作用于人。人们“体验到”自己的意识形态，就像笛卡儿主义者在百步内“看到”或看不到月球（假如他故意不看月球）一样；因此，意识形态根本不是意识的一种形式，而是人类“世界”的一个客体，是人类世界本身。然而，说意识形态和人的“意识”有关，这是什么意思？首先，这是为了把意识形态同其他社会领域加以区别；其次，是因为人类通过并依赖意识形态，在意识形态中体验自己的行动，而这些行动一般被传统归结为自由和“意识”。总之，人类同世界——包括历史——的这种“体验”关系（不论参加政治活动与否）要通过意识形态而实现，甚至可以说，这种关系就是意识形态本身。马克思说人们在意识形态（作为政治斗争的场所）中认识自己在世界和历史中的地位，讲的就是这个意思。人们正是在意识形态的这种无意识中，才能变更他们同世界的“体验”关系，并取得被人们称作“意识”的这种特殊无意识的新形式。

由此可见，意识形态涉及人类同人类世界的“体验”关系。这种关系只是在无意识的条件下才以“意识”的形式而出现；同样，它只是在作为复杂关系的条件下才成为简单关系。当然，复杂关系不是简单关系，而是关系的关系，第二层的关系。因为意识形态所反映的不是人类同自己生存条件的关系，而是他们体验这种关系的方式；这就等于说，既存在真实的关系，又存在“体验的”和“想象的”关系。在这种情况下，意识形态是人类依附于人类世界的表现，就是说，是人类对人类真实生存条件的真实关系和想象关系的多元决定的统一。在意识形态中，真实关系不可避免地被包括到想象关系中去，这种关系更多地表现为一种意志（保守的、顺从的、改良的或革命的），甚至一种希望或一种留恋，而不是对现实的描绘。

正是在想象对真实和真实对想象的这种多元决定中，意识形态具有能动的本质，它在想象的关系中加强或改变人类对其生存条件的依附关系。由此,这种能动作用永远不可能单纯起工具的作用。把意识形态作为一种行为手段或一种工具使用的人们,在其使用过程中,陷进了意识形态之中并被它所包围,而人们还自以为是意识形态的无条件的主人。

这在阶级社会里是十分清楚的。占统治地位的意识形态是统治阶级的意识形态。但统治阶级并不同占统治地位的意识形态保持一种功利性的或纯粹策略性的外在关系,尽管这种意识形态是它自己的意识形态。当“新生的”资产阶级在十八世纪传播关于平等、自由和理性的人道主义意识形态时,它把自身的权利要求说成是所有人的权利要求;它力图通过这种方式把所有人争取到自己的一边,而实际上它解放人的目的无非是为了剥削人。这就是卢梭关于不平等起源的神话;这是富人向穷人作“最深思熟虑的演说”,从而说服穷人像接受自由那样接受奴役。事实上,资产阶级在说服别人相信他们的神话以前,自己一定先相信了这种神话,因为他们看到,他们的意识形态就是对真实生活条件的想象的依附关系,这种关系使他们能够对自己施加影响(赋予自己法律的和伦理的意识,以及自由经济的法律条件和伦理条件),并对他人(即现在受剥削的人和即将受他们剥削的“自由劳动者”)施加影响,以便担负和完成其作为统治阶级的历史作用。在关于自由的意识形态中,资产阶级确切地看到,他们对存在条件的依附关系,即真实关系(资本主义自由经济的权利),是被包裹在一种想象关系(人人都是自由的,包括自由劳动者在内)之中的。他们的意识形态是关于自由的文字游戏,这场游戏既暴露出资产阶级为了驾驭他们的自由的被剥削者,决心用自由的讹诈来欺骗他们,同时也

反映着资产阶级需要像被剥削者体验自由那样去体验自己的阶级统治。剥削他国人民的人民是不可能自由的，同样，使用意识形态为其效劳的阶级也屈服于阶级的意识形态。我们说意识形态具有阶级的职能，就是说，占统治地位的意识形态是统治阶级的意识形态，它不仅帮助统治阶级统治被剥削阶级，并且使统治阶级把它对世界所体验的依附关系作为真实的和合理的关系而接受，从而构成统治阶级本身。

但是，还必须进一步考虑，在阶级已经消灭的社会里，意识形态会发生什么变化。假如意识形态的全部社会职能归根结蒂无非是一篇寡廉鲜耻的欺人之谈（如柏拉图的“美丽的谎言”和现代的广告技巧），而统治阶级在意识形态之外制造和操纵意识形态，是为了欺骗受它剥削的人们，那么，随着阶级的消失，意识形态也将消失。我们已经谈过，即使在阶级社会里，意识形态能动地作用于统治阶级本身，促使其改造并有助于改变其态度，从而使统治阶级适应其真实的存在条件（例如法律自由）；显然，为了培养人、改造人和使人们能够符合他们的生存条件的要求，任何社会都必须具有意识形态。正如马克思所指出的，历史是对人类生存条件的不断改造，即使在社会主义社会中也是如此；因而人类必须不断地改造自己，以适应这些条件。这种“适应”不能放任自流，而应该始终有人来负责、指导和监督，这个要求的表现形式就是意识形态。人们正是在意识形态中衡量差距、体验矛盾并“能动地”解决矛盾。无阶级社会正是在意识形态中体验社会对世界的关系的适应或不适应，它在意识形态中并依靠意识形态去改造人们的“意识”，即人们的态度和行为，使之适应人们的任务和生存条件。

在阶级社会中，意识形态是统治阶级根据自己的利益调整人类对其生存条件的关系所必需的接力棒和跑道。在无阶级社会中，意识形态是所有人根据自己的利益体验人类对其生存条件的依赖关系所必须的接力棒和跑道。

（五）

现在我们可以回过头来再谈社会主义人道主义的论题，并阐明我们已经指出的在科学术语（社会主义）和意识形态术语（人道主义）之间的理论差别。

社会主义的个人人道主义既然是一种意识形态，它正好通过文字游戏而与资产阶级的或基督教的各种个人人道主义形式殊途同归。我并不认为这是居心叵测与天真幼稚的殊途同归。事实上，文字游戏始终指示着一种有待实现的历史现实，又是一种为人们体验到的和希望去解决的疑难。马克思主义者在他们同世界上其他人的关系中强调社会主义的个人人道主义，无非是要表示他们决心缩短自己同可能的同盟者之间的距离，他们无非是要走在运动的前面，而让未来的历史用新的内容充实旧的用语。

关键在于这个新内容。因为马克思主义关于人道主义的论题首先不是给别人使用的。马克思主义者阐述这些论题，首先必然是为他们自己，然后才为别人。我们知道这些论述是建立在以下基础上的：苏联存在的新条件、无产阶级专政的结束和向共产主义过渡。

全部问题就在这里。我所提出的问题也正在这里。关于社会

主义的个人人道主义的长篇大论，这在苏联究竟反映着什么？马克思在《德意志意识形态》中谈到人和人道主义的观念时指出，在人性或人类本质的观念后面，隐藏着一个对偶性的判断，确切地说，就是人与非人的对偶；他写道："和'人'一样，'非人'也是现实条件的产物；这是该产物的否定方面。"人与非人这对矛盾是一切人道主义的隐蔽的本原，这一本原无非是体验、经受和解决该矛盾的方式。资产阶级人道主义把人作为一切理论的本原。人类本质的这一光明面是非人的黑暗面的外表。表面看来，人类本质似乎是绝对的，但它既然包括这部分黑暗面，它的诞生势必遭到反抗。自由和理性的人揭露着资本主义社会里自私自利和四分五裂的人。在人与非人这对矛盾的两种形式里，十八世纪的资产阶级主张自由和理性，德国左翼的激进知识分子则主张"共同体"或"共产主义"；通过这种形式，他们分别体验他们对生存条件的依附关系，而其表现则是拒绝、要求和纲领。

目前的社会主义人道主义，其情况又如何呢？它也是拒绝和揭露。它拒绝对人的一切歧视，无论是种族的、政治的、宗教的或其他的歧视。它拒绝一切经济剥削和政治奴役。它拒绝战争。这种拒绝不仅是一项引以为骄傲的胜利宣言，同时也是向一切在帝国主义的剥削、压迫、奴役、歧视和战争下生活的人提供的忠告和榜样；而且它首先是针对苏联本国的。通过社会主义的个人人道主义，苏联自己承认无产阶级专政的时期已经过去，反对并谴责无产阶级专政在"个人崇拜"时期所出现的"弊端"，以及它的荒唐的和"罪恶的"形式。社会主义人道主义在苏联国内就是针对着无产阶级专政已经过时以及专政的被滥用这样一个历史现实。它针对着"双重"的现实性:一种是已为生产力和生产关系发展的合理必然性所超越的现实性;另一种是本来就不应该要求超越的现实性,即"理性的不合理存在"的另一种形式;对于苏联的过去所留下的这部分历史的"非理性"和"非人性",即恐怖、镇压和教条主义,苏联至今也还没有完全克服其后果和危害。

但是,通过社会主义人道主义这一愿望,我们正从黑暗向着光明,从非人向着人过渡。苏联正在进入共产主义,这是一个没有经济剥削、没有暴力和没有歧视的世界,这个可能消除黑暗和悲剧的世界将为苏联人打开进步、科学、文化、有饭吃和有自由以及自由发展的无限广阔前景。那么,这里为什么要特别强调人?苏联人为什么需要有关于人的观念,就是说,需要用以帮助他们体验自己历史的关于他们自己的观念?这里很难不把问题的以下两个方面联系起来:一方面是必须准备并实现具有历史意义的转变(向共产主义过渡,无产阶级专政的结束,国家机器的消亡,以及建立一种适应于这个过渡的政治、经济和文化的组织形式);另一方面是必须准备并实现这一过渡所需要的历史条件。显然,这些条件也带有历史留给苏联的烙印,困难不仅来自"个人崇拜"时期,而且也产生于"社会主义在一国建成",特别是这个国家原来的经济和文化十分落后。在这些条件里,首先必须指出的是历史遗留下来的"理论"条件。

历史任务和历史条件在当前的不相适应,恰好可以说明人们需要向意识形态求助的原因。事实上,提出社会主义人道主义的命题就是为了解决某些确实存在的历史的、经济的、政治的和意识形态的新问题。这些问题在斯大林时期被掩盖了起来,但是,它们在建设社会主义的同时，毕竟还是产生了的：随着社会生产力达到一定的程度，应采取哪些经济的、政治的和文化的组织形式去适应这一发展；在新的历史阶段中，应该实行哪些个人发展的新形式，使国家不再用强制手段去指导和监督每个人的命运，使每个人从此在客观上具有选择自己命运的权利，就是说，承担起从事该项选择的困难任务。社会主义人道主义的论题（个人自由发展，遵守社会主义法制，尊重个人人格，等等）是苏联人和其他社会主义国家的人体验人对环境的依附关系的方式。人们惊奇地注意到，政治问题和伦理问题在苏联和大多数社会主义国家里都占首要地位，西方各国的党也经常考虑这些问题。人们以同样的惊奇看到，关于这些问题的理论论述，即使不是经常，但至少有时运用马克思青年时期所使用的概念，即关于人的哲学概念，如异化、分裂、拜物教、整体的人，等等。可是，单就这些问题而言，它们实质上并不要求“人的哲学”的帮助，而是要制定出社会主义国家处在无产阶级专政消亡或者已经过时的阶段里所应实行的政治生活、经济生活和意识形态生活的新的组织形式。那么，某些意识形态学家不是公开地、明确地和严格地用马克思主义理论的经济术语、政治术语、意识形态术语去提出这些问题，却根据人的哲学的概念去提出问题，这究竟是什么道理？为什么许多马克思主义哲学家需要运用马克思早年关于异化的意识形态概念，来思考和解决这些具体的历史问题？

假如这种需要不是必要的表现，而这种表现又不能得到具有确凿根据的其他必要性形式的保护，人们就不会想到去求得意识形态的帮助。共产党人用社会主义的经济、社会、政治和文化的现实反对一般帝国主义的“非人道”，这无疑是正确的；这一对立是社会主义同帝国主义争论和斗争的组成部分。但是，如果把人道主义这个意识形态概念不分场合和毫无保留地作为一个理论概念去使用，这却可能是危险的，因为人道主义这个概念无论如何总是使人想到意识形态的无意识，并且很容易同小资产阶级的思想命题混淆起来（众所周知，列宁曾预言，小资产阶级及其意识形态的寿命很长；直到现在，它们还没有被历史所埋葬）。

由此，我们接近于达到一个更深刻而且很难阐明的理由，因为，在一定限度内，使用人道主义的意识形态也可以被认为是代替使用理论。我们在这里又遇到历史遗留给马克思主义的现实理论条件这个问题，这里不仅是指斯大林时期的教条主义，而且还有更早的第二国际机会主义的遗产；列宁毕生反对第二国际对马克思主义的灾难性的歪曲，但第二国际的机会主义还没有被历史永远埋葬。这些条件阻碍了马克思主义理论的发展，从而使马克思主义理论不能提供解释新问题所需要的概念；而假如有了这些概念，马克思主义今天就能用科学的语言，而不是用意识形态的语言，来提出这些问题，就能用适当的马克思主义概念赋予事物以恰如其分的名称，而不是往往用异化这类意识形态的概念或身份不定的概念作为事物的定语。

例如，人们遗憾地看到，共产党人在谈到苏联和工人运动史的一个重要历史现象时，用了“个人崇拜”的概念做定语。作为理论概念，这个定语在马克思主义理论中是“找不到的”，也是不伦不类的。它可以同时描述和谴责一种作风，因而具有双重的实践价值。据我所知，马克思从不认为，一种政治作风可以直接被当作一个历史范畴或者当作历史唯物主义理论的一个概念，因为如果作风确指一种现实，它就不是概念。然而，有关“个人崇拜”的各种议论确实关系着上层建筑领域，即关系着国家组织和意识形态的领域，并且总的来说仅仅关系到这一个领域。我们知道，在马克思主义理论中，上层建筑领域具有“相对的自主性”（这也恰恰在理论上说明了，在上层建筑领域犯了错误的这个时期中，社会主义的经济基础能够顺利地发展）。为什么把“个人崇拜”现象描绘为一种作风，归结成一个人的“心理状态”，而不用著名的和公认的现有马克思主义概念去思考这种现象和确定发生这种现象的环境，就是说，为什么只是简单地叙述，而不进行思考呢？如果一个人的“心理状态”能够承担这一历史作用，为什么不用马克思主义的术语来提出问题，用以说明“心理状态”上升到历史事实的地位和规模应具有哪些历史可能性条件？在马克思主义中，有一些原则是可以在理论上提出、说明和帮助解决这个问题的。

我引用了异化和“个人崇拜”这两个概念作例子，并不是偶然的。因为社会主义人道主义的各个概念（特别是权利问题和个人问题）也以上层建筑领域的问题作对象，例如关于国家组织，政治生活、伦理生活、意识形态生活。人们不禁想到，在这些问题上，向意识形态求助同样是最简便的办法，因为它可以弥补理论根据的不足。理论根据现在虽然不足，但它们确实是存在的，是可以补足的。弥补这个不足、落后和距离，而不公开予以承认，或如恩格斯所说，把自己的需要和急躁作为论据，把对理论的需要作为理论本身，这就是向意识形态求救的人所扮演的角色。我们面临着哲学人道主义的威胁，而哲学人道主义却有社会主义的空前成就作掩护;某些马克思主义的意识形态学家把哲学人道主义作为他们缺乏理论的补充,他们可以因此而自以为有理论,但他们不能说这是马克思给予我们的世界上最可宝贵的东西,即可能提供科学认识的理论。

以上说明,虽然社会主义人道主义已被提上了议事日程,但是这一意识形态存在的正当理由不能为不恰当的理由作挡箭牌,否则我们就会把意识形态和科学理论混淆起来。

马克思的哲学反人道主义可以使人懂得现有意识形态(人道主义包括在内)的必要性。但是马克思的哲学是一种批判的和革命的理论,它同时也使人们了解对意识形态应采取什么策略:或者支持,或者改造,或者反对。马克思主义者懂得,一切策略必定建立在战略的基础上,而一切战略必定建立在理论的基础上。

1963 年 10 月

关于“真正人道主义”的补记

我这里想简单谈谈“真正人道主义”[①]一词。

它的与众不同之处，在于它有“真正”作修饰语。就词义而言，它与非真正的人道主义，与理想的、抽象的、思辨的以及诸如此类的人道主义相对立。关于这后一类人道主义，真正人道主义只是把它们当作参考形式，它们的抽象性、非实在性等等都是为真正人道主义所不取的。总之，在新人道主义看来，旧人道主义纯属抽象和幻想。其所以是幻想，因为旧人道主义追求的是一个非实在的目标，它包含的对象不是实在的对象。

真正人道主义自命是以实在对象为内容的人道主义，而不是以抽象对象或思辨对象为内容的人道主义。

然而，这个定义依旧是消极的。它只是说真正人道主义不接受某些内容，却没有提供新内容本身。真正人道主义所要求的内容不在人道主义的概念或“真正”的概念之中，而在这两个概念之外。真正是个指示修饰词。它指出，为了求得新人道主义的内容，必须到社会、国家等现实中去寻找。因此，真正人道主义的概念虽

① “真正人道主义”的概念是 J. 桑普汉在《光明》报 58 期发表的一篇文章（参见《新评论》杂志 1965 年 3 月 164 期）的基本论据，也是从马克思青年时期著作中借用的一个概念。

然同作为其理论参考形式的人道主义概念相联系，但由于它赋予自己以具体的、实在的对象，由于它不接受人道主义概念的抽象对象，它又与人道主义概念相对立。真正一词起着双重的作用。作为消极职能，这个概念揭露了旧人道主义的理想性和抽象性；同时，作为积极职能，它确定了新人道主义从中找到其内容的外部现实（对旧人道主义说来是外部的现实）。但是，“真正”一词的这种积极职能不是认识的积极职能，而是实际指示的积极职能。

用以把旧人道主义改变为真正人道主义的这个“现实”究竟是什么？它是社会。《关于费尔巴哈的提纲》第六条甚至说，非抽象的“人”是“一切社会关系的总和”。然而，如果把这句话当作完整的定义单从字面上去解释，它却说明不了任何问题。这里不妨可以试试。我们会发现，单从字面去解释这句话，除了绕弯子以外，什么也解释不了：“关于与人的概念和人道主义概念不相符合、但又与这些概念有间接联系的现实，谁如果想知道它究竟是什么，那么它不是抽象的本质，而是社会关系的总和。”这句绕弯子的话立即显现出人的概念与人的定义（社会关系的总和）之间的不相符合。在人和社会关系总和这两种说法之间，当然存在着某种关系，但这种关系在定义中却看不出来，因而它不是定义的关系，也不是认识的关系。

这种不相符合的关系毕竟是有意义的；它有一种实际意义。它显然指出，有一个行动需要去完成，有一项转移需要去进行。它意味着，为了通过寻找实在的人（不是抽象的人）而找到和接触到以上所说的现实，必须走向社会并分析社会关系的总和。我甚至认为，在真正人道主义中，“真正”是个实际的概念；它等于是个指示"信号",是个路标,它"指出"应该进行什么运动,朝什么方向和为达到什么目的地而转移,以便不悬在抽象的空中,而脚踏在实在的地上。"此路通向实在!"在这个路标的引导下,我们便着手研究社会、社会关系以及社会关系的真正可能条件。

就在那时候,突然冒出了一件令人惊奇的怪事:在这一转移真正地完成后,当我们对实在对象着手科学分析时,我们却发现,对具体的人(实在的人)的认识,即对社会关系总和的认识,只是在摆脱人的概念(转移前的理论表述中的含义)的一切理论帮助的条件下才成为可能。从科学的角度看,人这个概念是无用的,这并非因为它的抽象,而是因为它的不科学。为了思考社会的实在和社会关系总和的实在,我们必须来一次彻底的转移,不仅是位置的移动(从抽象到具体),而且是概念的转移(更换基本概念!)。在马克思用以思考实在的概念中(真正人道主义指出,人道主义应面向实在),以理论概念出现的不再是人的概念或人道主义的概念,而是生产方式、生产力、生产关系、上层建筑、意识形态等崭新的概念。因此,我们看到了以下的奇怪现象:向我们指出转移目的地的实际概念在转移过程中消失了,向我们指出研究方向的概念在研究中也不再出现了。

这是新的总问题诞生时出现的过渡和断裂所特有的现象。在思想发展史的某些阶段,我们可以看到这些以内在不平衡性为特点的实践概念的出现。一方面,它们属于为它们充当"理论"参考的意识形态的旧领域(人道主义);另一方面,它们又属于为它们指出方向、要它们向实在转移的那个新领域。由于第一方面,它们仍有一定的"理论"意义(它们的参考领域的"理论"意义);由于第二方面，它们只是作为信号而具有指示方向和目的地的实际意义，但不提供恰当的概念。我们依旧停留在原来的意识形态领域里：我们靠近了它的边界，一块界碑向我们指出边界对面的方向和目的地。“请越过边界，朝社会的方向前进，你将会找到实在。”界碑还是树在意识形态这一边，上面那段话是用意识形态的语言所写的，虽然其中夹杂着几个“新”词。用意识形态的语言来写反对意识形态的话，这在费尔巴哈著作中十分突出：“具体”、“实在”都是在意识形态中用以表达反对意识形态的字眼。

尽管你不断地反复说：具体！具体！实在！实在！你仍可能永远停留在边界线上。费尔巴哈正是这样。他还谈到社会和国家，无休止地议论实在的人、有需求的人和具体的人，而这样的人无非是发展了的人的需求、政治和工业的总和。他满足于玩弄实在这个字眼，但他从这字眼的具体含义中只看到他所要求实现的那种人的形象（费尔巴哈还说，实在的人是社会，是定义与概念相符合的社会，因为在他看来，社会无非是人类本质在社会每个历史阶段中的逐步表现）。

相反，你可以当真越过边界，进入实在的领域，并且如同马克思在《德意志意识形态》中所说的那样，认真地去研究实在。那时候，信号已经起到了它的实践作用。它仍停留在原来的领域里，停留在由于转移而已被抛弃了的领域里。从此，你单独面对着你的实在对象，你不得不要制造为思考实在对象所必需的和合适的概念，你不得不看到，原来的旧概念，特别是关于实在的人或真正人道主义的概念不能使你思考人的实在，而为了达到这个尚未达到的直接目的，必须像达到所有其他认识一样走长段的弯路。你已经抛弃了旧领域和旧概念，已经进入了新领域，新领域中的新概念将赋予你认识。这就标志着你的确已更换了立场和总问题，从此便开始一个新的事业——正在发展中的科学的事业。

难道我们注定要重复相同的经历吗？真正人道主义今天可以是个纲领性的口号，用以表明不接受只在演说中存在而在现实制度中不存在的抽象“人道主义”，或至多可以是个实际的指示信号，用以指出在人道主义的彼岸，存在着一种尚未真正实现但可望实现的现实。它是人们渴望把人道主义在生活中付诸实现的纲领。发自内心的拒绝、真诚的愿望、克服尚未克服的障碍的迫切心情全都以自己的形式在真正人道主义的概念中得到体现。这是十分清楚的。同样可以肯定的是，任何历史时代的人都有自己的经历；如果某些人重走他们先辈的“老路”，这并不是一种偶然。共产党人认真地研究人道主义愿望的真实意义，研究这一实际概念所指出的现实，这肯定是完全必要的。共产党人在含义不清的意识形态形式（在意识形态形式中，或者这种愿望，或者新的经验得到了表达）和他们自己的理论概念（在绝对必要的情况下，他们制造一些适应当代实践变迁的新概念）之间有所徘徊，这肯定也是不可避免的。

但我们不应忘记，区分意识形态和科学理论的界线早在一百二十年前已被马克思所跨越；这一伟大创举和伟大发现已记录在他的著作之中，已被纳入一种认识的概念体系之中，在这种认识的作用下，世界的面目和历史的面目已逐渐有了改变。我们时刻不能和不应放弃这一不可替代的成果和理论宝藏，它的丰富蕴藏我们至今远没有完全用完。我们不应忘记，不能为了解释当代世界所发生的事情，为了扩大和加强社会主义基础和在政治上及意识形态上实行必要的变通，而使我们退回到已得成果的此岸，退回到区分意识形态和科学的这条还不确定的界线。我们可以帮助那些靠近这条界线的人越过它，但我们必须自己先跨过去，并在我们的概念里记下这一越界的不可逆转的结果。

对我们说来，“实在”不是一个理论口号：实在是真实存在的、不受其认识制约的、但只能被其认识所确定的对象。在这方面，即从理论上看，实在与认识实在的手段是结合在一起的；实在就是已被认识和将被认识的真实的结构，是马克思主义理论的对象，是以马克思和列宁的伟大理论发现为标志的对象，在这广阔、生动和不断发展着的理论领域中，人类历史的各种事件从此就能被人的实践所掌握，因为这些事件服从于人们认识事件的概念。

根据人们在理论上赋予真正人道主义或社会主义人道主义以不同的地位，它们可以是一种确认的对象，也可以是一种误解的对象；我指出这一点无非是想说：只要它担负恰如其分的职能而不与任何其他职能相混淆，它就能充当意识形态的、实际的口号；它在任何情况下都不能自夸具有理论概念的属性。我还想说，这个口号本身不能说明自己，它至多能指出在它以外的什么地点可以找到这种认识。我想说，对这个意识形态的实际概念的夸大可能使马克思主义退回到边界的此岸，甚至使马克思主义真正地提出问题和解决问题受到障碍和成为不可能，而马克思主义的使命正是要指出这些问题的存在和解决这些问题的紧迫性。简单地说，一切人道主义的意识形态全都求助于道德，而道德对于解决真实问题只能起到自欺欺人的作用。真实问题一旦被认识了，就可以用明确的语言提出来:它们是经济生活、政治生活和个人生活应采取什么形式予以组织的问题。为了真正提出和真正解决这些问题,应该直言不讳地使用它们的科学名称。人道主义的口号没有理论价值,但有实际指示的价值。我们必须研究具体问题本身,认识这些问题,以便实现马克思认为必然要实现的历史变革。在这个过程中,我们应该注意避免用任何只具有实际职能的字眼去不恰当地代替理论职能,而应使这些字眼在完成其实际职能的同时,从理论场所中消失。

1965 年 1 月

致读者*

我想简要地向公众介绍一下《保卫马克思》的翻译情况，同时，回头看一下这本小书的意识形态意义及哲学内容。

《保卫马克思》于1965年在法国出版，然而只有其前言“今天”是1965年写的，所有其他文章都写于之前的1960—1964年，以文章的形式发表在法国共产党的杂志上。[①]它们都是按照其时的样子收集起来的，没有任何的修订和改正。

要理解和判断这些文章，就应该知道，它们是由一个共产主义哲学家在特定的理论和意识形态形势下，所构思、撰写和发表的，因此，就应该按照这些文章本来之所是来看待它们。它们是一些明显需要修正的哲学论文，是一段漫长探索的最初阶段，是一些暂时性的结果：这种探索的主题是马克思所建立的哲学和科学原则之特有性质。然而，这些哲学论文并不从属于仅仅是学究式的或思辨式的研究。它们同时也介入到了特定的形势之中。

---

* 这篇文章是路易·阿尔都塞于1967年10月10日为《保卫马克思》的各种外文版所写的后记。来源：阿尔都塞档案馆/IMEC（NdE）。

① 除了关于贝尔多拉西和布莱希特的文章之外。这两篇发表于天主教杂志《精神》上。

（一）

就像人们在前言中可以看到的那样，这种形势首先是法国意识形态和理论的形势，特别是存在于法国哲学家之中的形势。不过，除了法国的形势之外，还有国际共产主义运动中的理论和意识形态形势。

当然，大家将要看到的文章并不落脚于这种形势的政策成分上（共产党的政策，国际共产主义运动的分裂）。它们关注于这种形势中呈现出的理论和意识形态问题，关注于这种形势所导致的理论和意识形态问题。从某些方面看，这些问题是一些新问题，从另一些方面看，它们则来自于长久以来就从属于工人运动历史的一些争论。

如果我们考虑形势的最近情况，那么就是，自从斯大林逝世以来，国际共产主义运动就处于由两个重要事件决定的形势之中：苏共中央第二十次代表大会对“个人崇拜”的批判，中共与苏共的分裂。

对“个人崇拜”的揭露突然出现了，其出现及发生的形式不仅在政策领域，而且在意识形态领域中都产生了深远的影响。后面我只考虑共产主义知识分子的意识形态反应。

对斯大林“教条主义”的批判是被共产主义知识分子普遍当作一种“解放”来经历的。这种“解放”导致了一种深刻的“解放”-“伦理”倾向的意识形态反应。这种反应不由自主地恢复了“自由”、“人类”、“类自身”、“异化”等旧有的哲学主题。这种意识形态倾向试图在青年马克思的著作中寻找其理论的依据，而青年马克思的著作确实包含着人、人的异化及解放的哲学的所有论争。这种情况导致了马克思主义哲学中的一种反常的逆转。自从三十年代以来，青年马克思的著作是被小资产阶级知识分子用作同马克思主义进行斗争的武器，后来却被一点一点地，甚至是广泛地用于对马克思主义的新“解释”中，而这种新解释今天已经被许多共产主义知识分子，被苏共二十次代表大会从斯大林教条主义“解放”出来的知识分子发展到了极致的地步。“马克思主义人道主义”的主题，马克思著作的“人道主义”解释逐渐地、并且是不可阻挡地加在了新近的马克思主义哲学之上，这在苏共和西方共产党内都一样。

这种意识形态的反应，首先是共产主义知识分子所特有的意识形态反应，尽管遇到了某种抵抗，仍然能获得这种发展，原因就在于它直接或间接地受益于苏共及西方共产党所表达的某些政治口号。在苏共方面，比如，苏共第二十二次代表大会宣称，随着阶级斗争的消亡，无产阶级专政在苏联已经被“超越”，苏联已经不再是阶级国家，而是“全体人民的国家”，而且在人道主义“一切为了人民”的口号下，苏联已经进入了“共产主义建设”之中。而在西共方面，比如，它们在一同回应之类的口号下，采取和社会党人、民主党人及天主教徒联合的政策。这里的重点则是放在了“向社会主义和平过渡”，“马克思主义或社会主义人道主义”，以及“对话”等上面。

相对于先前（1930—1956）的一段时期来说，在此特定情境中发展出来的这种对马克思理论的“人道主义”解释是一种新的现象，不过，在工人运动的历史中，它也有着许多历史的先例的。马克思、恩格斯、列宁（我在此仅仅引证他们几个）不停地和威胁着马克思主义理论的人道主义、唯心主义的意识形态解释进行斗争，在此，只要回忆一下马克思同费尔巴哈人本理论的决裂，恩格斯对杜林的斗争，列宁同俄国民粹主义者长期的斗争等就足够了。所有这些往事，所有这些遗产明确地构成了国际共产主义运动当前的理论和意识形态形势的一部分。

为了再次讨论这一形势最近的各种情况，我将加上下面的评论。

在发表于 1963 年的《马克思主义和人道主义》的文章之中，我已经把当前这种马克思主义或社会主义的“人道主义”主题的泛滥解释为一种意识形态现象。我一点也不指责作为社会现实的意识形态。按照马克思所说，正是在意识形态之中，人们才“意识到”他们的阶级斗争，并把“这种斗争进行到底”；在其宗教、伦理、法律及政治等形式下，意识形态是一种客观的社会现实；意识形态的斗争构成了阶级斗争的有机组成部分。相反，我批判的是意识形态理论的各种后果。对于科学的知识来说，它们总是一种威胁或一种障碍。我指出了我们应该把“马克思主义人道主义”主题的泛滥，以及它们对马克思主义理论的僭越解释为一种双重的无能和双重的危险的可能的历史征候。无能一方面是不能思考马克思主义理论的特殊性，危险一方面是把马克思主义理论的特殊性混同于前马克思主义的意识形态解释的修正主义的危险。无能的另一方面是不能解决二十次代表大会之后的形势所提出的真正的（归根结底是政治的和经济的）问题，危险的另一方面是仅仅以意识形态形式的虚假的“解决”把这些问题掩盖起来。

（二）

大家马上看到的文章就正是在这种形势下，被构思和发表的。应该把它们和这一形势联系起来，以便明确其性质和作用：这是一些哲学论文，其目的在于理论的探索，在于介入到当前的理论－意识形态的形势当中，以及反对各种危险的倾向。

我非常概要地说过：这些理论文章包含着双重的“介入”，或者，如果人们愿意这样说的话，为了在马克思主义理论和不属于马克思主义的意识形态倾向之间划一条“分界线”——按照列宁著名的说法，它们“介入”到了两条战线。

第一重介入的目的是在马克思主义理论和哲学的（及政治的）诸种主观主义形式之间“划出一条分界线”，而马克思主义理论正是受到了这些主观主义的危害，或者说它们威胁着马克思主义。首要的主观主义是所有的经验主义及其各种变形：古典的或现代的经验主义、实用主义、意志主义、历史主义等。这一介入的各个重要时刻是：认识到马克思主义理论对于革命的阶级斗争的重要性，区别各种不同的实践，显明“理论实践”的特性，对马克思主义理论的革命特性（唯心主义辩证法和唯物主义辩证法之间截然的不同）的最初研究等。

此第一重介入基本上处在马克思和黑格尔的对立之处。

第二重介入的目的是在马克思主义哲学及马克思主义历史科学的真正的理论基础与前马克思主义的唯心主义观念之间“划一

条分界线”，当前对马克思主义所作的“人的哲学”或“人道主义”的解释就建立在此类观念之上。这一介入的各个重要时刻是：显明马克思思想史中的“认识论断裂”，显明青年马克思著作中的意识形态“问题式”与《资本论》中科学的“问题式”之间根本的不同，对马克思理论发现的特殊性的最初探究等。

此第二重介入基本上处在青年马克思著作和《资本论》的对立之处。

这双重的介入使存在于各种论证，各种文本分析及各种理论探讨细节之后的巨大的对立突显出来了：把科学和意识形态区别开来的对立，非常准确地说的话，就是把正在自我构建中的新科学同前科学理论的意识形态（它占据着科学要在其上建立的“场所”）区别开来的对立。下面这一点非常重要：科学/意识形态对立所探讨的东西涉及的是科学和理论意识形态之间的“断裂”关系，在科学建立之前，科学给予的知识的对象在这种关系中被“思考”。这一“断裂”没有触及各种意识形态（宗教、伦理、法律的和政治的意识形态等等）所占据的客观的社会领域。在这一非理论的意识形态领域中，存在着各种“断裂”或“中断”，但它们是政治的断裂（政治实践，各种伟大的革命事件的结果），而非“认识论”断裂。

科学和意识形态之间的这种对立，以及用于思考这种对立的历史特征的“认识论断裂”概念给出了一个论断，一个总存在于这些分析之后，却又没有被明显展开的论题：马克思的发现，在性质上和效果上都是一种历史上没有先例的革命性的发现。

实际上，按照马克思主义经典作家常坚持的传统，我们可以断定，马克思建立了一种新的科学："社会构成"的历史科学。为了更确切一些，我说过马克思为科学知识"开启了"一个新"大陆"，即历史的大陆——就像泰勒士为科学知识开启了数学的"大陆"，伽利略为科学知识开启了物理学的"大陆"一样。

我想补充的是，就像泰勒士建立的数学"导致了"柏拉图哲学的产生，伽利略建立的物理学"导致了"笛卡儿哲学的产生一样，马克思所建立的历史科学"导致了"一种新的、革命的实践哲学和理论哲学的产生，即马克思主义哲学，或者说辩证唯物主义。这种史无前例的哲学相关于马克思主义的历史科学（历史唯物主义）来说有些滞后，这可以由各种政治－历史的原因来解释，也可以由各种理论的原因来解释：伟大的哲学革命总是由在它们中起作用的伟大的科学革命所承载和引导，不过，要赋予它们以明确的和充分的形式，就需要进行长期的理论工作，需要长时期的进行完善。如果在大家将要读到的文章中，其重点放在了马克思主义哲学上，那是为了检验其现实及存在的能力，同时检验其具有的滞后，并且开始赋予它一种更加符合其本质的理论存在形式。

（三）

当然，很明显，这些文章往往不仅仅显示出各种忽视和不准确之处，而且也显示出各种沉默或半－沉默。这不仅仅是因为不能同时谈论所有的东西，或者是形势的紧迫。不能用这些来解释所有的沉默及其结果。实际上，我是没有能力恰当地处理一些问题，一些困难之处挡住了我：结果是，在文章中，我没有像我应该做的那样,思考一些重要的问题和一些重要的现实。在《自我批评材料》中,我指出了两个特别明显的地方。

1. 尽管我突显了理论对于革命实践的极端重要性,尽管我因此揭示了各种形式的经验主义的错误,但是,我并没有探讨"理论和实践相结合"的问题,而这一问题在马克思列宁主义传统中具有举足轻重的地位。毫无疑问,我谈论了"理论实践"中理论和实践的结合问题,但是,我没有触及政治实践中理论和实践相结合的问题。说得更准确些,我没有考察这种结合的一般历史存在形式:马克思主义理论和工人运动的"融合"。我没有考察这种"融合"的具体存在形式(各种阶级 - 工会斗争的组织,这些组织进行的阶级斗争方向的政党 - 手段和方法等)。我没有明确地说明马克思主义理论在这种具体形式中所起的作用、占据的地位和扮演的角色:马克思主义理论在何处以及怎样参与到政治实践的发展当中,政治实践又在何处以及怎样参与到马克思主义理论的发展当中。

生活的经历向我表明,在这些问题上的沉默对于我的文章的有些"读者"("理论家")来说并不是没有后果的。

2. 同样,尽管我坚持马克思发现在理论上的革命特征,尽管我指出马克思建立了一个新的科学和一个新的哲学,我却没有明确地说明那把科学与哲学区分开来的极其重要的差别。我没有表明不同于科学而构成了哲学本身的东西:整个哲学(它是理论的原则)在其各种存在形式及各种理论要求之中和政治的有机联系。我没有指出这种联系的性质。对于马克思主义哲学来说,它和实际的联系没有任何关系。因此,我没有清楚地指明把马克思主义哲学和先前的哲学区分开来的东西。

生活的经历向我表明，在这些问题上的半－沉默对于我的文章的有些“读者”（“理论家”）来说并不是没有后果的。

我将在以后的研究中重新探讨这两个重要的问题，而这两个问题不论从理论还是从实践的角度看，都是内在相连的。

路易·阿尔都塞

1967 年 10 月

关群德译

生平传略[①]

路易·阿尔都塞1918年10月16日出生于阿尔及利亚的比曼德利。这是作为银行职员的父亲被派往的地方。父亲后来成为了阿尔及利亚银行马赛分行的经理。阿尔都塞的中学阶段的学业就在马赛完成。

在成为里昂中学(在里昂中学,他是让·古彤、让·拉苦劳瓦、约瑟夫·乌尔斯的学生)高师文科预备班的学生后,阿尔都塞于1939年成功地通过了巴黎高师(于尔姆街)的入学考试。同年9月被征入伍,然后在溃败中被俘,在德国的集中营里度过了5年的时光。

俘虏生活结束后,1945—1948年间,他重回高师攻读哲学,在加斯通·巴什拉的指导下,以"黑格尔哲学中的内容概念"[②]获得

① 有关阿尔都塞的生平,读者可以参考杨·莫里耶-布当的《路易·阿尔都塞传》,第一卷,Grasset出版社,巴黎,1992年(第二卷还没有出版)。这里所给出的资料一方面来自我的《路易·阿尔都塞论集》(La Découverte出版社,1991年)中我曾经给出的"生平资料"附录,另一方面,来自《高师毕业生联谊会简报》的阿尔都塞条目(1993年,于尔姆街45号,75005,巴黎)。同时参考乔治·艾略特《阿尔都塞。理论的迂回》杰出的概括(它的书目非常全,不过,只限于阿尔都塞未出版作品之前的书目),Verso出版社,伦敦和纽约,1987年。

② 今天收在《哲学和政治论文集》中,第二卷,弗朗索瓦·马特龙编辑和作序,Stock/IMEC出版社,巴黎,1995年。

高等研究资格证书，并通过了大中学教师任职资格考试。一种亲密的和理智上的默契把他和雅克·马丹（1941 年入学，黑格尔和赫尔曼·赫斯的翻译者，1963 年自杀了，《保卫马克思》就是献给他的）及米歇尔·福柯（1946 年入学）联系起来了。同年，他被任命为高师的哲学辅导教师（后来成为助教，再后来成为讲师和讲座教授）。直到 1980 年他一直担任这个教职。从 1950 年开始，他还是高师文学院的秘书。

同样是在 1948 年，他加入了法国共产党。他尤其积极参加了和平运动。

1949 年，为了回答“今天美好的消息是否已经向人们宣布了？”的问题，阿尔都塞【青年时候加入了天主教青年联合会，是一个虔诚的天主教徒，并且在战后的几年里和“工人牧师”（一边工作一边传教的教士。——译者注）运动保持着密切的联系】在“被囚禁的福音”（天主教青年杂志第十期）上发表了一篇关于基督教历史处境的文章。

在 50 年代，他主要在“哲学教育杂志”发表了一些文章，其中尤其著名的是“就历史客观性问题致保罗·利科的信”，然后，1959 年在法国大学出版社让·拉苦劳瓦主编的一套丛书中出版了他的第一本书：《孟德斯鸠：政治和历史》。

1960 年，翻译了路德维希·费尔巴哈的《哲学宣言》，并且为它写了序言。这本书收在法国大学出版社让·伊波利特主编的一套丛书中。

1961 年，在《思想》杂志（杂志的主编是乔治·科涅奥，编辑部秘书是他的朋友马塞尔·科尔努）发表了“论青年马克思——一些理论问题”。这是阿尔都塞式的马克思解读的最初宣言(收入到了《保卫马克思》中)。

1964 年,在《新批评》上发表了“弗洛伊德和拉康”。文章收入到了《立场》(社会出版社,1976 年)①中,它在法国深刻地改变了马克思主义和精神分析的关系。同年阿尔都塞邀请被法国精神分析协会开除的雅克·拉康到高师继续开办他的研讨班(最初一年讨论斯宾诺莎的吁求(invocation)和《精神分析的基本概念》)。②

1965 年,发表了《保卫马克思》(收集了 1961—1965 年发表的一些论文)和《阅读〈资本论〉》(与雅克·兰希耶、皮埃尔·马舍瑞、埃迪安·巴里巴尔和罗吉·埃斯塔布莱合作),从而在 FranÇois Maspero 出版社(巴黎)开创了“理论”(Théorie)丛书。这些著作被翻译到了全世界。它们受到了激烈的攻击,不过,也被赞扬为“马克思主义的再开始”(阿兰·巴迪厄)。在有关马克思主义的争论中,它发挥了二十多年的巨大影响。在共产党中,它更加突出了 1961 年的文章已经引起的争论。这篇文章断定,在马克思的著作中,有一个“认识论的断裂”,并且在对“斯大林的个人崇拜”的批判中,断定历史唯物主义和“理论的人道主义”是不相容的。《思想》杂志和《新批评》杂志尤其对之做出了回应,不过,也

① 重版于《精神分析论集。弗洛伊德和拉康》,Stock/IMEC 出版社,巴黎,1993 年,以及袖珍丛书(Le Livre Poche)中,巴黎,1996 年。

② 在这段个人和集体的理论活动都是非常活跃的时期,阿尔都塞在高师的讨论班的情况是:1961—1962 年,研究《青年马克思》,1962—1963 年,研究《结构主义的起源》,1963—1964 年,研究《拉康和精神分析》,最后,1964—1965 年,研究《阅读〈资本论〉》(最初收集在这个名字下的文章)。

有许多非共产党的杂志同样做了回应。同时，这些著作被列为“结构主义”的奠基作品，而结构主义的影响从列维-斯特劳斯、拉康、巴尔特、福柯那里扩展到了法国哲学界，尽管也有激烈的抵抗。“问题式”、“征候阅读”、“结构因果性”、“多元决定”、“意识形态幻想”等概念（和“阿尔都塞主义”或者并没有指明为“阿尔都塞主义”）在十多年中，参与了哲学话语地平线的构成。明显针对着阿尔都塞及其影响，萨特说过，问题是要“支持普遍概念（concept）而反对概念（notion）”。

按照伊丽莎白·卢迪涅索克《百年的战斗。法国精神分析史。第二卷》的说法，阿尔都塞是于 1965 年开始在勒内·迪亚特克大夫那里进行精神分析治疗的。迪亚特克大夫一直照顾他到 1987 年。

1966 年，在阿尔都塞缺席的情况下，在施瓦希勒卢瓦召开的共产主义哲学家代表大会听取了党的官方哲学家罗热·伽罗蒂对“理论的反人道主义”提出的指控。在阿拉贡主持的阿让梯耶中央代表大会上（3 月 11—13 日），伽罗蒂和阿尔都塞的论文都被提交了上去。吕希安·塞弗（从开始在高师上学就是阿尔都塞的学生，并且很长时间也是他的朋友）变成了最接近党的领导的哲学家。[①] 同年，阿尔都塞匿名为马克思主义列宁主义共产主义青年联合会的机关刊物“马克思主义列宁主义札记”写作了“论（中国）文化大革命”。这一组织是从共产主义大学生联合会分裂出来的

① 人们可以在《哲学和政治论文集》（第二卷，第 433—532 页）上看到，阿尔都塞为计划于 1967 年出版的一本关于“人道主义争论”的书所写的一篇很长的导言。

毛主义者，其多位领导人（尤其是罗伯特·兰阿赫）是他现在或原来的学生及朋友。在文章中，他以断定的口气总结道："问题不在于输出文化大革命。它是属于中国革命的。不过，其理论和政治教训则是属于所有共产主义者的。"这样，就开始了一些人认为（并且宣称）是双重角色的时期。很可能，阿尔都塞从来没有放弃在理论上把分裂的国际共产主义运动成员重新联合起来的希望。

同样在1966年，阿尔都塞特别在"分析札记"第八期发表了"论《社会契约论》（几点分歧）"（这是其在高师所开卢梭课程的讲课笔记），并在"新民主"第八期（1966年8月）发表了"让·雅克·卢梭的非思想"和"克罗莫尼尼，抽象派画家"。

1967年，阿尔都塞为苏联的Voprossi Filosofii杂志写了一篇长文"马克思主义哲学的历史任务"，但杂志拒绝刊登，不过到1968年还是在匈牙利发表了。在法国共产党第十八次代表大会上，亨利·费兹班（后来成为巴黎教育工会的书记）宣称："在我们看来，有些同志提出了支持理论反人道主义及其他问题的论断，这些同志应该自问并且说出，他们是如何看待自己立场的有害政治后果的。有些敌对人士在其攻击党的活动中，借助于这些同志的作品，而这些同志却什么也不说。"在给勒基·德布雷的信（涉及的是《革命中的革命》）[①]中，阿尔都塞写道："你知道，有时候退后一步，沉湎于研究（所有的东西都依赖于它）中是政治的需要。"

1967—1968年间，阿尔都塞（同皮埃尔·马舍瑞、埃迪安·巴里巴尔、弗朗索瓦·赫纳、米歇尔·贝舍、米歇尔·费尚、阿兰·巴

① 发表于勒基·德布雷：《武器的批判》，Seuil出版社，巴黎，1974年。

迪厄一起）在高师开了“为科学家的哲学课程”。课程后来被五月事件打断。最初的四个讲课笔记修改后，于1974年以“哲学和学者之本然的哲学”之名出版于“理论”丛书中。在其中，他断定“哲学和科学的关系构成了哲学特有的限定”（论真理的第五个讲课笔记还没有出版）。相反，在法国哲学学会1968年2月24日的讨论会上，在《列宁和哲学》（“理论”丛书，1969年）中，哲学被重新定义为“理论中的政治”（“更确切地说，与科学相比，哲学也许代表着理论领域中的政治，——反之亦然，与介入到阶级斗争中的阶级相比，哲学也许代表着政治中的科学性”）。

1968年5月，由于抑郁发作再次住院，阿尔都塞没有出现在拉丁区中。事后试图估量事件的程度时，阿尔都塞认为其特征是“大众意识形态暴动”。我们今天可以看到一些出自于此种试图的信件和理论尝试了，特别是“对米歇尔·韦莱论《学生的五月》的文章的一些看法”（发表于《思想》杂志，第145期）和玛利亚-安托尼塔·马奇亚奥齐在其著作 Lettere dall' interno del PCI a Louis Althusser（Feltrinelli 出版社，1969年）（但是在 Maspero 版的法文版中删掉了）中发表的一些信件。最后而且尤其是“意识形态和国家意识形态机器”一文（发表于《思想》杂志，第151期，1970年），这是对《国家、权利、上层建筑》所做的未完成研究工作（1969年进行）的摘录。[①] 人们尤其可以在其中看到这样的解释：“意识形态把各个个人称作主体。结果是……各个主体‘在行动’，绝

① 这部手稿的全部今天由雅克·毕迪精心编辑，以《论再生产》的名字出版了，其中包括一些1970年文章的不同抄本。法国大学出版社，“马克思当前冲突”丛书，巴黎，1995年。

大多数情况下，他们‘都是单独地行动’，除了是‘不正常的主体’……”大学重新开学后，人民事业的毛主义者激烈的攻击了阿尔都塞，称他为修正主义叛徒。在他自己方面，法国共产党的领导继续把他当作他们的思想导师……尽管如此，“人道报”在其“观念”版还是发表了他为 Flammarion 出版社重版的《资本论》袖珍版第一卷所写前言的主要部分。

1970 年，阿尔都塞为马尔塔·阿涅克后来销售了上百万册的《历史唯物主义基本原理》(二十一世纪出版社，墨西哥-布宜诺斯艾利斯）作序（“阶级斗争不是阶级存在的结果：阶级斗争和阶级存在是同一个存在”）。这篇文章和其他同样表达了“理论中的阶级斗争”主题的文章（尤其是 1968 年在 Unità 的访谈录“作为革命武器的哲学”）一起收入到了社会出版社 1976 年版的《立场》中。在拉丁美洲阿尔都塞的影响达到了顶点，一些积极分子和知识分子把他看作是新的马克思，不过，在其中对之也有大量的研究和讨论。

1973 年和 1974 年，阿尔都塞在两篇短论中表达了他关于马克思主义哲学的新概念。在“答约翰·刘易斯”（收入“理论”丛书）中，通过和一个英国共产主义者的争论，阿尔都塞强化了其对哲学人道主义的批判，并把“斯大林的歪曲”看作是“经济主义/人道主义联合”的灾难；在《自我批评材料》（阿歇特文丛）中，特别是在谈到自己和学生的时候，阿尔都塞写道：“尽管我们不曾是结构主义者……我们还因为另外强烈和有害的激情而应被指责：我们曾是斯宾诺莎主义者。”

1975 年，他的“工作”是在皮卡尔迪大学对其国家博士论文进行答辩(参看"亚眠答辩",重版于《立场》中,"我记得马基雅维利,其方法论规则是应该思考到极端。")随后一年,他和海伦娜·丽特曼(在抵抗运动和职业活动中被称为勒奥蒂安)结婚了。海伦娜从30年代她就陪伴着阿尔都塞了。她是在经济和社会发展研究会(SEDES)从事研究的社会学家,尤其从事法国、非洲农民对乡村政治发展和土地整治反应的研究。

在这些年中(这是"共同纲领"的岁月),阿尔都塞经常参与法国共产党倡议的一些公共活动,尤其是在1973年,他和路易·阿拉贡、让·埃兰斯坦一起在"人道报"的聚会上,参与到了关于"共产主义者、知识分子和文化"的公开争论中(他一直和"人道报"的主编罗兰·勒古保持保持着极其密切的关系),在1976年,接受吕希安·塞弗的邀请,参加了《保卫马克思》的纪念会。不过,在给多米尼克·勒古的《李森科。"无产阶级科学"的真正历史》(收在"理论"丛书)[①]所写的序言中,谈及苏联时他写道:"当人们长期对(一个错误)保持沉默的时候,实际上是错误在延续:这也可能是为了让错误延续。为了人们期望错误的延续带来的各种政治利益。"在一份公告中,"人道报"谈到了"明显的证据",并且指责他"完全不知道党对其个人活动所进行的集体反思的进展。"再后,是法国共产党第二十二次代表大会上提出的放弃"无产阶级专政"口号所引起的争论。在1976年共产主义者大学生联合会召开的一次讨论会(1977年以《第二十二次代表大会》为书名在FranÇois Maspero出版社出版了)上,他尤其批评了采取这个决定

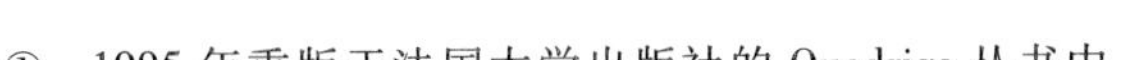

① 1995年重版于法国大学出版社的Quadrige丛书中。

的形式，以及——回应《保卫马克思》关于“法兰西的贫困”的说法——这种形式（通过党）所传达出的对于他的理论的轻视：“自从伽利略以来，所有的唯物主义者都知道，科学概念的命运不能成为政治决定的对象。科学概念客观地反映着具有多种含义的真正的问题。”

这一争论印证着“欧洲共产主义”策略在欧洲尤其是在意大利所引起的更加普遍的一些讨论。在《宣言》杂志（其创办者之一是他的朋友、意大利共产党原领导人罗萨纳·罗萨达）就“革命后社会中的权力和反抗”问题在威尼斯召开的代表大会上，他参与到了“马克思主义危机终于来了！”[①]主题的讨论中，他欢迎这一主题的解放效果，断定危机“不是最近的现象”，而是以某种方式和马克思主义20世纪的整个历史共存的。1978年，他为《欧洲百科全书》[②]所写的文章也在意大利出版了，在文章中，他套用斯宾诺莎的一个说法，写道：“马克思主义不会通过谴责自己的一些历史悲剧或为之感到遗憾来摆脱它们……当它终于认识到它之所是的时候，它就会改变的。”最后，是他为 *Discutere lo Stato. Posizioni a confronto su una tesi di Louis Althusser*（De Donato，巴里）所做的事情，其中收集了《宣言》杂志所组织的讨论会的一些材料。阿尔都塞批评了“政府党”的概念，并且对“外在于国家”的革命党的概念以及“有限理论”的马克思主义[③]进行了辩护。

① 以此书名在Seuil出版社出版，巴黎，1978年。

② 第七卷，Garzanti，米兰。法文版发表在“蒙苏尔先生、马克思主义、运动”，第43期，1991年1月。

③ 文章的法文版发表于《辩证法》杂志，第23期，巴黎，1978年。

这一时期他的研究工作经常处于断断续续之中。在这一时期的文章中,除了今天我们可以利用的一些未完成的手稿或将可以利用的手稿以外,引起我们注意的是他在格雷纳达大学所作的“哲学的转变”的演讲(“存在着马克思主义哲学,但它从来不是被当作‘哲学’构造出来的”)[①],以及在加泰罗尼亚建筑学会上的发言(“马克思主义理论和国际共产主义运动危机的一些问题”:“……经验主义是无产阶级斗争的首号哲学敌人”)。同样引起我们注意的是论精神分析的一些文本:“弗洛伊德博士的发现”。它最初是为就无意识论题在第比利斯召开的法-苏讨论会(1979)所写的,但阿尔都塞最后没有参加会议(他把这篇文章撤了回来,换成了“论马克思和弗洛伊德”,但会议组织者列奥·舍托克没有经过他的同意把文章发表了[②])。我们最后指出的是,在政治科学国家基金会的讨论会上的发言:“马基雅维利的孤独”[③](“他知道,如果他的思想能对历史有些小小的贡献,他就将不复如此”)。

1978年4月,阿尔都塞(从来没有退党,也没有停止参加其小组的活动)和另外5个共产主义知识分子签署了一份公开信,公开信要求在左翼联盟分裂之后,“在法国共产党内开展一个真正的政治讨论”。他在《世界报》上发表了“再也不能在共产党内持

① 参考《论哲学》。这是和费尔南德·纳瓦罗的谈话录和通信,它在《哲学的转变》之后。L'Infini丛书,伽利玛出版社,巴黎,1994年。

② 收在《精神分析法-苏对话集》中,Privat,图卢兹,1984年。现在参考路易·阿尔都塞:《精神分析论集。弗洛伊德和拉康》。由奥立威·科佩和弗朗索瓦·马特龙收集和作序。Stock/IMEC出版社,巴黎,1993年。1996年重版于袖珍丛书(Le Livre Poche)中。

③ 现在发表在“未来之未来”,1990年春,第一期上。

续下去了”的文章系列（增加前言后，以这一名字在 François Maspero 出版社重版了），人们可以在文章中发现：“马克思说过：‘意识总是滞后的。’党的领导人机械地坚持这一原则，而没有意识到其批判的激烈：它确实是意识，因为它是滞后的……”党的报刊、组织、总书记把他当作耻辱的拿来示众，同时所有不满现实的“左派的”和“右派的”人也是如此。

1980 年 3 月 15 日，阿尔都塞参加了巴黎弗洛伊德小组的解散会议，其报告“以分析者的名义”把拉康（在随后的一年去世）说成是“绝美和可叹的丑角”。

1980 年 5 月，做了一个外科手术后，阿尔都塞经历了一段严重的抑郁期。至少从 1948 年开始，他就受到“抑郁躁狂精神病”的折磨，这使他经常到医院和诊所做短期居留，进行一些精神治疗和药物治疗，同时也进行精神分析。整个夏天，他又到巴黎诊所接受治疗。他的状况并没有好转，但是，10 月初，医生们还是觉得可以让他回家，回到他和妻子与外界隔绝的家中。1980 年 11 月 16 日，在他们高师的住所，人们发现海伦娜·阿尔都塞被他扼死，因而他被紧急送到了圣安娜医院。在接受了精神分析鉴定之后，被诊断为“严重的抑郁症发作”，刑法第 64 条被宣布不应用于他。警察局长命令把他监禁起来，首先是在圣安娜医院，后来转到了上塞纳河索瓦斯的奥维弗医院（巴黎 13 区的社区医院）。国民教育部也让他从教职上退了休。

1984—1986 年间，在做了新的鉴定之后，警察局长新的决定终止了他的行政监禁生活，之后他来往于巴黎的寓所和医疗机构之间，过一种有限制，但部分时间是正常的生活。他和费尔南德·

纳瓦罗进行了录音谈话，这一谈话后来在墨西哥以《哲学和马克思主义》[①]为书名出版了（二十一世纪出版社，1988）。他还撰写了一篇长长的自传，名为《来日方长》。在锁进自己的抽屉之前，他曾拿给几个朋友看了看，甚至也给一些编辑看了看。[②] 他和哲学家、神学家斯塔尼斯拉·布列东就“偶然相遇的唯物主义”及“解放神学”问题进行了讨论。[③] 布列东是他的朋友，经常去看望他，并同他一样原先在斯塔拉格集中营待过。1987 年，由于食道堵塞紧急做了手术，手术后新的抑郁使其入斯瓦希医院，从那又转入国民教育互助总会位于伊夫林省的维利耶精神病研究所。他的身体和精神状态继续恶化。1990 年夏天感染肺炎后，10 月 22 日因心脏停止跳动而去世。

阿尔都塞许多无法看到的作品最近出版了，其他一些作品的重版及一些未发表作品的出版计划也被宣布了。IMEC 出版社（阿尔都塞基金托管者）和 Stock 出版社合作出版了由杨·莫里耶－布当、奥利维·科佩和弗朗索瓦·马特龙注释和作序，主要是未发表作品的五卷集。

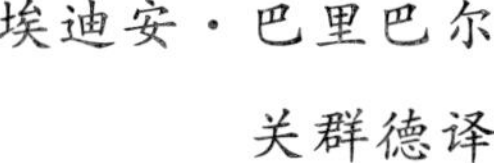

埃迪安·巴里巴尔

关群德译

① 法文版（做了删节，不过增加了一些信件）出版在《论哲学》中，同前。

② 阿尔都塞逝世后，这篇文章在《事实》之后，经由杨·莫里耶－布当和 IMEC 的认真工作出版了：《来日方长》，奥利维·科佩和杨·莫里耶－布当扩充和作序的新版本收在袖珍丛书中，1994 年。

③ 参考斯塔尼斯拉·布列东的证词：“今天的阿尔都塞”，发表在“哲学档案”，第 3 卷，第 56 册，1993 年 8—9 月，第 417—430 页。

图书在版编目(CIP)数据

保卫马克思/(法)路易·阿尔都塞著;顾良译.—北京:商务印书馆,2017
(汉译世界学术名著丛书:120年纪念版:珍藏本)
ISBN 978-7-100-14579-4

Ⅰ.①保… Ⅱ.①路… ②顾… Ⅲ.①马克思主义—研究 Ⅳ.①A81

中国版本图书馆CIP数据核字(2017)第152382号

汉译世界学术名著丛书
(120年纪念版·珍藏本)
保卫马克思
〔法〕路易·阿尔都塞 著
顾 良 译

商务印书馆出版
(北京王府井大街36号 邮政编码100710)
商务印书馆发行
北京冠中印刷厂印刷
ISBN 978-7-100-14579-4

2017年12月第1版 开本710×1000 1/16
2017年12月北京第1次印刷 印张18¼
定价:92.00元